Collection ICETE

L'encadrement des doctorants dans les institutions théologiques évangéliques

Je suis ravi de voir ce texte publié ! Il sera d'une grande utilité pour les directeurs de thèse dans le monde entier. J'ai longuement réfléchi à ma propre expérience de doctorant à Cambridge et me suis rendu compte à quel point les choses étaient différentes à l'époque… L'intégration de la dimension évangélique, spirituelle, pastorale et éthique dans les domaines académique, pratique et technique fonctionne très bien dans cet ouvrage. C'est une bonne lecture chrétienne, ainsi qu'un bon guide académique.

Christopher J. H. Wright
Directeur international des ministères de Langham Partnership

Ce guide est tout à fait exceptionnel. Je n'ai rien lu jusqu'ici de si bien conçu pour les directeurs de thèse au sein de la communauté évangélique. J'apprécie grandement l'accent mis par Ian Shaw sur la formation spirituelle des doctorants et la dimension pastorale de la supervision doctorale. Il aborde de réels défis évangéliques et propose des suggestions solides et créatives. Les études de cas et les questions de réflexion sont excellentes. Je recommande vivement la lecture de ce livre.

Ian Randall
Professeur titulaire,
International Baptist Theological Study Centre, Amsterdam

Ce livre est remarquable ! J'aurais aimé lire un tel livre il y a vingt ans ! Si nos institutions partenaires mettent en œuvre une bonne partie des pratiques conseillées dans cet ouvrage, je pense qu'elles seront meilleures que beaucoup de programmes plus connus dans le monde. J'ai particulièrement apprécié la partie sur l'apprentissage en surface et l'apprentissage en profondeur, et toute la réflexion sur la pensée critique. Dans cette partie-là, comme dans bien d'autres tout au long de l'ouvrage, il existe des conseils vraiment pratiques sur la façon d'aider à développer de telles compétences. Je pense que les directeurs de thèse reconnaissent souvent des faiblesses dans le développement de ces compétences chez les étudiants, mais dans la mesure où celles-ci n'ont pas vraiment posé de problème pour ces directeurs personnellement, ils éprouvent des difficultés pour savoir comment aider les doctorants à développer ces compétences. J'espère et prie que ce livre soit chaleureusement accueilli et utilisé à grande échelle.

Stephen Travis
Ancien vice-principal de St John's College, Nottingham

Tout ce que vous devez savoir sur la direction de thèses de doctorat est dans ce manuel ! Ce guide pratique met l'accent sur la formation holistique des étudiants évangéliques. Il est très complet et est un cadeau précieux pour la formation théologique dans le monde. Il constitue une ressource utile pour équiper nos directeurs de thèse et améliorer la qualité des programmes de doctorat dans les institutions théologiques.

Theresa Roco Lua
Directrice exécutive de l'Asia Theological Association, Philippines

L'encadrement des doctorants dans les institutions théologiques évangéliques

Guide pratique pour les directeurs de thèse

Ian J. Shaw

avec la collaboration de

Kevin E. Lawson

Directeur de collection

Riad Kassis

© Ian Shaw, 2019

Publié en 2019 par Langham Global Library,
Une marque de Langham Publishing
www.langhampublishing.org

Les éditions Langham Publishing sont un ministère de Langham Partnership.

Langham Partnership
PO Box 296, Carlisle, Cumbria CA3 9WZ, UK
www.langham.org

ISBNs:
978-1-78368-649-0 Print
978-1-78368-650-6 ePub
978-1-78368-711-4 PDF

Conformément au « Copyright, Designs and Patents Act, 1988 », Ian Shaw déclare qu'il est en droit d'être reconnu comme étant l'auteur de cet ouvrage.

Tous droits réservés. La reproduction, la transmission ou la saisie informatique du présent ouvrage, en totalité ou en partie, sous quelque forme ou par quelque procédé que ce soit, électronique, mécanique, photographique, est interdite sans l'autorisation préalable de l'Éditeur ou de la Copyright Licensing Agency.

Sauf indication contraire, les citations bibliques sont tirées de la Bible version Segond 21 Copyright © 2007 Société Biblique de Genève. Reproduit avec aimable autorisation. Tous droits réservés.

Traduit de l'anglais par Joelle Giappesi.

Titre d'origine : *Handbook for Supervisors of Doctoral Students in Evangelical Theological Institutions*, Carlisle, Langham Global Library, 2015.

Les citations qui figurent dans ce livre et qui sont tirées d'ouvrages en anglais ont toutes été traduites par la traductrice.

British Library Cataloguing in Publication Data
A catalogue record for this book is available from the British Library

ISBN : 978-1-78368-649-0

Mise en page et couverture : projectluz.com

Langham Partnership soutient activement le dialogue théologique et le droit pour un auteur de publier. Toutefois, elle ne partage pas nécessairement les opinions et avis avancés ni les travaux référencés dans cette publication et ne garantit pas l'exactitude grammaticale et technique de celle-ci. Langham Partnership se dégage de toute responsabilité envers des personnes ou biens en ce qui concerne la lecture, l'utilisation ou l'interprétation du contenu publié.

Ce livre est dédié aux plus de 400 étudiants, soutenus financièrement par l'association Langham Partnership, qui ont réalisé la vision du pasteur John Stott en suivant une formation doctorale en théologie, afin de servir dans les pays émergents dans la tâche essentielle de la formation des pasteurs, des enseignants et des responsables chrétiens dans des postes stratégiques de direction.

Avant-propos

Ce guide est issu de mes nombreuses années d'expérience en qualité de directeur de thèse, de membre de jury de thèse et de directeur de l'école doctorale d'une institution théologique du Royaume-Uni.

Après avoir quitté mon rôle d'enseignant dans une institution théologique, mon travail a évolué vers la direction de Langham Scholars, un ministère de l'association Langham Partnership. Chaque année, cette association finance les études doctorales d'une centaine de chercheurs originaires des pays émergents, dont environ la moitié étudie dans des établissements des pays émergents. Tous étudient dans des disciplines théologiques. Dans le cadre de mon travail, j'ai observé les étudiants recevoir une direction doctorale parfois excellente, bonne, moyenne ou, malheureusement, parfois très pauvre, dans divers contextes à travers le monde. Ce livre est conçu pour promouvoir des approches de direction de thèse qui visent à assurer une expérience excellente pour tous.

Dans le cadre de ce désir généralisé de la part des institutions évangéliques de tendre vers l'excellence, j'ai été invité, en 2010, à faire partie de l'initiative doctorale du Conseil International pour la Formation Théologique Évangélique (ICETE), qui a débuté par la rencontre marquante, à Beyrouth, de responsables de la formation théologique mondiale au niveau du doctorat. C'est lors de cette première rencontre importante qu'ont émergé les « standards de Beyrouth[1] ». Afin d'expliquer et d'appliquer les standards de Beyrouth, il m'a été demandé d'écrire une série de lignes directrices sur les bonnes pratiques à suivre dans la formation doctorale. Les éditions Langham Publishing ont publié cet ouvrage dans la collection ICETE[2]. Ces documents sont cités à plusieurs reprises dans le présent ouvrage et présentent de bonnes pratiques vers lesquelles toutes les écoles doctorales pourraient tendre.

Au cours de ces dernières années, j'ai également été invité à animer des séminaires à travers le monde sur le thème de la direction de thèse doctorale. Ces séminaires ont abouti à la rédaction de cet ouvrage. J'ai beaucoup appris de l'expérience des participants qui ont étudié dans différents contextes. Chacun des groupes de participants aux séminaires a évoqué le fait que malgré l'existence d'un certain nombre de textes génériques anglophones sur la direction doctorale dans le contexte laïque, peu s'adressent à un directeur de thèse chrétien évangélique, enseignant dans une institution théologique évangélique. Un bon nombre des problèmes rencontrés dans l'encadrement des doctorants sont certes identiques dans les universités laïques, mais il existe néanmoins des différences importantes au niveau de

---

1. Voir www.icete-edu.org/beirut.
2. Ian SHAW, *Bonnes pratiques pour la formation doctorale en théologie*, Carlisle, Langham Global Library, 2018.

l'éthique et de l'approche (bien que ces différences ne se situent pas au niveau purement académique). Ce livre cherche à leur accorder une attention particulière.

Je suis très reconnaissant envers le Dr Kevin Lawson pour son aide dans certaines parties de cet ouvrage. Grâce à sa vaste expérience de direction d'écoles doctorales aux États-Unis, d'encadrement de doctorants, de présidence des comités de suivi et des jurys de thèse, il a apporté du contenu de grande valeur à nombre des parties de ce livre.

Je prie que ce guide puisse servir les chrétiens évangéliques engagés dans cette tâche importante, en leur proposant un outil pratique et pertinent, qui invite à l'introspection à l'égard des bonnes pratiques dans la formation théologique. Il peut donc être utilisé individuellement, mais se prête également à une étude en groupe avec des collègues. Les études de cas dans les chapitres qui suivent sont basées sur des exemples réels, mais tous les noms et les détails personnels ont été modifiés. Elles ont été incluses ici pour dévoiler les réalités et les complexités de la direction doctorale et pour aider les lecteurs à réfléchir à des stratégies adaptées aux différents types de problèmes qui peuvent survenir. J'espère que ce guide approfondira la compréhension du rôle du directeur de thèse et le sentiment de satisfaction dans ce rôle. Ce livre est destiné à tous ceux qui sont impliqués dans la direction de thèse dans des institutions théologiques, mais les principes énoncés ici seront également utiles aux directeurs de thèse évangéliques travaillant dans un environnement laïque et dont les collègues en codirection de thèse ne seraient pas évangéliques, ou même chrétiens. L'éthique et les approches proposées dans ce guide peuvent également être appliquées et adaptées à ces contextes.

Ce livre cherche à encourager l'intégration dans les études d'une excellente formation aux compétences académiques et à mettre l'accent sur la dynamique spirituelle et pastorale de l'encadrement de thèse. La formation théologique est une dimension clé de la mission chrétienne. Encadrer des doctorants constitue donc une partie importante de la mission de Dieu car nombre d'entre eux joueront des rôles stratégiques dans la formation de pasteurs, d'enseignants et d'autres responsables chrétiens. Mon désir est que la formation théologique évangélique mondiale soit renforcée, approfondie et étendue, afin qu'elle soit plus à même de former la prochaine génération de responsables chrétiens pour l'Église. Je prie que Dieu utilise ce livre comme une contribution à cette tâche capitale, et pour sa plus grande gloire.

Ian J. Shaw, Docteur en Histoire de l'Église
Doyen,
Union School of Theology,
Oxford, Royaume-Uni

Avec la collaboration de

Kevin E. Lawson, Docteur en Sciences de l'éducation
Professeur en Sciences de l'éducation,
Talbot School of Theology,
Université Biola, États-Unis

1

Fonctions et qualifications d'un directeur de thèse[1]

L'encadrement de doctorants a été l'un des aspects les plus gratifiants et les plus agréables de mon ministère chrétien dans le cadre universitaire. C'était une tâche très exigeante, assortie de grandes joies, et parfois, de profondes frustrations. Et pourtant, voir des étudiants se distinguer en tant que penseurs, enseignants et chercheurs, qualifiés et engagés, qui prennent en compte vos conseils et votre enseignement, donnent forme à ce que vous avez voulu transmettre et contribuent à enrichir votre discipline, voilà l'une des meilleures manières d'investir votre temps et votre énergie. Mais comment le faire dans les règles de l'art ?

Je ne connais pas votre situation particulière. Vous avez peut-être été contacté par un directeur d'université, vous invitant à diriger un doctorant, et vous vous demandez sans doute : « Suis-je prêt à le faire ? », ou encore : « Dans quoi me suis-je embarqué ? » Il se peut même que l'on vous ait demandé de lire ce guide pour vous préparer à devenir directeur de thèse.

Ou peut-être que vous dirigez des doctorants depuis un certain temps déjà, et vous avez pris ce guide pour vous permettre de revoir votre pratique. Peut-être vous demandez-vous : « Est-ce toujours une bonne manière d'utiliser mon temps ? »

Ce qui suit est le fruit de quinze années passées en qualité de directeur de thèse et membre de jury de thèse, et de directeur d'une école doctorale dans une institution théologique évangélique. Durant les sept dernières années, j'ai eu l'occasion d'offrir soutien, conseil et formation à plus de 150 doctorants, tout en aidant à diriger le programme de bourses d'études doctorales de Langham Scholars, un ministère qui soutient la formation des responsables chrétiens des pays émergents. Ces doctorants étudient au niveau doctoral dans des institutions bien établies en Europe et en Amérique du Nord, ainsi que dans des programmes plus récents dans les pays émergents. Dans l'ensemble de ces institutions, j'ai vu les étudiants expérimenter différents styles et approches de direction doctorale pouvant

---

1. N.D.E. : Le masculin est utilisé tout au long du livre pour les termes « directeur de thèse » et « étudiant » pour des raisons éditoriales mais il inclut bien sûr les directrices de thèse et étudiantes.

être qualifiés de très bons comme parfois, malheureusement, de très mauvais. Nous espérons que les suggestions offertes ici aideront à propager l'excellence et conseillons de lire ce guide conjointement avec le livre *Bonnes pratiques pour la formation doctorale en théologie*[2]. Nous sommes convaincus que tout directeur de thèse pourra enrichir ses compétences et sa pratique par la lecture de ces deux ouvrages.

Un mot sur la terminologie adoptée

La recherche doctorale existe dans le monde entier, mais même les noms attribués au diplôme varient d'un contexte à l'autre. Ce livre met l'accent sur la qualification doctorale fondée sur la recherche, généralement connue dans le monde anglophone sous le nom de Doctor of Philosophy (PhD ou DPhil), et qui est similaire au Doctor of Theology (DTh), ou dans le monde francophone, sous le nom de Docteur en Philosophie ou en Théologie. Ceux qui encadrent le travail des étudiants qui préparent un doctorat professionnel[3] (par ex. Docteur en Missiologie, Docteur en Sciences de l'éducation) peuvent également tirer un bénéfice important de ce livre. Précisons toutefois que les compétences testées dans le doctorat professionnel et la façon dont ces épreuves se déroulent sont quelque peu différentes dans la mise en œuvre de ces doctorats « pro ». Les différences entre ces deux types de doctorats sont énoncées dans les « standards de Beyrouth pour les études doctorales » et leur « Adaptation pour les doctorats professionnels[4] » de l'ICETE. Ceux qui encadrent des mémoires de recherche rédigés à un niveau de master peuvent également trouver ici des informations précieuses.

Le terme « directeur de thèse » est utilisé dans ce livre pour se référer à la personne ou aux membres d'une équipe qui travaillent étroitement à l'orientation et au conseil dans le projet de recherche majeur qui réside au cœur du doctorat. Certaines écoles doctorales, notamment dans le monde francophone, utilisent les termes de « directeur de thèse », ou de « co-directeur » quand il s'agit d'une thèse en cotutelle (avec un professeur d'une autre université en France, ou même ailleurs dans le monde), et de « président du jury de thèse » pour ce rôle, mais pour des raisons de clarté, le terme de « directeur de thèse » sera utilisé dans la majeure partie de ce livre.

---

2. Ian SHAW, *Bonnes pratiques pour la formation doctorale en théologie*, Carlisle, Langham Global Library, 2018.
3. N.D.E. : « Notons que le doctorat professionnel n'existe pas dans tous les pays francophones. Il existe dans la plupart des pays anglo-saxons tels que les États-Unis, le Royaume-Uni, le Canada et l'Australie. Distinct du doctorat traditionnel, le doctorat professionnel est "un doctorat fondé sur l'enseignement, mais le domaine d'étude est une discipline professionnelle plutôt qu'universitaire. On recourt généralement à divers outils didactiques dans le cadre de la formation. Si ce diplôme est axé sur la recherche, son intérêt tient normalement davantage (ou également) à la mise en application des découvertes de l'étudiant dans sa pratique professionnelle (il donne lieu à une réflexion sur la pratique)" (Jeroen HUISMAN et Rajani NAIDOO, « Le doctorat professionnel : quand les défis anglo-saxons deviennent des défis européens », *Politiques et gestion de l'enseignement supérieur*, vol. 18, no. 2, 2006, p. 64-79). » (SHAW, *Bonnes pratiques*, p. 3.)
4. Voir les deux documents suivants développés par l'ICETE : « Les standards de Beyrouth » et « Les standards de Beyrouth : Adaptation aux doctorats professionnels », dans Ian SHAW, *Bonnes pratiques* p. 1-5.

Même le terme de « thèse de doctorat » est soumis à des variantes, et dans certaines cultures universitaires, notamment anglophones, les termes « dissertation doctorale » ou « projet de recherche », sont préférés. Encore une fois, pour plus de clarté et en conformité avec la terminologie du monde francophone, la « thèse » est le terme adopté ici. Nous entendons par ce terme un projet de recherche majeur original, comportant le plus souvent entre 75 000 et 100 000 mots, nécessitant, pour sa rédaction, deux à cinq ans de travail à temps plein.

Êtes-vous la personne indiquée pour ce poste ?

C'est une question importante qu'il faut régulièrement se poser. Il est possible qu'une personne qui était autrefois qualifiée pour diriger une thèse ne convienne plus à cette fonction. Le rôle du directeur de thèse est essentiel au succès du doctorant.

La direction de thèse est une grande responsabilité. Si votre étudiant échoue à un cours dans un programme de formation de niveau plus bas, cela relève peut-être de sa responsabilité, ou de celle de toute une série d'enseignants, en plus de votre propre rôle. Au niveau du doctorat cependant, votre responsabilité est nettement plus importante. Si elle incombe surtout au doctorant, vous la partagez en tant que directeur de thèse.

Une telle responsabilité peut, et devrait sans doute, vous paraître quelque peu inquiétante. La direction de doctorants n'est pas à prendre à la légère, ou à faire sans conviction, et ne devrait certainement pas être confiée à des personnes non qualifiées.

Êtes-vous sûr d'être qualifié et équipé pour assumer cette responsabilité ?

Diriger une thèse est avant tout un rôle académique, mais contient aussi certains aspects de formation propres à la dimension pastorale et à la direction d'une œuvre chrétienne, même si ceux-ci ne doivent pas entraver la priorité de la recherche.

Les *Bonnes pratiques pour la formation doctorale* de l'ICETE[5] énoncent les qualifications requises pour les directeurs de thèse travaillant dans des institutions théologiques évangéliques. En plus de disposer d'excellentes qualifications, les directeurs de thèse doivent aussi être des enseignants reconnus et des conducteurs chrétiens matures. Ils doivent être en mesure de refléter l'érudition chrétienne et de se consacrer à la formation académique et spirituelle de ceux qu'ils dirigent. Par conséquent, les directeurs de thèse devraient :
- Être bien réputés dans la communauté académique et l'Église locale ;
- Être capables à la fois de fournir un soutien académique et de démontrer une sensibilité pastorale adaptée aux besoins de l'étudiant ;
- Démontrer leur capacité à intégrer l'excellence académique et spirituelle ;
- Être prêts à signer la déclaration de foi de l'institution (le cas échéant) ;

---
5. Shaw, *Bonnes pratiques*, p. 35-39.

- Être qualifiés dans leur domaine et posséder l'expérience, les compétences et la connaissance du sujet pour soutenir, former et diriger les jeunes chercheurs qui leur sont assignés.[6]

Le directeur d'une thèse doctorale sera titulaire d'un doctorat de recherche, dans le domaine précis où le doctorant a l'intention de faire des recherches. Certains systèmes éducatifs (par exemple en Europe de l'Est) demandent également une autre qualification post-doctorale, comme l'habilitation à diriger des recherches. Dans certains cas, une personne ayant un doctorat tel que le diplôme EdD (doctorat en Sciences de l'éducation) ou DMiss (doctorat en Missiologie) sera un directeur approprié si son diplôme implique une quantité importante de recherches empiriques originales, des cours de formation sur les méthodes de recherche et l'écriture d'une thèse de recherche. Le directeur de thèse devrait avoir une expérience préalable en tant que directeur d'une recherche indépendante (habituellement au niveau du master) et être professeur titulaire depuis plusieurs années. Le rôle de co-directeur permet d'acquérir une certaine expérience et de développer les compétences nécessaires avant de devenir un directeur de thèse principal.

Un directeur de thèse possède une expertise dans des domaines étroitement liés à la recherche du doctorant et maintient une valeur académique à un niveau de recherche doctorale. Cela peut se vérifier en termes de publications récentes et d'activités de recherche du directeur de thèse. Les doctorants ont besoin d'être encadrés par des professeurs des universités qui ont continué à écrire et à faire de la recherche. Il convient de rappeler que l'activité de recherche en cours permet de maintenir à la fois un bon encadrement académique et un bon enseignement ; les directeurs de thèse ont donc besoin de maintenir leur réputation et leur compétence, dans le cadre de leur activité de développement professoral. Ils tireront également profit d'opportunités régulières de formation et de développement de leurs compétences dans leur rôle de directeur de thèse, comme nous le verrons plus loin.

Une logique biblique et théologique pour la direction de thèse doctorale

Les enseignants travaillant au sein d'institutions évangéliques qui sont appelés à être directeurs de thèse développeront une logique biblique et théologique pour leur travail. Ils seront également en mesure d'aider les doctorants évangéliques à faire de même pour la tâche qu'ils entreprennent.

Cette logique devrait reconnaître que le savoir ne relève pas uniquement de l'étude universitaire. Le slogan de l'Université d'Aberdeen, créé en 1495 par William Elphinstone, évêque d'Aberdeen, l'a reconnu il y a bien longtemps : *Initium sapientiae timor Dei* – la crainte du Seigneur est le commencement de la sagesse.

Aider un étudiant chrétien évangélique à obtenir un doctorat va bien plus loin que de l'aider à acquérir une grande quantité d'informations et développer un esprit critique, même

---

6. Liste adaptée de Shaw, *Bonnes pratiques*, p. 35-36.

si ces choses sont importantes. La sagesse, au sens biblique, implique la raison, l'action et la foi. Dans le contexte évangélique, l'étude doctorale est tant un exercice spirituel qu'un exercice intellectuel. Les standards de Beyrouth de l'ICETE expriment bien cette idée : l'étude doctorale implique « la croyance en le Dieu vivant et une confiance entièrement placée en lui (« la crainte de l'Éternel est le commencement de la sagesse », Ps 111.10)[7] ». Jouer un rôle actif dans l'encadrement d'un doctorant implique l'engagement dans des questions importantes de foi : la foi personnelle de l'étudiant, celle du directeur de thèse, et aussi celle de la communauté de foi au sens large.

Les études doctorales menées dans une institution de formation évangélique auront donc la même rigueur académique et les mêmes normes que celles entreprises dans une université laïque, mais l'étudiant évangélique et son directeur de thèse aborderont le processus à partir de principes fondamentaux distincts. L'expérience de l'enseignement doctoral dans une institution théologique ou une université chrétienne sera différente de celle entreprise dans une institution laïque. En présence d'une bonne compréhension biblique du savoir et de la sagesse, l'étudiant évangélique gagnera à travailler dans un contexte riche et épanouissant, dans lequel l'excellence dans les disciplines académiques et spirituelles est consciemment encouragée. Favoriser ce contexte fait partie du rôle du directeur de thèse.

L'une des réponses à la philosophie des Lumières du XVIIIe siècle fut la tentative de placer le christianisme au-dessus de la critique rationaliste en établissant une distinction entre les questions de foi, ou de sentiment religieux et celles de l'esprit. Cette dichotomie a des conséquences graves et devrait encore être abordée et surmontée, en particulier au niveau du doctorat. Le directeur de thèse au sein d'une institution évangélique œuvre à permettre aux doctorants évangéliques d'utiliser, de manière humble mais créative, les capacités rationnelles que Dieu a gracieusement donnée aux êtres humains qu'il a faits à son image. Jésus a invité ses disciples à adorer Dieu de tout leur cœur, de toute leur âme et de toute leur pensée. La recherche académique est donc l'une des manières d'aimer Dieu par la pensée (Mt 22.37-40). Dans le message biblique, il n'existe pas de discontinuité entre la pensée et la spiritualité personnelle. Avoir des pensées profondes et encourager nos étudiants à avoir des pensées tout aussi profondes sont une façon d'exprimer notre amour envers Dieu de tout notre cœur, de toute notre âme et de toute notre pensée.

La dimension holistique

L'étude doctorale devrait être conçue de façon holistique. Elle affecte tous les aspects de la vie et de la personnalité du directeur et de l'étudiant évangéliques. Il y aura donc une continuité entre leur caractère chrétien et leur travail de recherche. L'étudiant et le directeur feront preuve à la fois d'intégrité et d'intégration dans tous les aspects de leur travail. L'excellence spirituelle doit se situer au même niveau que la rigueur académique et les normes de recherche et de réflexion élevées. Les compétences académiques du directeur de thèse et

---

7. SHAW, *Bonnes pratiques*, section 1.

son excellence en matière de recherche s'accompagneront d'une réputation reflétant l'appel de Dieu et la participation à sa mission, et serviront ainsi de modèle aux étudiants. Même lorsque les étudiants et les directeurs de thèse évangéliques travaillent au sein d'une université laïque, avec des contraintes qu'il leur faut soigneusement respecter, il est bon de rester motivé par les mêmes principes d'intégrité et d'engagement chrétien, même si le contexte n'est pas explicitement conçu pour leur faciliter la tâche.

L'excellence dans la direction de thèse doctorale

Tout ce que le croyant évangélique décide d'entreprendre devrait être motivé par un désir de tendre vers l'excellence et de rendre gloire à Dieu. Le directeur de thèse aspirera également à exceller dans le travail de supervision, ainsi que dans la recherche et l'enseignement qui sous-tendent ce travail. Il faut un engagement absolu à protéger les normes académiques, en visant le plus haut niveau de crédibilité à l'échelle nationale et internationale. Le fait que la personne supervisée soit une sœur ou un frère en Christ ne signifie pas que ces normes doivent être atténuées. Bien au contraire, l'objectif global pour le doctorant est non seulement de développer un esprit critique, mais aussi de renforcer ses capacités en tant que responsable chrétien, et au cours de ce processus, d'être spirituellement formé et équipé pour rendre gloire à Dieu.

Si la façon dont les programmes de doctorat sont dispensés peut varier, l'offre finale respectera cependant les critères scientifiques du doctorat et sera reconnue comme tel aux yeux de la communauté académique mondiale, des Églises et des étudiants qui entreprennent le programme. Dans cet esprit, les dirigeants des institutions théologiques évangéliques se mobilisent pour faire du doctorat le summum de la formation chrétienne. Il devrait être considéré comme le domaine par excellence où nous devons nous dépasser afin de préparer les responsables chrétiens pour le service. Un doctorant qui a réussi sera connu dans la communauté chrétienne dans son ensemble comme une personne bien formée et hautement habilitée pour être un responsable chrétien, en particulier dans un contexte de niveau universitaire.

Par conséquent, c'est munis de ces bonnes motivations que doctorants et directeurs de thèses doctorales devraient entreprendre leur travail. Ainsi que l'a récemment écrit Andrew Walls :

> Il est nécessaire de commencer par faire la distinction entre la promotion de l'érudition et la création de doctorats. Il y a déjà dans le monde assez de titulaires de doctorats qui n'ont pas ou qui n'ont que peu contribué à l'érudition. Il est inutile de mettre en place des « usines » en Afrique et en Asie, aussi efficaces soient-elles, pour former des gens à passer par des cycles de doctorat alors qu'ils n'ont pas de vocation pour l'érudition ni de passion pour son exercice (car il en faut, et rien de moins). La poursuite d'une vie d'érudition est une vocation

chrétienne dans le cadre de la mission de Dieu pour le monde ; en comparaison de cela, la quête de doctorat est frivolité[8].

Nomination du directeur de comité de thèse

Chaque institution élabore des politiques et des procédures pour la sélection et l'approbation du directeur de thèse, du jury de thèse et des membres de ce jury.

Modèle de directeur de thèse : dans les écoles doctorales qui suivent le modèle européen/francophone, le doctorant travaille avec un directeur de thèse et un maître de conférence HDR (Habilité à Diriger des Recherches) ou autre qualification équivalente pour diriger des recherches, entourés parfois d'une petite équipe d'autres tuteurs formant le comité de thèse[9]. Le directeur de thèse peut être contacté de manière formelle ou informelle par l'étudiant avant de commencer les études doctorales pour discuter des idées de recherche potentielles, ou il peut aussi être nommé directement par l'établissement. Quoi qu'il en soit, tous les arrangements de direction de thèse devraient être convenus et ratifiés par écrit par l'institution. Les rôles et les responsabilités du directeur de thèse et de l'HDR devraient être convenus et énoncés par écrit. Il est important de garantir une communication fréquente et de qualité entre les membres du comité de thèse et d'organiser des réunions régulières entre eux et l'étudiant. Ces réunions devraient avoir lieu à des moments clés de la progression du doctorant, tels que les étapes initiales de la recherche, les bilans de la progression du travail et la préparation à la soutenance, avant que la date de cette dernière ne soit fixée.

Modèle de comité de thèse : dans les écoles doctorales qui suivent le modèle courant aux États-Unis, chaque doctorant travaille avec un comité de thèse qui guide ses recherches et les évalue. La « dissertation » qui en résulte est similaire à la « thèse » du modèle européen, mais le processus de développement et de soutenance tend à suivre un chemin différent. En effet, quand les étudiants ont terminé leurs cours prérequis et ont passé leur « examen de candidature », ils passent à la phase de rédaction de leur thèse. Durant la phase de cours, les étudiants auront suivi des cours ou séminaires qui fournissent une base pour le domaine d'études qu'ils ont choisi et les aident à développer les compétences de recherche qu'ils utiliseront dans le développement et la rédaction de leur thèse. Quand le cursus et l'examen de candidature sont validés avec succès, les étudiants demandent la nomination d'un comité de thèse pour les guider dans le processus de rédaction.

Les comités de thèse varient en taille et en composition. Un modèle de comité de thèse courant aux États-Unis est constitué de trois personnes : un président, un second lecteur et un troisième lecteur. Le président du comité de thèse est le conseiller principal de l'étudiant,

---

8. A. Walls, « World Christianity, Theological Education and Scholarship », *Transformation* 28, no. 4, octobre 2011, p. 235-240.
9. N.D.E. : Voici un exemple de la structure doctorale au sein d'une université française, en l'occurrence celle de l'Université Bretagne-Loire : https://ed-all.u-bretagneloire.fr/sites/default/files/u45/reglement_interieur_all_vote_16_10_17.pdf.

le guidant dans l'élaboration des projets préliminaires des différentes sections de la thèse. Le président est le « directeur » de l'étudiant, il s'entretient souvent avec lui pour discuter de l'orientation et du développement de la thèse, pour lui donner des retours par rapport à sa rédaction et pour l'aider à établir et à maintenir les objectifs et les limites appropriés dans l'effort de recherche. Il remplit en grande partie les principales fonctions du directeur de thèse du modèle européen énoncées dans le reste de ce livre. En France et dans les pays francophones, le jury de thèse (souvent au moins 5 personnes) est composé de professeurs d'universités (PU) et éventuellement d'un maître de conférences (MCF) habilité à diriger les recherches (HDR). Il peut y avoir des exceptions rares, comme celle d'accepter une personne n'ayant pas ces diplômes dans un jury de thèse, si cette personne est reconnue comme la plus grande spécialiste du sujet.

Les deuxième et troisième lecteurs – HDR (ou autre qualification pour diriger des recherches) et rapporteur, dans les pays francophones – fournissent également des conseils et des commentaires, mais leur tâche intervient normalement après le travail initial effectué par le directeur de thèse (ou par le président du comité) avec l'étudiant et peut se concentrer sur des aspects particuliers du projet de recherche. Ces « lecteurs » peuvent avoir une expertise dans un des domaines du contenu de l'étude, ou de la méthodologie, et peuvent être invités à jouer un rôle de chef de file dans certains aspects de l'étude. Dans d'autres cas, ils peuvent avoir une expérience générale dans le domaine d'étude poursuivi et servir de « deuxième avis », en donnant des commentaires sur la problématique et la conclusion de l'étude après que le président a effectué le travail initial avec le doctorant. D'une certaine façon, l'inclusion des deuxième et troisième lecteurs/rapporteurs au comité de thèse équivaut à avoir un co-directeur et un vérificateur externe pour aider à évaluer la thèse rédigée par l'étudiant. En fin de compte, tous doivent être d'accord sur le fait que la thèse est digne d'être acceptée et que l'étudiant peut obtenir son diplôme de doctorat.

Tout devrait être fait pour que le président du comité de thèse soit bien celui avec lequel l'étudiant souhaite travailler, mais il faut tout de même prendre en compte la charge de travail des professeurs d'université, afin de ne pas surcharger les membres du corps enseignant. Si, par exemple, l'un des membres du corps professoral exerce déjà une lourde charge de travail de direction de thèses, il peut être co-directeur, HDR ou rapporteur dans le comité de thèse, au lieu d'en être le directeur. De cette façon, l'étudiant peut bénéficier, dans le processus de recherche, de la perspective et de l'assistance de cette personne, sans que celle-ci y assume le rôle de président du comité.

La composition du reste du comité de thèse est souvent négociée entre le directeur du comité et l'étudiant. Le directeur peut connaître des membres du corps professoral, ayant des domaines d'expertise particuliers, qui devraient être invités à faire partie du comité. D'autre part, l'étudiant peut avoir pris des cours avec un membre du corps enseignant qui, selon lui, apporterait une forte contribution au comité. Dans certains cas, une personne extérieure à l'établissement peut être invitée à siéger au comité. Vous souhaiterez sans doute bien réfléchir à cela au niveau des politiques au sein de votre établissement, afin que les membres du corps professoral et les étudiants soient au courant du processus de recrutement et d'approbation du comité et de leur propre participation à ce processus. Il se peut que l'étudiant ne puisse pas avoir dans son comité toutes les personnes qu'il souhaiterait, mais il n'en demeure pas moins que ses rapports avec les membres de ce comité devront être bons. Le directeur prendra l'initiative de recruter les autres membres du comité et de les informer des éléments essentiels de l'étude proposée et de ce qui leur est demandé en tant que membres du comité de suivi de thèse.

Dans la mesure du possible, il sera utile d'avoir une première réunion du doctorant avec tous les membres du comité de thèse. Cela peut se faire après que l'étudiant et son directeur de thèse ont travaillé l'approche initiale proposée et les paramètres de l'étude planifiée. Lors de cette réunion, l'étudiant peut donner une présentation de l'orientation proposée, de la portée et de la justification de la recherche. Les membres du comité seront ensuite invités à présenter au doctorant leurs réflexions, leurs observations, leurs questions et leurs idées, en consultation avec le directeur. En outre, ils discuteront de leurs rôles dans le processus de suivi de thèse et des contraintes posées par leurs horaires pour les réunions. Ainsi, tous les membres du comité de thèse auront l'occasion de parler de l'orientation initiale et du développement de la recherche, ce qui garantit une compréhension commune de ce que l'étudiant s'efforcera d'accomplir et de leur rôle respectif dans le processus. Cela peut également minimiser la possibilité d'un conflit de points de vue *a posteriori*, en évitant de gaspiller les efforts de l'étudiant et en lui épargnant le stress de commentaires qui ne répondent pas à ses attentes. Quand une réunion de tous les membres en personne n'est pas possible, l'utilisation de Skype ou d'un autre outil de vidéoconférence pourra faciliter cette conversation.

Travailler en communauté

Pour éviter que le défi et la responsabilité de développer l'excellence spirituelle et académique du doctorant ne semblent être une tâche trop lourde, le directeur de thèse travaillera dans le cadre d'une communauté d'apprentissage favorable. Je disais toujours à mes collègues que la communauté requise pour former un doctorant avec succès ne s'arrête pas au directeur de thèse, mais implique également tout le soutien administratif et le corps enseignant. Ils devraient tous se consacrer sans réserve à la tâche d'encourager le développement des compétences clés des futurs docteurs. Cette communauté « doit être une communauté "d'apprentissage", et non seulement une communauté où l'apprentissage a lieu[10] ».

Résumé

Le directeur de thèse évangélique aspirera constamment à être plus semblable au Christ dans tout ce qu'il fait, dit et pense ; plus conforme à la Bible dans ses principes directeurs ;

---

10. SHAW, *Bonnes pratiques*, p. 9.

et toujours plus désireux de normes plus élevées et d'obtenir le meilleur de ses étudiants. C'est en évaluant régulièrement leur pratique que les directeurs de thèse pourront faire face à leurs erreurs potentielles et en tirer un enseignement afin de s'améliorer. Cet ouvrage est conçu pour contribuer à ce processus.

Questions de réflexion

Prenez quelques instants pour réfléchir aux questions suivantes :

Vos propres pensées sur la direction doctorale :

- Sont-elles positives ou négatives ?
- Quelles sont les expériences qui motivent ces pensées ?

Dans quels domaines pensez-vous avoir besoin de vous améliorer en ce qui concerne la direction de thèse ?

Si vous avez déjà dirigé une thèse de doctorat, quelle est l'expérience de direction la plus satisfaisante que vous ayez connue jusqu'ici ?

Si vous débutez dans la direction de thèse, quel est votre plus grand espoir pour votre travail en tant que directeur ?

De quelle manière pourriez-vous mesurer le succès de la direction de la thèse doctorale ?

Lectures complémentaires conseillées

Ouvrages et articles en français

Beaud, Michel, *L'art de la thèse : Comment préparer et rédiger un mémoire de master, une thèse de doctorat ou tout autre travail universitaire à l'ère du Net*, Paris, La Découverte, 2006.

Campus France, « Le fonctionnement du doctorat en France », https://www.campusfrance.org/fr/comment-fonctionne-doctorat-France.

École doctorale des Sciences de la mer et du littoral de l'Université Bretagne-Loire, « Le guide du parfait directeur de thèse », https://ed-sml.u-bretagneloire.fr/sites/default/files/u51/le_guide_du_parfait_directeur_de_these_edition_2017.pdf.

Sabatier, Valérie, « Un directeur de thèse, à quoi ça sert ? », 03/10/2018, Les Echos START, https://start.lesechos.fr/etudes-formations/examens-concours/un-directeur-de-these-a-quoi-ca-sert-12917.php.

Université Paris-Saclay, « Quelques précisions sur les rôles respectifs des encadrants », https://www.universite-paris-saclay.fr/fr/quelques-precisions-sur-les-roles-respectifs-des-encadrants.

Ouvrages en anglais

Delamont, S., P. Atkinson, et O. Parry, *Supervising the PhD: A Guide to Success*, Bristol, PA, The Society for Research into Higher Education & Open University Press, 1997.

Eley A., et R. Murray, *How to Be an Effective Supervisor*, Maidenhead, Open University Press, 2009.

Nerad, M., et M. Heggelund, sous dir., *Toward a Global PhD? Forces and Forms in Doctoral Education Worldwide*, Seattle, University of Washington Press, 2008.

Phillips, E. M., et D. S. Pugh, *How to Get a PhD: A Handbook for Students and their Supervisors*, Maidenhead, Open University Press, 2010. (La version Kindle est aussi disponible.)

Powell, S., et H. Green, sous dir., *The Doctorate Worldwide*, Maidenhead, Open University Press, 2007.

Taylor, Stan, et Nigel Beasley, *A Handbook for Doctoral Supervisors*, New York, Routledge, 2005.

Walker, G. E., C. M. Golde, L. Jones, A. C. Bueschel, et P. Hutchings, *The Formation of Scholars: Rethinking Doctoral Education for the Twenty-First Century*, San Francisco, Jossey-Bass, 2008. Une étude américaine provocatrice, certains d'entre vous seront d'accord avec les propos avancés, d'autres non !

Walker, M., et P. Thomson, sous dir., *The Routledge Doctoral Supervisor's Companion: Supporting Effective Research in Education and the Social Sciences*, New York, Routledge, 2010.

Wisker, Gina, *The Good Supervisor: Supervising Postgraduate and Undergraduate Research for Doctoral Theses and Dissertations*, New York, Palgrave MacMillan, 2005.

Publications périodiques sur l'enseignement supérieur et la recherche

(Ces revues présentent régulièrement des articles sur la pensée de pointe concernant l'éducation universitaire de troisième cycle et la réflexion doctorale.)

Studies in Higher Education

Higher Education Research and Development

Journal of Further and Higher Education

2

Aider les étudiants à mieux comprendre la nature de la recherche

L'entreprise de la recherche est une tâche passionnante et stimulante. Celle-ci s'appuie sur des capacités de créativité et d'imagination, sur une étude disciplinée exigeante, une réflexion rigoureuse et de nombreux écrits.

Les directeurs de thèse aident leurs étudiants à bien comprendre ce que l'on attend d'eux lors de la recherche, leur offrent des conseils sur la façon d'y parvenir et les accompagnent dans le développement de leurs compétences.

Qu'est-ce que la recherche ?

La « recherche » est une étude originale menée pour acquérir connaissance et compréhension. Un chercheur vise donc à générer de nouvelles idées et à développer des projets qui mèneront à des perceptions nouvelles ou améliorées. Les étudiants continueront à maintenir et à enrichir l'infrastructure intellectuelle de leur sujet ou de leur discipline.

Pour entreprendre des recherches au niveau doctoral, les étudiants sont censés acquérir les bases du savoir de leur domaine d'étude, en particulier en ce qui concerne les recherches préalablement menées dans leur domaine. Les études que d'autres ont entreprises avant eux seront analysées, synthétisées et leurs implications pour les recherches actuelles et futures bien comprises.

La recherche est un itinéraire exploratoire qui amènera à découvrir de nouveaux éléments et à concevoir de nouveaux arguments. Les étudiants examineront des documents et des sources qui n'ont pas été lus ni étudiés auparavant, ou examineront avec un regard neuf des documents et des sources déjà étudiés, ou encore utiliseront de nouvelles approches et techniques. Le directeur de thèse a le privilège de partager ces découvertes avec l'étudiant et tire une satisfaction professionnelle et académique en voyant son propre domaine de connaissance s'élargir grâce aux travaux de recherche que font ses étudiants. Cependant, cela doit être fait avec intégrité – la propriété intellectuelle de l'étudiant doit être respectée et reconnue.

Les étudiants devront faire preuve d'une forte motivation, non seulement pour en apprendre davantage, mais aussi pour résoudre des problèmes de manière créative ou apporter plus de clarté à des questions particulières. Même une documentation ancienne peut être examinée de manière nouvelle.

Une autre dimension passionnante de la recherche consiste non seulement à découvrir de nouveaux éléments, mais aussi à établir des liens et à construire des ponts vers d'autres domaines. Pour ce faire, les doctorants ont parfois besoin d'aide et de direction.

L'un des principaux domaines dans lesquels les directeurs de thèse interagissent avec les doctorants concerne la qualité et la clarté du travail écrit du doctorant. Les directeurs reçoivent régulièrement des échantillons de texte et les commentent. Ce processus ne consiste pas seulement à aider les étudiants à enregistrer leurs résultats de recherche, mais aussi à développer les compétences de communication nécessaires à la diffusion de ces résultats. Ces compétences sont vitales non seulement pour le doctorat lui-même, mais aussi pour le futur ministère de recherche et de rédaction de l'étudiant. Les étudiants apprendront ainsi à appliquer leurs résultats de recherche aux débats universitaires contemporains et également à réfléchir à la manière dont leur recherche pourra répondre aux besoins de la communauté chrétienne au sens large.

Certains aspects de la recherche d'un doctorant pourront se rapporter directement au contenu de son enseignement futur. Le développement de questions de recherche, l'analyse et la synthèse, la communication des résultats de manière efficace et claire, toutes compétences qui sont essentielles à la tâche de recherche, ont également une valeur transmissible importante dans l'écriture de livres ou dans la préparation et la diffusion de conférences et de cours.

Un produit dérivé important de la recherche sera une quantité abondante d'approches d'enseignement et d'apprentissage stimulantes, créatives et efficaces, ce qui constitue une autre manière de diffuser les résultats de la recherche.

La recherche et les évangéliques

En 1941, le Dr Martyn Lloyd-Jones exposa ce qu'il considérait être les causes de la faiblesse des études des sciences bibliques et de la théologie biblique parmi les évangéliques au XXe siècle. Il s'agissait notamment d'une importance plus grande accordée à la subjectivité et à l'expérience personnelle qu'à l'étude et à l'explication détaillées des Écritures ; d'une insistance accrue sur l'imminent second avènement du Christ, au regard duquel toute étude rigoureuse et approfondie serait superflue ; et enfin, de l'accent mis sur l'urgence de prêcher l'Évangile qui semblait reléguer le travail lent et minutieux des érudits à une place d'importance secondaire. Par ailleurs, le mouvement dit « de sanctification » a placé la culture de la piété personnelle avant celle de l'esprit d'étude. Lloyd-Jones considérait que tous ces facteurs avaient entraîné un déclin drastique de l'érudition évangélique dans les premières décennies du XXe siècle[1].

---
1. T. A. Noble, *Research for the Academy and the Church: Tyndale House and Fellowship: The First Sixty Years*, Leicester, IVP, 2006, p. 34-35.

Dans certains cercles de l'évangélisme, de telles idées persistent. L'on peut espérer que, lorsque des étudiants entreprennent des études de doctorat, ils ne nourrissent pas ces idées à titre personnel. Mais il n'en demeure pas moins que de telles idées pourraient subsister chez des amis chrétiens, la famille, ou même des dirigeants de l'Église. Le directeur de thèse ferait bien de réfléchir à ces questions avec l'étudiant pour l'aider à justifier son investissement de temps et d'argent dans le travail de recherche. En réponse à ces questions, Lloyd-Jones encouragea la fondation du centre de recherche biblique de Tyndale House, à Cambridge, au Royaume-Uni. Il vit que l'étude linguistique et historique était essentielle pour assurer la validité et l'exactitude des sources de texte primaires pour la Bible et la théologie, et permettre une compréhension précise du texte biblique à appliquer dans l'exégèse et la traduction. Il insista également sur la nécessité pour les études linguistiques et textuelles techniques d'être associées aux compétences de la théologie biblique, afin de permettre la compréhension des implications théologiques des découvertes et leur mise en pratique[2].

Au cœur de la thèse de recherche se trouvent « l'originalité » et la « nouveauté ». Dans certains milieux de l'évangélisme, de tels concepts sont encore associés à la non-orthodoxie biblique ou confessionnelle. Découvrir quelque chose de « nouveau » sur les Écritures ou la théologie traditionnelle est associé, selon certains, à une tendance à l'hérésie. Ces étudiants auront sans doute besoin d'aide pour développer une « apologétique » personnelle afin de contrer ces peurs. Les évangéliques peuvent entreprendre en toute confiance des recherches sur une base confessante[3], qui leur serve de fondement sûr pour leur recherche mais ne la limite pas forcément. Dans certains domaines, de nouveaux paradigmes et approches sont nécessaires, alors que dans d'autres domaines, il faudrait en revisiter et en rétablir d'autres plus anciens, fondés sur une conviction de l'autorité biblique, une vision du monde distinctement chrétienne et sur l'orthodoxie confessante. W. J. Martin, un conférencier en hébreu à l'Université de Liverpool, a insisté sur le besoin d'une érudition biblique de haut niveau, croyante et éclairée :

> Notre foi est inextricablement liée à certains événements historiques rapportés dans un corpus fourni de documents écrits, et de ce fait son exactitude est ouverte à une enquête objective. Le besoin d'une défense éclairée de la foi se fait ressentir aujourd'hui plus que jamais. Les qualifications requises pour participer à cette défense ne peuvent être obtenues que par des années d'études et de zèle[4].

Pour Martin, les « années d'études et de zèle » requises pour la recherche dans les études de l'Ancien Testament comprenaient une expérience d'étude en Allemagne, un an à Rome à l'Institut Biblique Pontifical et une année d'étude de la culture arabe en Égypte. Il est évident que les chercheurs ne peuvent pas tous se permettre de s'engager dans de telles études, mais

---

2. *Ibid.*, p. 39.
3. Il faut comprendre « confession » avec un petit c et non une référence à une Confession particulière.
4. W. J. MARTIN, « A Later Statement of the Aims of Tyndale House, 1941 », dans *Research for the Academy and the Church: Tyndale House and Fellowship: The First Sixty Years*, sous dir. T. A. NOBLE, Leicester, IVP, 2006, p. 37.

sa recommandation souligne l'importance de la tâche. Les chercheurs évangéliques ont besoin de courage pour être à la fois des pionniers de la pensée nouvelle, des rénovateurs et des restaurateurs des valeurs essentielles du royaume, et des gardiens des éléments constitutifs de la formation spirituelle.

Le respect de la confession personnelle et la liberté académique

Les évangéliques, par amour pour le Christ, s'engagent volontairement dans un modèle de croyance et de pratique, comme ils s'engagent à défendre une série de vérités clés, résumées de manière utile en quatre points par David Bebbington : (1) la conversion en tant qu'expérience chrétienne irrévocable ; (2) la Bible, en tant que Parole de Dieu révélée et faisant autorité, base de toute croyance, pratique et vie chrétiennes ; (3) la mort expiatoire du Christ sur la croix comme cœur du message chrétien ; et (4) la conviction que le christianisme devrait être vécu dans le service et le témoignage[5]. Les évangéliques croient en ces vérités fondamentales ; ils les chérissent, les défendent et les vivent. Embrasser volontairement et avec joie le joug de la croyance doctrinale qui les a amenés dans la foi et les a préservés au sein d'une communauté partageant les mêmes valeurs est, pour les évangéliques, l'une des manières d'aimer et de servir le Christ et son Église. Ces valeurs ont fourni la pierre angulaire de leur foi et de leur témoignage à travers les nombreux défis et ne doivent pas être abandonnées à la légère.

Cependant, se lancer dans une étude de niveau universitaire qui se rapporte à ces questions comporte des défis et des perplexités que les évangéliques reconnaissent. Leur foi les guide et les oriente, et ils ne la voient pas comme un carcan qui les enserre et les étouffe. Parallèlement à ces profondes convictions, les évangéliques sont également attachés au principe de la liberté de recherche, d'apprentissage et d'enseignement. Être dans une foi statique n'est pas ce qu'ils désirent, ils souhaitent plutôt approfondir, réfléchir plus clairement, et énoncer leurs résultats sans crainte et sans équivoque. Il est nécessaire d'aider l'étudiant évangélique à vivre au sein de cette tension entre l'ouverture d'esprit et l'engagement.

L'érudition des chercheurs au service de l'Église

Dans ses *Ordonnances ecclésiastiques*, en même temps que le rôle des pasteurs, Jean Calvin a également décrit le rôle des enseignants ou des « docteurs » de l'Église (basé sur Éphésiens 4.11). Leur rôle était d'enseigner la saine doctrine aux croyants et de contester l'ignorance ou les opinions erronées. Le « docteur de l'Église » devait fournir de l'aide et des instructions pour maintenir la doctrine de Dieu, et aussi pour défendre l'Église contre le préjudice causé par les carences doctrinales des pasteurs et des ministres. C'était une grande responsabilité et un service essentiel à l'Église. Cependant, cela ne signifiait pas que le docteur de l'Église était en quelque sorte supérieur aux autres responsables. Comme tout autre ministre, le

---

5. D. BEBBINGTON, *Evangelicalism in Modern Britain: A History from the 1730s to the 1980s*, London, Unwin Hyman, 1989, p. 5-17.

docteur de l'Église devait être soumis à la discipline ecclésiastique, et l'approbation d'autres ministres était nécessaire lors de sa nomination[6].

Qu'il s'agisse d'un texte biblique, d'une déclaration théologique fondamentale ou d'un aspect de la pratique chrétienne, les érudits évangéliques sont parvenus à la conviction que l'étude approfondie et détaillée des questions fondamentales de la foi chrétienne enjointe au « docteur de l'Église » n'est pas contraire au maintien de la foi chrétienne historique. Ainsi que l'affirment les « Principes généraux régissant l'activité de recherche », établis pour la Tyndale House en 1944 :

> L'erreur est multiple, mais la Vérité est une, et ceux qui, dans leur dépendance à Dieu, dont la Parole est Vérité, ont entrepris de découvrir une nouvelle vérité à partir de là, sont assurés que la Vérité ne peut jamais se contredire, mais doit toujours promouvoir la gloire de celui qui dit : "Je suis la Vérité"[7].

Sur cette base, même les évangéliques qui se tiennent au plus près de la doctrine réformée des Écritures sont prêts à entreprendre une étude scientifique détaillée du texte des livres qui composent le canon. Ils explorent volontiers le contexte de pensée et de vie dans lequel les différents livres de l'Écriture ont été rédigés ou dans lequel la doctrine a été développée au cours des siècles suivants. Pour eux, l'Écriture est un riche joyau aux multiples facettes qu'il convient de tenir et de regarder sous différents angles et, ce faisant, sa beauté est plus apparente. En écartant les interprétations et les contraintes injustifiées ou inutiles qui se sont développées au fil du temps, les évangéliques cherchent à préserver la vérité, considérant que l'intégrité du message chrétien sera ainsi confirmée et renforcée.

Ceux qui entreprennent des études doctorales ont besoin d'un soutien considérable pour se frayer un chemin de manière créative à travers ces tensions. On sera amené à les accompagner pour apprendre comment promouvoir, en tant qu'évangéliques, les études bibliques, théologiques, historiques, missiologiques et pratiques dans un esprit de loyauté fidèle à la foi chrétienne telle que définie dans l'Écriture, les crédos historiques et les confessions de la Réforme. Ils s'efforceront d'établir des relations de collaboration avec d'autres personnes engagées dans des recherches similaires, de sorte que l'érudition évangélique puisse prendre sa place à l'avant-garde des études bibliques et théologiques.

De par mon expérience de soutien aux doctorants évangéliques dans divers contextes, je constate avec tristesse que c'est un domaine dans lequel les étudiants reçoivent peu de conseils ou d'aide. Ils recherchent des directeurs de thèse qui représenteraient l'intégration et la cohérence au sein de la tension entre l'ouverture d'esprit et l'engagement. Je me demande parfois pourquoi cela fait défaut. A-t-on l'impression que les étudiants ont déjà tout compris, et que de ce fait les directeurs n'ont pas besoin de discuter de ces problèmes ? Beaucoup d'étudiants en sciences bibliques n'ont pas une doctrine clairement formée de l'Écriture,

---

6. J. Calvin, « Ecclesiastical Ordinances », dans *Theological Treatises*, sous dir. J. K. S. Reid, Library of Christian Classics, Philadelphia, The Westminster Press, 1954, p. 58-82, 333-343.
7. F. F. Bruce, D. Johnston et L. Stephen-Hodge, « General Principles Governing the Research Activity Tyndale House, 1944 », dans *Research for the Academy and the Church: Tyndale House and Fellowship: The First Sixty Years*, sous dir. T. A. Noble, Leicester, IVP, 2006, p. 50-51.

leur nombre est même surprenant. Y aurait-il peut-être une réticence de la part des directeurs à s'ouvrir sur leurs défis personnelles et sur la manière dont ils ont été résolus (ce qui pourrait être considéré comme une directive indue, ou un signe de faiblesse), marquant une préférence pour parler seulement de questions abstraites ? À mon avis, cette réticence n'a pas aidé les doctorants évangéliques.

> ### Exercice
> Faites une liste des tensions « d'ouverture d'esprit et d'engagement » que vous avez rencontrées dans votre propre discipline académique. En face de chaque élément de votre liste, notez comment vous avez résolu ces tensions.

L'humilité dans la recherche

D'après John Stott :

> Il nous faut l'humilité de Marie... Elle a accepté le dessein de Dieu en disant : « Que ta parole s'accomplisse pour moi ! » [...] Nous avons aussi besoin du courage de Marie. Elle était si complètement disposée à ce que Dieu réalise son dessein qu'elle était prête à risquer la stigmatisation d'être mère célibataire, d'être considérée elle-même comme une femme adultère, ayant un enfant illégitime. Elle a remis sa réputation à la volonté de Dieu. Je me demande parfois si la principale cause d'un important libéralisme théologique ne résiderait pas dans le fait que certains savants s'occuperaient plus de leur réputation que de la révélation de Dieu. Ils trouvent difficile d'être ridiculisés pour leur naïveté et leur crédulité qui les font croire aux miracles, et sont tentés de sacrifier la révélation de Dieu sur l'autel de leur propre respectabilité. Je ne dis pas qu'ils le font toujours. Mais je pense que cela arrive, parce que j'ai moi-même ressenti la force de cette tentation[8].

Il y a quelques années, je parlais à un cadre universitaire aux États-Unis qui me rapportait sa réponse à une question qu'un étudiant en théologie lui avait posée sur la façon de servir Dieu pendant son doctorat. Il lui a simplement répondu : « Enseignez à l'école du dimanche de votre église. Cela vous gardera enraciné dans le service de votre église, et vous découvrirez que les enfants posent les questions théologiques les plus profondes. »

---

8. John STOTT, *The Authentic Jesus*, London, Marshalls, 1985, p. 66.

La recherche entreprise à la gloire de Dieu

Les directeurs doctoraux chrétiens feront preuve d'humilité et de prudence lorsqu'ils formuleront les résultats de leurs recherches et seront des exemples pour leurs étudiants dans ce domaine. Ils montreront aux étudiants comment leurs travaux seront mis à l'épreuve de la critique de leurs pairs, pour progresser dans les connaissances nouvelles qu'ils établissent.

Le désir dominant du chercheur chrétien sera de rendre gloire à Dieu par la recherche, de la même manière qu'il cherche à rendre gloire à Dieu dans tous les aspects de sa vie. La prière accompagne ce processus de recherche d'idées, et c'est Dieu seul qui devrait recevoir toute la reconnaissance pour les idées qu'il apporte.

Questions de réflexion

Quelle est votre motivation la plus forte dans votre désir d'offrir une direction aux doctorants ?

De quelle manière votre compréhension de la tâche du directeur de thèse se rapporte-t-elle à la *missio Dei* ?

Quels sont les principaux obstacles à la recherche auxquels vos doctorants seront confrontés ?

Lectures complémentaires conseillées

Ouvrages en français

Beaud, Michel, *L'art de la thèse : Comment préparer et rédiger un mémoire de master, une thèse de doctorat ou tout autre travail universitaire à l'ère du Net*, Paris, La Découverte, 2006, p. 26-29.

Shaw, I., *Bonnes pratiques pour la formation doctorale en théologie*, Carlisle, Langham Global Library, 2018.

Ouvrages en anglais

Delamont, S., P. Atkinson, et O. Parry, *Supervising the PhD: A Guide to Success*, Bristol, PA, The Society for Research into Higher Education & Open University Press, 1997.

Eley, A., et R. Murray, *How to Be an Effective Supervisor*, Maidenhead, Open University Press, 2009.

Phillips, E. M., et D. S. Pugh, *How to Get a PhD: A Handbook for Students and their Supervisors*, Maidenhead, Open University Press, 2010. (La version Kindle est également disponible.)

Quality Assurance Agency, *Doctoral Degree Characteristics*. www.qaa.ac.uk/en/Publications/Documents/Doctoral_Characteristics.pdf

Smith, K., *Writing and Research: A Guide for Theological Students*, Carlisle, Langham Global Library, 2015.

Taylor, Stan, et Nigel Beasley, *A Handbook for Doctoral Supervisors*, New York, Routledge, 2005.

WALKER, G. E., C. M. GOLDE, L. JONES, A. C. BUESCHEL, et P. HUTCHINGS, *The Formation of Scholars: Rethinking Doctoral Education for the Twenty-First Century*, San Francisco, Jossey-Bass, 2008.

WALKER, M., et P. THOMSON, sous dir., *The Routledge Doctoral Supervisor's Companion: Supporting Effective Research in Education and the Social Sciences*, New York, Routledge, 2010.

WISKER, Gina, *The Good Supervisor: Supervising Postgraduate and Undergraduate Research for Doctoral Theses and Dissertations*, New York, Palgrave MacMillan, 2005.

3

À suivre ou à éviter ? Leçons tirées de votre propre expérience en doctorat

Lorsque je préparais mon propre doctorat dans une université au Royaume-Uni au début des années 1990, une statistique surprenante fut publiée : dans l'une des universités d'élite de Grande-Bretagne, plus de 50 % de ceux qui avaient commencé un doctorat ne l'avaient jamais terminé. Ces chiffres ont envoyé une onde de choc dans les institutions de recherche, et de nombreuses pratiques et approches pour les études doctorales ont par la suite été modifiées et améliorées. Pourtant, en 2012, le journal britannique *The Guardian* signalait encore un taux d'échec ou de non-achèvement de plus de 40 % dans de nombreuses universités britanniques. Aux États-Unis, seulement 57 % des doctorants avaient obtenu leur doctorat dans les dix années suivant le début de leurs études, et dans les études de lettres, le taux d'achèvement était même inférieur à 49 %[1]. De tels chiffres devraient nous inciter à réfléchir à nos approches en matière de doctorat et d'encadrement de thèse, et à leurs dysfonctionnements éventuels. De toute évidence, dans de nombreux cas, les choses ne sont pas ce qu'elles devraient être.

À la suite de ces statistiques, la tendance fut d'accorder une attention particulière à l'ensemble du processus d'enseignement doctoral. Le processus de développement et d'écriture d'un projet de recherche au niveau doctoral se devait d'être bien défini et bien compris. Les études doctorales se développent dans un environnement favorable – une culture de recherche (voir le chapitre 11 de ce livre).

Nous souhaitons certainement voir nos étudiants réussir. Et nos étudiants ont besoin de soutien, de ressources et d'un environnement propice pour réussir. Avec l'accent accru sur les droits du consommateur, en particulier dans un Occident procédurier, il faut prêter une attention particulière à l'assurance de la qualité. Les étudiants, qui paient des sommes considérables pour les frais de scolarité et les coûts de recherche, peuvent être considérés comme des consommateurs. Ils ont donc des droits : le droit d'être traité de manière équitable,

---

1. Daniel K. Sokol, « Is a PhD the right option for you ? », theguardian.com, mercredi 12 septembre 2012.

de disposer d'équipements de bonne qualité, d'une bonne direction de thèse et d'une expérience positive de ces études – qu'ils réussissent leur doctorat ou non. Dans le cadre d'une institution évangélique, il s'agit de traiter nos compagnons croyants avec intégrité, équité, décence et respect.

Les directeurs de thèse qui s'engagent à servir le Seigneur en assurant une direction de thèse viseront l'excellence dans tout ce qu'ils font – par respect pour les étudiants, pour leur propre réputation professionnelle, et par-dessus tout, pour honorer Dieu.

Et pourtant, dans l'ensemble, et même dans certaines universités, il existe peu de formations dans le domaine de la direction des doctorants. Il y a bien certains livres génériques (recommandés dans le présent ouvrage) qui sont utiles, mais tous les directeurs de thèse ne les lisent pas forcément. En l'absence d'une formation appropriée, nous avons souvent tendance à nous replier sur nos propres expériences, consciemment ou parfois inconsciemment, et nous les utilisons comme modèle.

Lors de séminaires de formation pour les directeurs de thèses, je donne à chaque participant la possibilité de réfléchir sur le meilleur et sur le pire de l'expérience de direction doctorale qu'il a reçue. Les questions qui suivent vous permettront d'en faire de même.

Questions de réflexion

- Réfléchissez à votre expérience passée de doctorat : dans l'ensemble, était-ce ou non une bonne expérience ?
- À présent, énumérez les cinq meilleurs souvenirs qui vous restent de cette expérience.
- Énumérez ensuite les cinq pires souvenirs.
- Notez dans une série de mots quelques-unes des pensées et des émotions qui vous viennent à l'esprit lorsque vous pensez à votre itinéraire de doctorat, tels que : difficile, enrichissant, coûteux, etc.
- Si vous en aviez l'opportunité, qu'aimeriez-vous changer dans votre parcours doctoral ?
- Qu'aimeriez-vous en retenir ?
- Quelles leçons de votre expérience aimeriez-vous partager avec les étudiants de recherche que vous dirigerez ?

Récit de ma propre expérience de doctorant encadré par un directeur de thèse

En repensant à ma propre expérience il y a plus de vingt ans, je me dis que les années passées à préparer mon doctorat étaient parmi les plus agréables et les plus satisfaisantes de mon ministère chrétien. Je travaillais avec détermination sur un sujet que je trouvais très pertinent. Mon directeur de thèse était intéressé – je pourrais même dire « enthousiaste » – par les choses que je découvrais, mais c'était un Britannique de la vieille école qui ne montrait pas beaucoup ses émotions ! Il me portait un intérêt personnel et me demandait régulièrement des nouvelles de ma famille. J'avais accès à des ressources internationales de qualité dans la bibliothèque et les archives. Au cours de mes études de doctorat, j'ai eu à plus d'une reprise l'occasion de présenter quelques cours et séminaires, et d'aider à la correction de copies. Tout le travail que j'ai soumis à mon directeur de thèse pour sa relecture et ses commentaires a été lu attentivement et des remarques détaillées m'ont été fournies. Mon directeur m'a gracieusement permis de lire quelques notes non publiées dans sa propre recherche. Il y avait entre nous une bonne relation de respect professionnel et de confiance, qui s'est maintenue après l'obtention de mon doctorat, et c'est lui qui m'a donné des recommandations pour le poste que j'ai obtenu par la suite. J'ai commencé des études doctorales en tant qu'étudiant à temps partiel alors que je travaillais dans une église, ce que j'aimais aussi, mais j'ai personnellement eu du mal à rendre justice à la fois à l'église et aux études. À mesure que ce défi grandissait, j'ai eu la grâce de recevoir un prix de recherche national. Ce n'était pas un gros montant, mais cela subvenait à mes frais de scolarité et aux besoins essentiels de ma famille et me permettait de me consacrer pleinement à mes études. J'ai beaucoup de raisons de remercier Dieu pour ma propre expérience de doctorat.

Pourtant, certains aspects de mon parcours doctoral n'étaient pas parfaits. La bibliothèque où je travaillais n'avait pas d'espace d'étude assigné aux étudiants en recherche, je devais donc emmener mes livres et mes notes avec moi à divers endroits – et les doctorants accumulent vraiment beaucoup de livres ! Il n'y avait pas de séminaire de recherche dans mon domaine et pas vraiment de culture de recherche – et pourtant, il y avait beaucoup d'autres chercheurs qui travaillaient dans l'enseignement tout en menant des études doctorales.

Les titulaires de doctorat n'ont pas tous eu une bonne expérience doctorale, loin de là. Des livres tels que *L'art de la thèse*[2] contiennent de nombreuses anecdotes instructives sur les problèmes qui se posent, lesquels sont souvent dus à des problèmes avec les directeurs de thèse.

Depuis que j'ai terminé mon doctorat, j'ai régulièrement discuté avec un grand nombre d'autres étudiants en doctorat sur leur expérience en tant que doctorants supervisés, dans divers contextes. Aujourd'hui, lorsque je donne une formation d'encadrement doctoral, je m'intéresse toujours aux anecdotes liées à leur expérience et à la façon dont cela a finalement

---

2. Michel BEAUD, *L'art de la thèse : Comment préparer et rédiger un mémoire de master, une thèse de doctorat ou tout autre travail universitaire à l'ère du Net*, Paris, La Découverte, 2006.

marché. Voici quelques-uns des commentaires que les étudiants ont faits au cours des années sur les points positifs ou négatifs de la direction doctorale qu'ils ont reçue.

Les commentaires des doctorants sur les points positifs de leur direction doctorale

- « Mon directeur de thèse était toujours disponible quand j'avais besoin de lui. »
- « Mon directeur a offert un soutien et une aide dans les premiers temps lorsque j'essayais de trouver une direction. »
- « J'ai apprécié d'être stimulé par mon directeur doctoral sur le plan académique. »
- « J'étais encouragé de voir mon directeur apprécier clairement mon sujet de recherche et lire avec enthousiasme ce que j'avais écrit. »
- « Mon directeur m'a demandé de partager mon savoir-faire scientifique avec d'autres personnes. »
- « Elle s'est assurée que j'étais intégré dans une église. »
- « Il était bon d'acquérir de l'expérience en tant qu'assistant pédagogique tout en faisant des études de doctorat. »
- « J'ai vraiment apprécié le privilège d'avoir des conversations individuelles détaillées à un niveau d'égalité avec un confrère universitaire. »
- « J'ai apprécié d'être invité chez mes co-directeurs avec un groupe d'autres doctorants. »
- « Mon directeur a travaillé dur pour m'aider à obtenir un financement de recherche. »
- « La science de mon directeur était incroyable. »
- « Je sentais que c'était une personne très attentionnée. »
- « Bien que brillant, il avait aussi les pieds sur terre. »
- « Elle a fait en sorte que je participe au séminaire de recherche. »
- « J'ai apprécié la réponse rapide à tous les travaux que j'ai soumis pour commentaires. »
- « Le directeur de thèse a clairement défini les attentes pour un doctorat : "Pour conduire, il faut d'abord obtenir un permis de conduire". »
- « Mon directeur m'a aidé à publier des articles. »
- « Ma directrice doctorale m'a invité à cosigner un projet avec elle. »

Les commentaires des doctorants sur les points négatifs de leur direction doctorale

- « Mon directeur m'a "laissé tomber" après deux ans disant qu'il ne pouvait plus offrir d'encadrement de thèse et m'a dit de trouver un autre directeur. »
- « J'ai reçu peu de réponses de mon directeur lorsque je l'ai contacté. »

- « Mon directeur fait des commentaires étranges sur mon travail et je me demande s'il lit les sections, du moins en partie, ou pas du tout. »
- « Mon directeur ne semblait pas intéressé pour me rencontrer. »
- « Mon directeur m'a fait des remarques personnelles grossières et insultantes[3]. »
- « Mon directeur n'était pas à jour dans son domaine et m'a demandé d'utiliser des sources et des méthodes qui étaient dépassées depuis vingt ans. Cela a conduit mes examinateurs à me demander de faire de nombreuses corrections sur ma thèse. »
- « Les séminaires n'ont pas été bien modérés et ont laissé la porte ouverte à des questions non-pertinentes. »
- « Un professeur externe d'une université bien connue a été invité à donner un séminaire de recherche, mais il était à moitié ivre, a fait dans son discours des plaisanteries douteuses et des commentaires désobligeants sur la Bible, et aucun membre du corps professoral ne l'a arrêté. »
- « Je n'avais aucune idée de la façon dont je progressais – comment je m'en sortais, bien ou mal ? Les commentaires donnés étaient si généraux que j'avançais à l'aveuglette. Il me fallait savoir si mon travail était au niveau du doctorat ou non. »
- « Mon directeur de thèse ne m'a pas aidé à planifier, ne m'a pas fourni des objectifs clairs et accessibles. Je me sentais constamment accablé par l'ampleur du projet que j'avais entrepris. »
- « Après deux ans, il était clair que je n'allais jamais terminer le projet que j'avais entrepris dans le temps imparti et qu'il fallait le revoir à la baisse. Mon directeur a hésité à le permettre et a continué à dire que tout irait bien. À la fin, j'ai dû faire les coupures sans son soutien. »
- « Je n'ai reçu aucun encouragement pour assister à des conférences et/ou envoyer des travaux pour la publication. »
- « Il s'est retiré pour de longues absences sans me le dire en avance. »
- « Je sentais que mon directeur ne se souciait pas de mon projet. »
- « Elle était affairée et distante. »
- « L'approche était tout simplement trop contrôlée. »
- « Dès que j'ai rencontré des difficultés, mon directeur de thèse m'a suggéré d'abandonner plutôt que de m'aider à surmonter les difficultés. »
- « Je ne savais pas si mon directeur me soutenait et me conseillait ou me considérait prêt à échouer. »
- « Le directeur doctoral rejetait immédiatement tout ce que j'écrivais ou suggérais et qui était en dehors de son domaine d'expertise. »

---

3. Cela s'est produit dans un contexte universitaire laïque, mais partout où cela se produit, un tel comportement est absolument inexcusable et contraire au professionnalisme ; il peut donner lieu à une plainte justifiable, comme cela s'est produit dans cette circonstance. Un changement de directeur de thèse fut négocié pour cet étudiant.

Questions de réflexion

Lorsque vous lisez les expériences de ces étudiants, aussi bien positives que négatives, y a-t-il des choses qui émergent comme des domaines que vous devriez personnellement aborder, améliorer ou continuer à faire ?

Quelles étaient les cinq choses les plus utiles que votre directeur a faites ?

Quelles ont été les trois choses les moins utiles qu'il ou elle a faites ?

Comment pourriez-vous éviter de répéter vous-même ces erreurs ?

Trouver en Jésus un modèle personnel

Écrivez une liste de caractéristiques spécifiques que Jésus a démontrées en tant qu'enseignant et mentor de ses disciples[4].

Sur cette base, quels sont les attributs essentiels que vous, en tant que directeur de thèse, souhaitez démontrer ?

Quelles sont les pires erreurs que vous souhaitez éviter ? Quelle est la meilleure impression que vous voulez laisser ?

Le pire scénario possible

Voici une parution des points marquants, ou devrais-je dire des « points faibles », d'un parcours de doctorat désastreux, tel que raconté anonymement dans le périodique *Education Guardian*, le 25 septembre 2001. Il relate pratiquement toutes les formes de mauvaises pratiques en matière de direction doctorale :

> Tout au long de sa période de doctorant, il a rencontré son directeur de thèse pas plus de six fois et a discuté de son travail pour un total de deux heures au maximum. Dès qu'il s'est inscrit à l'université, il a appris que son directeur était parti en demi-année sabbatique. Livré à lui-même, l'étudiant a écrit la première ébauche de sa thèse en un an puis l'a envoyé à son directeur. À son retour, celui-ci a déclaré qu'il ne l'avait pas lu. Douze mois plus tard, le directeur a accepté de lire le projet, mais a seulement examiné l'introduction et le chapitre 1, puis a fait des remarques très négatives. L'étudiant a ensuite corrigé toute la thèse et

---

4. Certaines réponses données dans la discussion mentionnaient les choses suivantes : Jésus partageait l'information ; il vivait personnellement ce qu'il enseignait ; il appliquait la théorie à la pratique ; il était prêt à confronter l'erreur et les idées fausses ; il permettait à ses disciples de s'engager dans des sentiers trompeurs et de commettre des erreurs ; son approche était relationnelle ; il abordait clairement les questions difficiles ; il préparait ses disciples pour faire avancer le ministère.

l'a renvoyée mais le directeur n'a jamais répondu. Le doctorant a appris plus tard que son directeur était de nouveau en période sabbatique, cette fois depuis un an. Un directeur intérimaire, qui venait d'obtenir son doctorat, avait été nommé à sa place. L'étudiant lui a soumis sa version corrigée, et six mois plus tard, celle-ci a été renvoyée avec quelques commentaires, sur la base desquels la thèse a été corrigée à nouveau et soumise pour examen. Quand la date de l'examen a été fixée, l'étudiant a été informé que les membres du jury n'étaient pas ceux initialement convenus, mais avaient été changés, bien que lui-même n'ait jamais été informé ou consulté à ce sujet. L'examen était maintenant mené avec des examinateurs extrêmement hostiles à son domaine de travail et à la problématique qu'il avançait. La thèse a été, sans surprise, reportée pour des révisions majeures. Quand le directeur initial est revenu de son absence, il a dit qu'il pourrait tirer quelques cordes pour obtenir au candidat un diplôme MPhil [Master en Philosophie]. L'étudiant a refusé cette offre et, comme le directeur n'était pas prêt à examiner une nouvelle révision de la thèse, l'étudiant a achevé complètement la tâche et a soumis la thèse pour un réexamen. Lorsqu'il a appris ce qui se passait, le directeur initial s'est opposé à l'examen de la thèse, mais le doctorant a insisté sur son cas, a fait appel, a été réexaminé et reçu de façon remarquable. Plusieurs mois plus tard, l'étudiant parcourait les titres relevant de son domaine d'intérêt dans une librairie et a remarqué une nouvelle publication de son directeur de thèse initial. Lorsqu'il l'a ouvert et l'a lu, il a été frappé de constater que c'était une version complètement plagiée de sa thèse originale que le directeur prétendait n'avoir pas eu le temps de lire bien des années auparavant.

C'est le cas le plus extrême d'incompétence professionnelle. J'espère vivement que votre expérience ne ressemble à rien de tel. Dans notre encadrement doctoral, nous devons veiller à ce qu'une telle mauvaise pratique ne se reproduise jamais.

Étude de cas

Jacques et Jean sont deux « thésards » très compétents. Ils sont encadrés par un nouveau professeur universitaire qui se montre toujours très assidu à prendre des étudiants en recherche et qui parle souvent de son enthousiasme face à cette opportunité et de la façon dont il pense pouvoir apporter quelque chose de nouveau au processus de recherche. En tant que co-directeur de thèse/HDR/rapporteur, vous n'êtes pas le principal contact des étudiants et votre rôle est de fournir un soutien général et des conseils spécifiques, mais pas de prendre la direction de leur supervision. Vous vous réunissez de temps en temps avec Jacques et Jean pour savoir comment leur travail se déroule et, au début, ils semblent généralement satisfaits mais bientôt ils commencent à exprimer qu'il serait bon de voir leur directeur de thèse plus souvent. Au bout d'un an,

Jacques et Jean expriment sur les formulaires réguliers de commentaires des étudiants que l'institution envoie qu'ils souhaitent avoir plus de contact avec leur directeur de thèse et recevoir des commentaires plus détaillés sur leur travail. Vous décidez de les rencontrer à ce sujet et, bien qu'ils ne souhaitent pas se plaindre officiellement de la façon dont les choses se passent, il est clair qu'ils n'ont rencontré leur directeur de thèse que deux fois au cours des 6 derniers mois, alors que ce sont les premiers stades de leur recherche. Ils estiment que le directeur n'offre pas beaucoup de commentaires sur leur travail écrit, il se borne à simplement dire « c'est bien » alors qu'ils demandent un retour sur leur travail. Vous demandez à voir un travail qui a été soumis, sur lequel vous découvrez que le directeur de thèse n'a fait que quelques commentaires ici et là dans les marges. Jacques raconte : « Je me demande parfois s'il lit vraiment ce que je soumets. » Vous vous entretenez de manière non-officielle avec le directeur à propos de la façon dont les choses se passent avec les étudiants. Il dit qu'ils se portent bien et n'ont pas besoin de beaucoup de commentaires ou de directives de sa part. Lorsque vous poussez un peu plus loin, il se met sur la défensive et affirme que c'est sa manière personnelle d'encourager l'autonomie, qu'il n'est pas du genre à « submerger » les doctorants, puis il commence à s'animer et déclare que « c'est leur travail après tout ». Deux mois plus tard, Jacques déclare qu'il envisage d'abandonner le programme de doctorat.

Questions

Quels problèmes institutionnels ce cas soulève-t-il ?

Quelles mesures prendre en tant que co-directeur/HDR/rapporteur dans cette situation ?

4

Développer la pensée critique : poser les fondements pour le doctorat

Selon les standards de Beyrouth de l'ICETE, le grade de Docteur sera accordé aux étudiants qui auront démontré :

> Une capacité à faire une analyse critique, mener une évaluation indépendante de sources primaires et secondaires et synthétiser des idées nouvelles et interdépendantes à travers une argumentation cohérente. Cette démarche requiert un engagement à exercer ces compétences sur le fondement de la fidélité biblique à Jésus-Christ et à son Église[1].

Pour mener à bien un doctorat, les étudiants devront démontrer des compétences de réflexion de haut niveau, appliquées avec pertinence dans des travaux écrits soutenus.

Apprentissage en surface et apprentissage en profondeur

Les auteurs dans le domaine de l'enseignement supérieur font une distinction entre « apprentissage en surface » et « apprentissage en profondeur[2] ».

L'apprentissage en surface

Dans ce type d'apprentissage, la personne « érudite » est l'enseignant. L'étudiant mémorise et restitue ce que l'enseignant lui a enseigné. L'apprentissage est conçu comme le fait, pour l'étudiant, d'emmagasiner dans sa mémoire de grandes quantités d'informations puis de les restituer pour satisfaire son professeur ou son examinateur. Il n'est pas nécessaire

---

1. Shaw, *Bonnes pratiques*, section 1.
2. Par exemple, Jackie Lublin, « Deep, Surface and Strategic Approaches to Learning », dans *Good Practice in Teaching and Learning*, Document de formation du Centre d'enseignement et d'apprentissage, University College, Dublin, 2003 ; et « *Surface and Deep learning*–University of Birmingham », https://intranet.birmingham.ac.uk/as/cladls/edudev/documents/public/ebl/journey/surface-and-deep-learning.pdf.

que l'information touche ou change l'étudiant. Les compétences pédagogiques clés qui sont enseignées dans l'apprentissage en surface consistent à se rappeler les détails.

Cette approche tend à produire un programme de formation basé sur un cursus au « contenu intensif ». Les étudiants travaillent dur, apprennent autant qu'ils le peuvent de la personne « érudite » placée devant la classe. Cette approche décourage l'autonomie de l'apprentissage et crée une forte dépendance envers l'enseignant.

Par conséquent, en raison de cette approche les étudiants qui réussissent bien sont ceux qui sont doués pour mémoriser les faits et les détails, mais qui sont beaucoup moins capables de faire des liens entre les faits et de formuler des hypothèses. Les étudiants apprennent à réussir des examens, font des pieds et des mains pour respecter le rythme imposé par l'établissement de formation et sont motivés par la peur de l'échec.

Les étudiants formés dans ce contexte réussissent dans un environnement d'apprentissage structuré et s'épanouissent dans des procédures d'évaluation détaillées et étroitement organisées. En revanche, ils découvrent qu'ils sont mal équipés pour faire face aux approches flexibles, créatives et originales qui sont au centre de la recherche avancée, en particulier au niveau du doctorat.

L'apprentissage en profondeur

Alors que l'apprentissage en surface peut fournir des informations et des connaissances utiles pour une étude approfondie, l'apprentissage en profondeur est de nature différente. Il permet de développer des compétences pour comprendre, utiliser et appliquer les informations reçues. Les jeunes chercheurs doivent aller au-delà des simples faits, ils doivent en extraire le sens et relier la connaissance à la compréhension. Ils ont besoin d'une approche qui leur permette de s'éloigner des petits détails pour obtenir une vision d'ensemble. Il est vital pour eux de voir comment les résultats de leur recherche se rapportent au discours scientifique plus large.

Dans un apprentissage en profondeur, l'accent est mis non seulement sur l'accroissement des connaissances, mais aussi sur le développement des compétences de réflexion d'un étudiant. C'est un moyen pour l'étudiant de donner un sens au monde en explorant un problème particulier en détail. L'étudiant est encouragé à « voir » comment quelque chose fonctionne.

Les enseignants soulignent ainsi la signification et la pertinence du sujet. Ils encouragent et responsabilisent les étudiants à penser de manière indépendante et à faire des choix responsables. Les étudiants sont motivés par leur intérêt pour le sujet et le désir de connaître, de comprendre et d'appliquer ce qu'ils apprennent, au lieu de simplement vouloir réussir aux examens.

De la connaissance à la compréhension

Chez les doctorants, il est important de développer en profondeur les compétences d'apprentissage qui sont essentielles à la pensée critique indépendante et à la recherche Le doctorant apprendra à se baser sur la connaissance pour parvenir à la compréhension.

Le chercheur du savoir

- Emmagasine les faits et les concepts ;
- Décompose les connaissances en sous-unités ;
- Analyse les problèmes de manière méthodique ;
- Empile information sur information.

Le chercheur de la compréhension

- Établit des liens avec d'autres domaines de savoir ;
- Trouve des moyens pour restructurer les informations ;
- Fait la synthèse des idées et des arguments ;
- Aime obtenir une « vue d'ensemble » ;
- Recherche la structure et la signification sous-jacentes ;
- Fait preuve d'intuition quant aux solutions et aux résultats.

Ainsi, les deux compétences de « recherche du savoir » et de « recherche de la compréhension » sont essentielles pour le doctorat, mais la progression des compétences doit être axée sur la recherche de la compréhension.

Une expression parfois utilisée pour décrire l'étudiant au niveau du doctorat est celle de « l'apprenant autogestionnaire ». Elle résume bien le développement des compétences souhaitées.

Pensée critique/jugement réfléchi

La capacité de pensée critique ou de jugement analytique indépendant est cruciale dans le développement de compétences en réflexion profonde.

Les experts dans ce domaine utilisent l'expression « pensée critique » dans un sens positif, et entendent par-là « une curiosité pénétrante, une agilité d'esprit, un engagement zélé envers la rationalité et une soif impatiente d'informations fiables[3] ». Dans les cultures marquées par la déférence et le respect dus au professeur ou aux grands penseurs du passé et même du présent, l'accent est mis sur l'étude et la fidèle reproduction de leur travail. Les compétences d'analyse et d'enquête critiques ne viennent pas naturellement aux étudiants issus de ces cultures. Il ne leur est pas facile de poser des questions profondes sur la raison pour laquelle quelqu'un a écrit quelque chose, ni de se demander si ses hypothèses sont exactes ou non. Dans de tels cas, le directeur de thèse travaillera dur pour développer les capacités des étudiants à démontrer ces nouvelles compétences, car à un niveau de doctorat, ces dernières sont essentielles pour réussir.

Certains pourraient remettre en question la validité de cet accent mis sur la pensée critique indépendante, en faisant valoir que c'est un produit de la philosophie grecque ou du

---

3. P. A. FACIONE, « Critical Thinking: What It Is and Why It Counts », www.insightassessment.com, mise à jour de 2015, p. 10.

siècle des Lumières en Occident. Cependant, à mon sens, il est tout à fait fondé de faire valoir que la capacité d'exercer un jugement réfléchi indépendant ou d'entreprendre une analyse critique est en fait une capacité donnée par Dieu et que le chrétien se doit d'utiliser. En tant que capacité créée par Dieu, elle transcende les cultures et le temps.

Arguments bibliques en faveur d'un jugement réfléchi

Une capacité créée par Dieu

Juste après l'acte de création, Adam et Ève sont priés d'utiliser leur jugement réfléchi en obéissance aux ordres du Créateur (Gn 2.15-17). Les conséquences d'un bon ou d'un mauvais choix leur sont présentées mais ils sont invités à utiliser le jugement réfléchi qui leur a été imparti dès leur création. De façon tragique, le choix qu'ils font n'est pas le bon et comporte des conséquences terribles. Ce récit nous indique que la capacité de décision et de choix rationnels existait déjà avant la chute. Le problème n'est pas dans la capacité en soi mais dans l'échec à l'utiliser correctement en suivant les fausses informations fournies par le tentateur. Dans un monde déchu, la capacité d'exercer un jugement réfléchi est maintenant bien compromise mais elle demeure un aspect important de l'ordre créé.

La sagesse

La sagesse est célébrée dans les Écritures, mais elle doit être apprise et être associée à la foi : « Le commencement de la sagesse, c'est la crainte de l'Éternel » (Pr 9.10). La sagesse doit être utilisée à bon escient, à la fois dans les contextes spirituels et non spirituels. Salomon demanda à Dieu de la sagesse et l'utilisa à bon escient dans le cas des deux mères et des bébés (1 R 3.16-28). Salomon ne fit cependant pas preuve de sagesse dans son choix d'épouses, comprenant des femmes qui adoraient les dieux étrangers et qui ébranlèrent l'adoration de la nation qui devait appartenir exclusivement à Dieu.

Jugement réfléchi et sage conseil

Réputé pour son sage conseil, Achitophel était un personnage clé dans la cour de David. Quand Absalom invita Achitophel à embrasser sa cause, l'inquiétude de David fut telle qu'il encouragea Hushaï l'Arkien à offrir ses services à Absalom en tant que conseiller afin de contrecarrer le conseil d'Achitophel (2 S 15). En conséquence, le radar décisionnel d'Absalom fut bloqué par les conseils contraires d'Hushaï. Un jugement réfléchi implique de décider entre des voix concurrentes : son exercice est contesté.

Le jugement réfléchi s'oppose à la prise de décision trop émotionnelle ou truffée de préjugés

Un autre exemple instructif se produit après la mort de Salomon lorsque les plaintes du peuple sont présentées à son fils Roboam par Jéroboam (1 R 12). Roboam demande des conseils aux anciens conseillers de Salomon puis aux jeunes de la cour. Il lui faut ensuite prendre une décision réfléchie quant à ce qu'il a entendu de part et d'autre. Encore une fois, le choix est compromis, incité par l'excitation et l'émotion impulsives engendrées par les jeunes de son entourage et non par des preuves. Les doctorants peseront prudemment des informations souvent contradictoires et prendront une décision fondée sur les données et non sur l'émotion.

Le jugement réfléchi du chrétien est éclairé par la Bible

Une dimension supplémentaire de l'usage que fait le chrétien évangélique du jugement réfléchi est donnée dans le Nouveau Testament lorsque l'apôtre Paul visite Bérée après son rejet de Thessalonique (Ac 17.2-3), où il avait discuté avec les Juifs de la synagogue « à partir des Écritures en expliquant et démontrant que le Messie devait souffrir et ressusciter ». Certains furent convaincus par la manière dont Paul présentait les arguments bibliques, mais d'autres Thessaloniciens rejetèrent violemment son message. L'accueil à Bérée fut bien différent. Paul et Silas furent en effet reçus « avec beaucoup d'empressement », mais les Béréens utilisèrent leur jugement réfléchi avant de décider comment ils répondraient au message de Paul. Ils examinaient soigneusement les Écritures tous les jours pour voir si ce que Paul disait « était exact » (v. 11). Le jugement réfléchi éclairé par la Bible est déployé ici avec un résultat positif.

Le jugement réfléchi devrait être perfectionné et appliqué en communauté

La dimension communautaire dans l'utilisation du jugement réfléchi est illustrée dans Actes 15. La question difficile d'incorporer ou non dans l'Église les convertis parmi les Gentils est débattue. Les différentes parties offrent leurs points de vue et les arguments sont pesés à la lumière de l'Écriture, avant que Jacques ne présente un résumé de la part des apôtres. Cette manière de procéder souligne l'importance du débat et du dialogue dans la communauté (savante), l'importance d'évaluer différentes perspectives et d'explorer leurs conséquences. Dans cette situation, l'utilisation créative de la rationalité donnée par Dieu pour produire un jugement réfléchi est primordiale à un moment crucial pour l'Église.

Les capacités données par Dieu doivent être utilisées d'une manière profonde et appliquée

D'après ce que nous lisons dans les Écritures, la capacité de la pensée indépendante et critique est donnée par Dieu dès la création et le chrétien est appelé de plein droit à l'utiliser. Elle fut activement déployée (pas toujours à bon escient) par les croyants, aussi bien dans l'Ancien que dans le Nouveau Testament. Demander à des étudiants, venant de cultures où cette idée est moins répandue dans le système éducatif, de créer un travail original de recherche basé sur l'utilisation de la pensée critique ne leur impose donc pas une méthode de travail grecque ou occidentale, mais les invite plutôt à utiliser ce qui est une capacité donnée par Dieu. Les outils et les méthodes par lesquels le jugement réfléchi est utilisé peuvent sans doute avoir été développés dans le monde occidental, comme l'interrogation socratique, le raisonnement syllogistique ou l'approche dialectique hégélienne, il n'en demeure pas moins qu'ils s'appuient sur une capacité créée par Dieu. Le chrétien évangélique peut donc utiliser son esprit racheté, éclairé par l'Esprit, pour déployer sa capacité de raisonnement critique d'une manière bibliquement et théologiquement éclairée, comme l'une des façons d'aimer Dieu de tout son cœur, de toute son âme et de toute sa pensée.

En effet, le contraste avec ceux qui refusent d'utiliser cette capacité donnée par Dieu est notable. Ceux qui rejettent le message de la Bible sont souvent condamnés comme des animaux « dépourvus de raison » (2 P 2.12 ; Jd 10 ; Ac 19.9).

La pensée critique est donc l'une des disciplines chrétiennes quotidiennes : nous sommes appelés à lire, à interpréter correctement et à appliquer les Écritures aux situations de la vie quotidienne, tout en nous gardant des interprétations extrêmes, fanatiques ou erronées, que nous pourrions nous-mêmes, ou d'autres, en donner. Un chrétien déraisonnable, obéissant aveuglément aux prescriptions d'une autorité extérieure ou à toute impulsion émotionnelle, n'est pas sur la bonne voie !

L'amélioration de la capacité de jugement rationnel indépendant n'est donc pas seulement requise des seuls étudiants en doctorat. Elle devrait être encouragée auprès de tous les chrétiens, afin qu'ils soient à nouveau attirés vers les Écritures – pour penser, explorer et approfondir leur foi. Ils deviennent alors des apprenants actifs, au lieu d'être juste passifs et irréfléchis. Le jugement réfléchi permet aux chrétiens de prendre des décisions éclairées, sans suivre aveuglément les prescriptions d'un chef religieux ; il leur donne la capacité d'interpréter et d'appliquer les Écritures au quotidien – à la maison et au travail – sans avoir besoin d'une direction spirituelle constante. Il favorise l'intégration de la foi dans la vie de tous les jours.

Dans le cadre d'une étude universitaire exigeante, le jugement réfléchi signifie que, dans les décisions sur ce qu'il faut croire ou faire, on considère avec logique « les éléments, le contexte, les méthodes, les normes et les conceptualisations[4] ». Ainsi, les doctorants chrétiens sont invités à exercer une capacité que tous les chrétiens doivent démontrer dans leur vie mais à un niveau supérieur et avec un plus grand degré de sophistication académique.

---

4. *The APA Delphi Report, Critical Thinking: A Statement of Expert Consensus for Purposes of Educational Assessment and Instruction*, 1990 ERIC Doc. No: ED, p. 315-423.

La pensée critique protège la foi et la société

Tout au long de l'histoire, il y a régulièrement eu des obstacles à l'apprentissage, que ce soit par l'autodafé, l'exil d'intellectuels ou les règlements visant à supprimer la liberté de recherche. Ils tentent de contrecarrer la poursuite de la connaissance juste, sans entraves, et fondée sur les preuves. De nombreux régimes totalitaires ont basé leurs systèmes éducatifs sur des informations erronées concernant le passé ou sur le refus d'autoriser l'étude des évènements qui ont eu lieu.

Les sociétés devraient donc grandement miser sur la pensée critique. L'historique rapport Delphi de 1990 aux États-Unis a exposé les résultats d'un projet de deux ans pour articuler un consensus d'experts internationaux sur la pensée critique, y compris sur les compétences cognitives essentielles au développement de cette pensée. Ces experts ont identifié les caractéristiques d'un penseur critique idéal et présenté une série de recommandations concernant l'enseignement et l'évaluation de la pensée critique.

Le rapport Delphi[5] a défini la pensée critique comme étant :

> Un jugement réfléchi et autorégulé qui donne lieu à l'interprétation, à l'analyse, à l'évaluation et à l'inférence, ainsi qu'à l'explication des considérations probantes, conceptuelles, méthodologiques, critériologiques ou contextuelles sur lesquelles se fonde ce jugement. La réflexion critique est un outil d'enquête essentiel. De ce fait, elle devient une force libératrice dans l'éducation et une ressource puissante dans la vie personnelle et civique. Bien qu'elle ne soit pas synonyme de bonne réflexion, la pensée critique est un phénomène humain répandu et autocorrectif.

Les experts ont spécifiquement défini le penseur critique idéal comme étant :

> Curieux, bien informé, fidèle à la raison, ouvert d'esprit, souple, équitable dans ses évaluations, honnête face à des préjugés personnels, prudent dans ses jugements, prêt à reconsidérer ses positions, clair sur les questions à problèmes, ordonné dans les sujets complexes, diligent dans la recherche de l'information nécessaire, raisonnable dans le choix de ses critères, axé sur l'enquête, et persévérant dans la recherche de résultats aussi précis que le sujet et les conditions d'enquête le permettent.

Éduquer les bons penseurs critiques aide la société au sens large à « travailler à cet idéal ».

---

5. P. A. FACIONE, *Critical Thinking: A Statement of Expert Consensus for Purposes of Educational Assessment and Instruction, Executive Summary*, 'The Delphi Report', Millbrae, California Academic Press, 1990.

Principales compétences et approches dans le développement de la pensée critique

Le rapport Delphi a identifié une série de compétences jugées essentielles à la pensée critique, ainsi qu'une série de sous-compétences connexes[6] :

Compétence	Sous-compétences	Questions connexes
1. Interprétation	Classification	Comment classifier/catégoriser ?
	Décodage de l'importance	Comment comprenons-nous cet événement/expérience/déclaration dans ce contexte ?
	Clarifier la signification	Quelle signification peut être attribuée à ce qui a été dit/fait ?
	Questions connexes	Comment le contexte informe-t-il ce point ? Comment interpréter cette déclaration/question ? Où cela pourrait-il mener ?
2. Analyse	Examiner les idées	Pourquoi une personne pense-t-elle de cette manière ?
	Identifier les arguments	Quels sont les arguments pour et contre ?
	Analyser les arguments	Qu'est-ce qui se cache derrière l'argument/l'idée ? Comment ces arguments affectent-ils la conclusion ?
3. Évaluation	Évaluer les revendications	La personne est-elle sensée/digne de confiance dans son jugement ?
	Évaluer les arguments	Les arguments sont-ils assez clairs/pertinents ? Les faits sont-ils corrects ? La conclusion est-elle fiable ?
4. Déduction	S'interroger sur les preuves	Que peut-on conclure des preuves ? Que doit-on savoir de plus ? Quels problèmes peut-on anticiper avec cet argument/cette approche ?
	Proposer des alternatives	Y a-t-il une autre explication ? Les suppositions sur lesquelles cela se base sont-elles légitimes ? Y a-t-il d'autres alternatives à considérer ?
	Tirer des conclusions	Quels sont les résultats si cet argument/cette politique sont suivis jusqu'au bout ? Où les hypothèses nous conduisent-elles ?

---

[6]. « APA Delphi Report », dans *Critical Thinking,* sous dir. Facione, www.insightassessment.com, mise à jour de 2015, p. 10.

Compétence	Sous-compétences	Questions connexes
5. Explication	Présentation des résultats	Qu'est-ce qui a été trouvé ?
		Qu'est-ce qui n'a pas été trouvé ?
	Procédures de justification	Comment les résultats ont-ils été obtenus ?
		Comment est-on parvenu à cette interprétation ?
	Présentation des arguments	L'argumentation est-elle construite logiquement pas à pas ?
		La réponse/décision a-t-elle été clairement expliquée ?
		Qu'est-ce qui a poussé l'auteur à penser que c'était la bonne réponse ?
		La conclusion découle-t-elle de l'argumentation ?
		L'auteur a-t-il/elle suffisamment justifié sa conclusion ?
6. Autorégulation	Introspection	Les preuves présentées sont-elles probantes ?
		Peut-on les améliorer ?
		La méthodologie était-elle appropriée ?
		Comment concilier les preuves contradictoires ?
	Autocorrection	Qu'est-ce qui manque ?
		Les conclusions sont-elles convaincantes ?

Qualité personnelles requises pour un penseur critique

Un ensemble de facettes de personnalité requises pour la pensée critique des étudiants a été identifié. Elles peuvent servir de grandes lignes, utiles pour les vertus intellectuelles à développer chez les étudiants en master avant de commencer le travail au niveau du doctorat et de poursuivre leurs études doctorales, et qui sont vitales dans la croissance vers la maturité académique :

i) L'engagement à rechercher la vérité ;
ii) L'ouverture d'esprit ;
iii) La capacité d'analyse ;
iv) La capacité de systématisation ;
v) La volonté de poser des questions clés ;
vi) La confiance en soi.

À la lumière de ces études, de nombreuses écoles et universités ont introduit des cours de pensée critique pour aider à développer ces compétences vitales.

La valeur de transmission élargie de la pensée critique

Voici le conseil du président des chefs d'État-Major des armées aux États-Unis sur la valeur de la pensée critique, donné à une promotion d'officiers supérieurs lors de la cérémonie de remise des diplômes en 2009 :

> Souvenez-vous combien vous avez été encouragés à **penser de manière critique** et à remettre en cause sans crainte [...], à lire en quantité et en profondeur, à examiner sans fin et à mûrir intellectuellement... Voici ce que je vous demande : transmettez ces choses[7].

Quelques aspects clés

Les étudiants reconnaissent que le monde est un lieu complexe, que les problèmes sont réels et ne sont pas facilement résolus. Se rendre compte de ces choses contribue à un développement plus équilibré et harmonieux de l'étudiant. La capacité de réflexion marquée par la sagesse devrait être étendue à tous les aspects de la vie et du comportement. Les étudiants qui sont des penseurs critiques seront équipés d'outils avancés pour gérer les perplexités de la vie et du ministère chrétien.

Il n'est pas étonnant que bien des titulaires de doctorat se retrouvent invités à jouer un rôle de direction stratégique. La formation qu'ils ont reçue a permis de développer et d'aiguiser leur capacité de réflexion critique.

Résister à l'impulsion de la critique destructrice

L'une des raisons de dénigrer la pensée critique est qu'elle produit des chrétiens qui questionnent tout et doutent de tout. Est-ce inévitable ? Non. Les chrétiens recherchent la vérité, et non le doute. C'est « la vérité » qui réside en Dieu et qui doit être explorée que nous recherchons. En recherchant la « vérité » sur un problème particulier, nous explorons des aspects de l'esprit et du fonctionnement de Dieu. Le chrétien évangélique qui est un penseur critique va :

i) Reconnaître qu'un problème existe et en discuter dans sa proposition de recherche/ déclaration de thèse.
ii) Reconnaître qu'il existe des preuves, des « sources » à prendre en considération, y compris la Bible et les principaux textes sources.
iii) Reconnaître que Dieu nous a donné une intelligence pour aborder et proposer des réponses aux problèmes.

---

7. Mike MULLEN, « Navy Admiral », 11 juin 2009, cité dans FACIONE, *Critical Thinking*, p. 1.

La pensée critique consiste donc à être « ouvert d'esprit sans être mou, analytique sans être pinailleur. Les penseurs critiques peuvent être décidés sans être têtus, évaluatifs sans être catégoriques, et déterminés mais sans idées arrêtées[8] ».

Les bons penseurs réfléchis disent :

i) « Je déteste quand les gens se contentent de donner leur opinion sans donner leurs raisons. »
ii) « Vous ne devriez pas prendre de décision avant que d'autres options n'aient été considérées. »
iii) « J'aime lire la source d'origine moi-même et non le résumé que quelqu'un en a fait. »
iv) « J'aime quand un problème est clairement énoncé. »
v) « C'est une bonne chose quand des arguments complexes sont présentés de manière ordonnée. »
vi) « J'apprécie la façon dont l'information a été mise en place, avec des détails, mais sans pour autant perdre de vue la perspective globale. »
vii) « J'ai aimé la façon objective dont l'auteur aborde les problèmes. »

Les penseurs médiocres disent :

i) « Je ne perds pas de temps à vérifier ce que d'autres auteurs ont dit. »
ii) « Je préfère juste obtenir les réponses sans m'embourber dans les preuves et les raisons qui sont derrière elles. »
iii) « Je suis sincère dans ce que je crois, apporter des preuves n'est donc pas important, quelle qu'en soit la manière. »

Reconnaître le processus

Développer des capacités de réflexion critique prend du temps et ne s'arrête pas, même lorsqu'un doctorat a été obtenu.

Lectures complémentaires suggérées

Ouvrages et articles en anglais

The APA Delphi Report, Critical Thinking: A Statement of Expert Consensus for Purposes of Educational Assessment and Instruction, 1990 ERIC Doc. No: ED 315–423.

COTTRELL, S., Critical Thinking Skills: Developing Effective Analysis and Argument, 2ᵉ éd., Basingstoke, Palgrave, Macmillan, 2011.

---

8. FACIONE, Critical Thinking, p. 25.

Cottrell, S., *The Study Skills Handbook*, 4ᵉ éd., Basingstoke, Palgrave, Macmillan, 2013.

Facione, P. A., *Critical Thinking: What It Is and Why It Counts*. www.insightassessment.com, 2015, p. 10.

Facione, P. A., *Critical Thinking: A Statement of Expert Consensus for Purposes of Educational Assessment and Instruction, Executive Summary, 'The Delphi Report'*, Millbrae, CA, The California Academic Press, 1990.

Lublin, J., « Deep, Surface and Strategic Approaches to Learning », dans *Good Practice in Teaching and Learning*, Training Document of Centre for Teaching and Learning: University College, Dublin, 2003; et « Surface and Deep Learning–University of Birmingham », https://intranet.birmingham.ac.uk/as/cladls/edudev/documents/public/ebl/journey/surface-and-deep-learning.pdf.

Murray, R., *How to Write a Thesis*, 2ᵉ éd., Maidenhead, Open University Press, 2006.

Paul, R., et L. Elder, *The Miniature Guide for Those Who Teach on How to Improve Student Learning: 30 Practical Ideas*, Dillon Beach, CA, Foundation for Critical Thinking Press, 2003.

Paul, R., et L. Elder, *The Miniature Guide to the Art of Asking Essential Questions*, Dillon Beach, CA, Foundation for Critical Thinking Press, 2005.

Paul, R., et L. Elder, *The Miniature Guide to Critical Thinking Concepts and Tools*, Dillon Beach, CA, Foundation for Critical Thinking Press, 2009.

Smith, K., *Writing and Research: A Guide for Theological Students*, Carlisle, Langham Global Library, 2015.

Torrance, M., et G. Thomas, « The Development of Writing Skills in Doctoral Research Students », dans *Postgraduate Education and Training in the Social Sciences. Processes and Products*, sous dir. R. G. Burgess, London, Jessica Kingsley, 1994, p. 105-123.

5

Développer la pensée critique au niveau du master

L'apprentissage de niveau universitaire repose sur le concept du développement des compétences ; il est donc important de comprendre quelles sont les différences de niveaux de compétences requises entre le travail au niveau du master et le travail au niveau du doctorat. Nos institutions se doivent de développer des moyens d'enseigner ces nouvelles compétences et capacités. De toute évidence, une grande partie de ce travail devrait être fait avant le début des études doctorales ; en effet, si les étudiants n'ont pas déjà commencé à démontrer en master les compétences dont ils devront faire preuve pendant leur doctorat, ils ne devraient pas être admis dans un programme de doctorat.

À mesure que l'étudiant progresse dans les niveaux académiques, l'accent est mis sur l'apprentissage autonome et sur la capacité de se forger des opinions indépendantes. En fin de compte, dans la version finale de la thèse de doctorat, les étudiants doivent démontrer une capacité de recherche originale et apporter une contribution personnelle au savoir.

Questions de réflexion

Quels aspects ont représenté pour vous une différence notable entre les études de master et de doctorat dans votre domaine de spécialisation ?

De quelle manière vos études de master vous ont-elles préparé au doctorat ?

De quelle manière vos études de master ne vous ont-elles pas préparé au doctorat ?

Les critères pour le master

Le processus européen de Bologne a mis en évidence les compétences clés[1] jugées nécessaires au niveau du master en définissant une série de normes. En voici un résumé.

Les diplômes de master sont attribués aux étudiants qui ont démontré :
- une compréhension systématique des connaissances à l'avant-garde de la discipline ;
- un savoir de premier plan sur les questions actuelles de leur discipline académique ;
- une compréhension exhaustive des techniques liées à leur recherche et de la façon dont elles sont utilisées pour créer et interpréter des connaissances ;
- une originalité dans l'application des connaissances et la résolution des problèmes ;
- une compréhension conceptuelle avancée ;
- la capacité d'évaluer les études avancées dans la discipline ;
- la capacité d'évaluer et de critiquer les méthodologies ;
- la capacité de faire preuve d'originalité dans l'application des connaissances dans un contexte nouveau ou inconnu.

À la suite d'études au niveau du master, les étudiants devraient être en mesure de :
- traiter des questions complexes de manière à la fois systématique et créative ;
- faire preuve de bon sens en l'absence de données complètes ;
- communiquer clairement leurs conclusions ;
- faire preuve d'indépendance dans la résolution des problèmes ;
- agir de manière autonome dans la planification et la mise en œuvre des tâches ;
- continuer à progresser dans leur connaissance et leur compréhension ;
- exercer l'initiative personnelle et la responsabilité ;
- démontrer une capacité d'apprentissage indépendante ;
- comprendre comment les limites des connaissances sont repoussées grâce à la recherche ;
- formuler des jugements fondés sur des informations incomplètes ou limitées ;
- faire preuve de responsabilité personnelle et d'initiative dans des environnements professionnels complexes et imprévisibles.

Questions de réflexion

Soulignez les mots-clés dans les listes ci-dessus.

Que signifient-ils ?

---

1. http://www.qaa.ac.uk/en/Publications/Documents/Masters-degree-characteristics.pdf, « Appendix 2a: Descriptor for a higher education qualification at level 7: Master's degree », p. 16. Voir aussi les « descripteurs de Dublin » en français : http://pedagogie-universitaire.blogs.usj.edu.lb/files/2013/05/Descripteurs-de-Dublin-definitions.pdf.

Énumérez les compétences clés nécessaires au niveau du doctorat qui doivent avoir été démontrées au niveau du master.

Comment les évaluations du travail effectué au niveau du master doivent-elles être établies afin d'encourager l'apprentissage autonome ?

Compétences pour des contextes professionnels

De nombreux cours de master sont suivis par des professionnels souhaitant approfondir leurs connaissances et leur compréhension, mais aussi développer leurs compétences dans la prise de décision. Pour cette raison, il est très important, au niveau du master, de développer des compétences leur permettant de formuler des jugements indépendants. De même qu'il n'y a pas souvent de réponses aussi simples que « oui » ou « non » à de nombreuses questions académiques, de même, dans les contextes professionnels, les étudiants doivent être capables de résoudre des problèmes. Dans le cas contraire, ils ne seront pas en mesure de prendre une décision par eux-mêmes.

La majeure partie des études entreprises pour les diplômes de master devrait donc être à l'avant-garde d'une discipline universitaire ou professionnelle.

Développer les compétences de base

1) Le savoir

L'un des principaux besoins des doctorants est d'avoir un niveau élevé de connaissances à la pointe de leur discipline. Les standards de Beyrouth de l'ICETE pour les doctorants expriment cela en termes de « connaissances globales mettant en évidence une maîtrise large et systématique d'un champ d'étude » et de production d'un travail qui « élargit les frontières du savoir »[2].

Les connaissances de premier plan dans le domaine de la discipline peuvent être obtenues grâce à un bon enseignement et à des lectures approfondies, et il faut pour cela des conférenciers bien informés sur les dernières recherches de terrain et qui sont eux-mêmes actifs dans la recherche. Obtenir un doctorat exige bien plus que d'assimiler une grande quantité de faits et d'informations.

Aider les étudiants à démontrer « une maîtrise large et systématique d'un champ d'étude[3] » signifie leur donner la capacité non seulement d'apprendre et de reproduire l'information, mais de comprendre ce qu'elle signifie. Par conséquent, les approches d'apprentissage « en surface » au niveau du master qui exigent simplement que les étudiants apprennent des informations à partir de conférences, de documents et de livres et qu'ils les reproduisent dans des essais, des examens ou des questions à choix multiples ne serviront

---

2. Shaw, *Bonnes pratiques*, p. 1, 2.
3. *Ibid.*, p. 1.

qu'à créer une banque de connaissances de type informatif. Ces approches peuvent être avantageuses dans les niveaux scolaires antérieurs, mais elles ne sont pas suffisantes en soi au niveau du master ou pour la préparation des étudiants à un niveau de recherche doctorale. Les évaluations fondées sur la simple reproduction des connaissances ne contribuent pas au développement des compétences nécessaires à la rédaction d'une thèse au niveau du doctorat.

2) La compréhension

Les connaissances doivent être liées à la compréhension. C'est une chose de connaître un problème, c'en est une autre de comprendre comment il se développe ou quelles sont ses causes. Le fait de comprendre comment et quand un problème a pris naissance peut être utilisé pour le résoudre, évaluer les difficultés et proposer de nouvelles approches. La compréhension est le résultat d'un processus où l'on soumet un ensemble d'informations [connaissances] aux compétences de raisonnement, d'enquête, de synthèse et d'application. Nous devons travailler dur pour développer la compréhension à partir d'un ensemble de preuves, qui doit être testé et évalué. Une fois que cet ensemble de preuves est avéré, il reste valable jusqu'à ce que d'autres preuves ou conclusions apparaissent.

La base de l'information et les approches sur lesquelles repose une discipline sont susceptibles de changer avec le temps. Au niveau du master, les étudiants sont censés acquérir la compétence de la compréhension, qui leur permet de manier et d'utiliser l'information de manière significative, puis de maintenir un mode d'apprentissage et de perfectionnement professionnel continu afin de demeurer au courant des changements et de la raison pour laquelle ces changements ont lieu. Les étudiants se doivent d'apprendre à réfléchir de manière critique sur les idées des autres. Mais ils apprendront également à réfléchir de façon critique sur leurs propres idées et sur leurs propres pratiques, c'est-à-dire, être des praticiens réfléchis actifs.

Par conséquent, un conférencier enseignant au niveau du master fera en sorte que l'étudiant fasse beaucoup plus que simplement reproduire la pensée du conférencier. Les étudiants doivent développer leurs propres capacités et approches indépendantes pour réfléchir aux problèmes. Entendre des étudiants reproduire vos idées et vos approches pendant les cours et les séminaires peut être encourageant, mais la réflexion de niveau avancé tiendra également compte du milieu, du contexte, de la culture, de l'expérience et de la personnalité des étudiants. Ils apprendront à s'approprier et assimiler les idées et approches reçues. Le conférencier doit être ouvert à la critique concernant ses approches et ne pas se sentir menacé lorsqu'il reçoit des remarques.

Les compétences de réflexion critique à développer

i) **L'esprit de curiosité** – il donne un élan à la recherche de connaissances. Il reconnaît que nous ne pouvons pas être certains de toutes choses, que des problèmes existent et qu'un travail considérable doit être fourni pour les résoudre. Pour certains étudiants en master et en doctorat, l'esprit de curiosité doit être freiné afin que les projets entrepris ne soient pas trop grands. Pour d'autres, il s'agit de « se donner la permission de penser et d'exercer la curiosité ».

ii) **La capacité et l'assurance** – afin que les étudiants puissent élaborer des jugements défendables relevant d'un niveau élevé de savoir et de compréhension.

iii) **Le discernement** – les étudiants devront reconnaître que, dans le discours scientifique sur un sujet donné, il existe de nombreuses questions complexes pour lesquelles il n'y a pas de réponse claire, bonne ou mauvaise, aux problèmes.

iv) **Les compétences d'interprétation** – les opinions doivent être basées sur des compétences d'interprétation des preuves avancées.

v) **La responsabilité** – les étudiants doivent comprendre que les décisions ont des conséquences importantes et doivent être prises de manière responsable. Les questions étudiées sont importantes pour l'Église et pour beaucoup de croyants.

vi) **L'ouverture d'esprit** – Les étudiants doivent être conscients que les résultats de leurs recherches sont toujours ouverts à la réévaluation par d'autres personnes – le débat ne sera peut-être jamais complètement clos.

Exercice

Demandez aux étudiants de lire un livre « controversé » dans votre discipline. Demandez-leur d'écrire une ou deux phrases sur ce qu'ils ont retenu de la lecture de ce livre. Prenez quelques-uns des mots-clés qu'ils ont utilisés et amenez-les à formuler une réponse, par exemple : « J'ai trouvé le livre bien argumenté, bien pensé ou convaincant. » Ensuite, demandez-leur de définir ce qu'ils entendent par les termes qu'ils utilisent. Qu'est-ce qui constitue un argument « bon » ou « convaincant » ?

Autres exercices pour aider les étudiants à développer la compétence de pensée critique

i) Demandez aux étudiants de lire un document ou une déclaration clé. Demandez-leur d'identifier quelle est la partie la plus importante de cette déclaration ou du débat que ce document contient. Ensuite, demandez-leur d'indiquer pourquoi cette partie est importante.

ii) Demandez aux étudiants de définir la différence entre faire une assertion et développer un argument. Demandez-leur de trouver des exemples pour chacun.

iii) Demandez aux étudiants d'étudier des exemples de leur propre travail. Parallèlement aux informations évoquées, quels arguments avancent-ils ? Pourquoi avancent-ils ces arguments ? Comment les ont-ils développés et justifiés ?

La gestion des preuves

Les avocats au tribunal font partie des plus grands adeptes compétents de la pensée critique. Ils utilisent la raison pour essayer de convaincre le juge et les jurés du bien-fondé du cas de leur client. Ils offrent leurs propres preuves et évaluent l'importance de celles présentées par les avocats du camp opposé par des questions rigoureuses. Ils analysent et évaluent les arguments avancés par la partie adverse et interprètent les preuves.

> ### Exercices
> 1. Créez un exercice de classe qui exige que deux étudiants présentent un problème clé dans votre discipline sous la forme d'une affaire judiciaire – avec les membres de la classe qui prennent le rôle des penseurs clés interrogés – témoignant et proposant des arguments pour et contre. Demandez aux étudiants d'utiliser les compétences du contre-interrogatoire et de l'analyse avant que le « jury de classe » ne parvienne à un verdict. Les membres du jury peuvent ensuite débattre du verdict et être interrogés sur la façon dont ils ont décidé de voter comme ils l'ont fait. De quelle manière leurs idées ont-elles évolué pendant le débat ?
> 2. Créez ensuite un autre exercice de classe qui traite d'un « problème » clé dans votre domaine. Cette fois, les étudiants doivent analyser le problème et, grâce à la collaboration, proposer une solution.

Mesurer le niveau : identifier différents types d'écriture

Les étudiants devraient être en mesure d'identifier différents types d'écrits et leur importance respective pour l'étude académique. Ces types d'écrits peuvent être résumés comme suit :

i) **L'écriture descriptive** – l'auteur produit simplement un compte-rendu de ce qu'il a constaté.
ii) **La réflexion descriptive** – une description des preuves avancées, assortie d'une réflexion, mais qui tend à comporter un jugement de valeur personnel.
iii) **La réflexion dialogique** – une réflexion basée sur la littérature, mais qui repose sur une seule source/partenaire de dialogue.
iv) **La réflexion critique** – une exploration complète des raisons, des approches et des hypothèses sous-jacentes, y compris l'évaluation d'influences plus larges telles que les facteurs contextuels sociaux et historiques.

> ## Exercice en classe
> Présentez aux étudiants une série d'écrits dans les quatre catégories ci-dessus. Demandez-leur d'identifier les types d'écrits auxquels ils ont affaire et les problèmes que ceux-ci soulèvent.

Analyse critique des textes

L'analyse critique des textes clés dans le domaine de la recherche constitue une partie centrale de l'étude de troisième cycle. Elle permet à l'étudiant de comprendre l'érudition par l'état de l'art et de situer sa propre recherche dans le contexte du discours scientifique actuel dans son domaine.

Les questions que les étudiants devraient poser lors de l'analyse critique des textes clés (primaires ou secondaires)

   i) Dans quelle mesure la preuve apportée est-elle appropriée à l'argument ? Est-elle fiable et utile ?
   ii) Cette preuve appuie-t-elle la conclusion ? Est-elle assez concluante ?
   iii) Quels éléments de preuve avez-vous trouvés les plus convaincants ?
   iv) En une seule phrase, quels sont les grandes lignes de l'argument ?
   v) Les arguments sont-ils introduits de manière logique et séquentielle ? L'ordre des séquences/arguments pourrait-il être amélioré ?
   vi) Pouvez-vous identifier des parti pris ou des suppositions implicites dans l'argument – l'auteur a-t-il un objectif personnel ? Donnez des exemples.
   vii) Quelles sont les informations qui manquent ?
   viii) Êtes-vous d'accord avec l'auteur ? Si non, pourquoi ?

Appliquer ces compétences dans la rédaction au niveau du doctorat

- Les étudiants apprennent à appliquer à leurs propres écrits la même rigueur que lorsqu'ils analysent les écrits des autres.
- Aidez les étudiants à identifier à quoi ressembleront probablement leurs conclusions après avoir terminé leurs recherches et avant de commencer à rédiger.
- Assurez-vous que les étudiants planifient leur travail et montrent comment chaque section mène à la conclusion.
- Encouragez les étudiants à continuer à se référer à ce plan lorsqu'ils développent chaque point de la conclusion pour s'assurer que tous leurs écrits débouchent sur cette conclusion.

- Assurez-vous que chaque point clé ainsi que la conclusion sont étayés par des preuves. S'il n'y a pas assez de preuves pour appuyer la position prise, l'étudiant devra peut-être modifier sa conclusion[4].

Idées pour créer une culture d'apprentissage à réflexion critique

i) Créez un environnement détendu, amical et non menaçant dans lequel les problèmes peuvent être discutés, les opinions aimablement exprimées, adaptées et modifiées.

ii) Ne surchargez pas les étudiants avec un apprentissage basé sur du contenu et des tests qui impliquent de passer du temps à mémoriser du contenu pour préparer les examens et autres évaluations écrites. Les étudiants surchargés retomberont dans les approches d'apprentissage en surface pour « s'en sortir ».

iii) Élaborez des exercices pratiques dans lesquels les étudiants sont tenus de construire les étapes d'un argument plutôt que de juste donner la réponse.

iv) Soutenez les points de vue de ceux qui sont au stade préliminaire de leur réflexion, mais créez un cadre où ils pourront repenser leur réflexion.

v) Incitez gentiment les étudiants à remettre en question les hypothèses qui découlent de leurs déclarations. Demandez-leur de donner des raisons pour les opinions exprimées dans les débats. Assurez-vous qu'ils ont été familiarisés aux « domaines sensibles » dans leur discipline au cours du cycle précédent ou au début des études supérieures.

vi) Créez des tâches ou des exercices de classe qui encouragent les étudiants à voir les problèmes et à en discuter sous différents aspects, y compris ceux sur lesquels ils ne sont pas d'accord. Créez des opportunités pour permettre aux étudiants de prendre une décision sur un sujet par un vote (par exemple, les débats de classe et les discussions).

vii) Développez des tâches où les étudiants ne se contentent pas d'explorer les idées des autres mais parviennent également à faire valoir leur propre interprétation.

viii) Encouragez les étudiants à continuer à débattre des problèmes hors de la classe et autour d'un café.

ix) Encouragez les étudiants à tenir un carnet de bord de leurs réflexions, dans lequel ils écrivent le développement et la progression de leurs idées.

x) Reconnaissez que, dans une classe, les divers étudiants peuvent être à des stades différents du développement des compétences de réflexion critique.

xi) Concevez des évaluations nécessitant une application de l'apprentissage aux différents domaines concernés, comme créer des tâches synoptiques qui

---

4. Pour une discussion et des exemples plus détaillés, voir S. COTTRELL, *Critical Thinking Skills Developing Effective Analysis and Argument*, 2ᵉ édition, Basingstoke, Palgrave, Macmillan, 2011 et S. COTTRELL, *The Study Skills Handbook*, 4ᵉ édition, Basingstoke, Palgrave, Macmillan, 2013.

couvrent une gamme de problèmes ou même de disciplines. Utilisez différents formats d'évaluation.

xii) Favorisez l'apprentissage autonome et diminuez la dépendance à l'égard de l'apport du conférencier/professeur. Par exemple, autorisez les éléments de choix dans les évaluations ou incitez les étudiants à développer leur propre titre, ce qui leur permet une meilleure participation et une meilleure appropriation.

xiii) Assurez-vous que les étudiants évaluent les points forts et les points faibles de leur propre travail et de leurs conclusions – « si vous deviez noter votre propre travail, quelle note donneriez-vous ? Pourquoi ? ».

xiv) Lorsque les évaluations incluent la réflexion sur une pratique personnelle et professionnelle, assurez-vous que les étudiants conservent une distance critique contrôlée par rapport à leur propre contexte et à leur travail.

xv) Créez des opportunités au niveau du master pour l'apprentissage en groupe, ainsi que pour les présentations et les séminaires menés par les étudiants.

xvi) Proposez une formation aux compétences de recherche et à la méthodologie clé.

xvii) Proposez aux étudiants une expérience d'enquête indépendante de niveau universitaire et des manières de construire des propositions de recherche avant d'atteindre le niveau de doctorat.

xviii) Assurez-vous que les étudiants écrivent un article ou un projet d'au moins 15 000 mots sur la base d'un travail de recherche soutenu.

xix) Donnez le moyen aux étudiants d'identifier les domaines où ils souhaiteraient faire d'autres recherches.

Quelques normes intellectuelles clés dans le développement de la pensée critique[5]

Clarté : un manque de clarté dans les affirmations et les questions entrave la réflexion à leur sujet. Les questions supplémentaires incluent : *Pourriez-vous préciser votre propos ? Pourriez-vous donner un exemple ou une illustration de ce que vous voulez dire ?*

Exactitude : une affirmation peut être claire, mais pas forcément exacte. *Quelle est la preuve derrière cette déclaration ? Comment pourrions-nous la vérifier ?*

Précision : une déclaration peut être claire et exacte, mais pas assez précise pour favoriser notre réflexion. *Pourriez-vous être plus précis ? Pouvez-vous donner quelques détails supplémentaires ?*

---
5. Pour ces idées ainsi que d'autres, voir R. PAUL et L. ELDER, *The Miniature Guide for Those Who Teach on How to Improve Student Learning: 30 Practical Ideas*, Dillon Beach, CA, Foundation for Critical Thinking Press, 2003 ; R. PAUL et L. ELDER, *The Miniature Guide to the Art of Asking Essential Questions*, Dillon Beach, CA, Foundation for Critical Thinking Press, 2005 ; R. PAUL et L. ELDER, *The Miniature Guide to Critical Thinking Concepts and Tools*, Dillon Beach, CA, Foundation for Critical Thinking Press, 2009.

Pertinence : Une affirmation peut être claire, exacte, précise, mais non pertinente aux problèmes abordés. *Comment cette affirmation se rapporte-t-elle à la question ? Comment nous aide-t-elle par rapport à ce problème ?*

Profondeur : une déclaration peut être claire, vraie, précise, pertinente, mais trop générale ou superficielle. *En quoi la déclaration nous aide-t-elle face à la complexité de la question ou du problème ? Sommes-nous en train d'aborder les aspects les plus importants du problème ?*

Ampleur : une déclaration peut être claire, vraie, précise, pertinente et profonde, et peut cependant ne pas prendre en compte d'autres points de vue ou préoccupations légitimes. Elle peut avoir un sens pour nous et ne pas persuader les autres. *Devons-nous considérer ce point sous un autre angle ? Comment d'autres personnes pourraient-elles envisager cette question ?*

Logique : une déclaration peut contenir des informations claires, exactes, précises, pertinentes, avoir de la profondeur et de l'ampleur, mais peut aussi ne pas disposer d'une organisation et d'un flux clairs (logique). *Cette affirmation est-elle logique ? Découle-t-elle de ce que vous avez dit plus tôt ? Les conclusions résultent-elles des preuves avancées et de l'argumentation ?*

Impartialité : un argument peut avoir du sens pour nous en raison de nos engagements et de nos partis pris. *Sommes-nous impartiaux dans notre évaluation de la preuve et de l'argumentation, des opinions des autres ? Sommes-nous prêts à remettre en question nos points de vue ? Considérons-nous les opinions des autres avec sympathie ?*

Quelques vertus spirituelles pour accompagner la pensée critique

Nous devons être sur nos gardes, de crainte que la croissance des compétences de pensée critique ne nous mène à l'orgueil, à l'arrogance ou même à l'irrespect des autres et de leurs opinions. À mesure que nous cultivons la pensée critique, nous serons également amenés à nous attacher aux valeurs suivantes :

L'humilité intellectuelle (par opposition à l'arrogance) : reconnaître les limites de nos connaissances et de notre compréhension, et de nos propres opinions. L'érudit chrétien ne devrait jamais revendiquer plus que ce qu'il ne sait, ni être vantard ou arrogant.

Le courage intellectuel (par opposition à la lâcheté) : la volonté d'écouter et de comprendre les croyances et les points de vue auxquels moi-même ou mon groupe n'adhérons pas. Non pas d'une manière passive et sans critique, en acceptant ce qu'on nous a dit, mais en ayant le courage d'être en désaccord avec les autres lorsque nous avons de bonnes raisons bibliques ou intellectuelles de l'être.

L'empathie intellectuelle (par opposition à l'étroitesse d'esprit) : la volonté de nous mettre à la place des autres et de voir les choses de leur point de vue afin de mieux les comprendre (même si nous sommes en désaccord). La volonté d'accepter que parfois nous nous trompons (ce qui est aussi une forme d'humilité).

L'autonomie intellectuelle (par opposition à la conformité) : apprendre à penser par vous-même, faire vos propres évaluations, analyser et évaluer sur la base de la raison et des preuves.

L'intégrité intellectuelle (par opposition à l'hypocrisie) : être fidèle à vos propres pensées et conclusions. Rendre votre pratique cohérente avec ce que vous conseillez aux autres de croire et de faire, et admettre les incohérences quand il y en a.

La persévérance intellectuelle (par opposition à la paresse) : la volonté de résoudre des problèmes difficiles face aux défis intellectuels ou face à la critique, en refusant de tirer des conclusions sous la pression des autres, mais en les basant sur les preuves et le jugement réfléchi. Parfois, il nous faut laisser des problèmes de côté jusqu'à ce que nous obtenions une plus grande clarté.

L'impartialité (par opposition à l'injustice) : traiter chaque point de vue de manière équitable, sans recourir à mes sentiments personnels ou à mes préjugés, ou à ceux de mon groupe. Refuser de rechercher juste mon avantage (ou celui de mon groupe), mais rechercher plutôt le bien de tous.

La grâce intellectuelle (par opposition au jugement) : exercer la douceur dans la manière dont j'exprime mon désaccord avec les autres et chercher à les aider à trouver de meilleures conclusions. Prendre soin du bien-être spirituel et intellectuel des autres, au lieu d'être juste désireux de remporter le débat.

Lectures complémentaires conseillées

Ouvrages et articles en anglais

The APA Delphi Report, Critical Thinking: A Statement of Expert Consensus for Purposes of Educational Assessment and Instruction, 1990 ERIC Doc. No: ED, 315–423.

COTTRELL, S., *Critical Thinking Skills: Developing Effective Analysis and Argument*, 2e édition, Basingstoke, Palgrave, Macmillan, 2011.

COTTRELL, S., *The Study Skills Handbook*, 4e édition, Basingstoke, Palgrave, Macmillan, 2013.

FACIONE, P. A., *Critical Thinking: What It Is and Why It Counts*. www.insightassessment.com, mise à jour de 2015, p. 10.

FACIONE, P. A., *Critical Thinking: A Statement of Expert Consensus for Purposes of Educational Assessment and Instruction, Executive Summary*, « The Delphi Report », Millbrae, CA, The California Academic Press, 1990.

LUBLIN, J., « Deep, Surface and Strategic Approaches to Learning », dans *Good Practice in Teaching and Learning*, Training Document of Centre for Teaching and Learning: University College, Dublin, 2003 ; et « Surface and Deep Learning–University of Birmingham », https://intranet.birmingham.ac.uk/as/cladls/edudev/documents/public/ebl/journey/surface-and-deep-learning.pdf

MURRAY, R., *How to Write a Thesis*, 2e édition, Maidenhead, Open University Press, 2006.

PAUL, R., et L. ELDER, *The Miniature Guide for Those Who Teach on How to Improve Student Learning: 30 Practical Ideas*, Dillon Beach, CA, Foundation for Critical Thinking Press, 2003.

PAUL, R., et L. ELDER, *The Miniature Guide to the Art of Asking Essential Questions*, Dillon Beach, CA, Foundation for Critical Thinking Press, 2005.

PAUL, R., et L. ELDER, *The Miniature Guide to Critical Thinking Concepts and Tools*, Dillon Beach, CA, Foundation for Critical Thinking Press, 2009.

Smith, K., *Writing and Research: A Guide for Theological Students*, Carlisle, Langham Global Library, 2015.

Torrance, M., et G. Thomas, « The Development of Writing Skills in Doctoral Research Students », dans *Postgraduate Education and Training in the Social Sciences. Processes and Products*, sous dir. R. G. Burgess, London, Jessica Kingsley, 1984, p. 105-123.

6

Aider les étudiants à planifier et à organiser leur recherche

L'avertissement donné par Jésus sur le fait de planifier les dépenses avant d'entreprendre un projet est clair :

> En effet, si l'un de vous veut construire une tour, il s'assied d'abord pour calculer la dépense et voir s'il a de quoi la terminer. Autrement, si après avoir posé les fondations il ne peut pas la terminer, tous ceux qui le verront se mettront à se moquer de lui en disant : « Cet homme a commencé à construire, et il n'a pas pu finir. » (Lc 14.28-30)

Alors que le discours de Jésus est axé sur le prix à payer pour être son disciple, le principe peut trouver une application plus large. La durée du doctorat varie : dans certains contextes, elle est de trois ou quatre ans à temps plein, mais quand il y a un volet de cours théoriques, il se peut qu'il faille cinq ou six ans pour terminer le doctorat. Investir jusqu'à six ans (ou davantage si on est doctorant à temps partiel) dans un doctorat représente une belle portion de la vie et du ministère d'un étudiant. Il doit donc être absolument sûr que c'est la bonne chose à faire, et qu'il peut l'entreprendre de tout cœur et sans regrets.

Il en va de même de l'investissement financier important dont l'étudiant a besoin pour obtenir le titre de docteur. L'étudiant doit être sûr que le doctorat est la meilleure façon d'investir ces fonds pour l'avenir. Il se posera la question suivante : le financement dont il dispose couvrira-t-il tout le projet ou ce dernier risque-t-il de capoter par manque de fonds ?[1]

Planification et gestion du temps

Cette section se concentre sur la rédaction de la thèse doctorale. Pour les écoles doctorales qui proposent des cours théoriques, il existe plus de structure et de responsabilité avec les cours réguliers, les séminaires et les évaluations formelles durant les premières années. Après les débuts d'un tel programme ou d'un diplôme de master comportant des cours, beaucoup d'étudiants trouvent que la liberté et le manque de structure de la phase de rédaction de la

---

1. Voir l'exemple de planification des coûts d'un doctorat à la fin de ce chapitre.

thèse constituent pour eux un défi, voire un problème. Certains étudiants préfèrent l'autonomie, d'autres non. C'est pourquoi l'expérience préalable de la préparation d'autres exercices d'apprentissage ou de recherche indépendants est très importante.

Les directeurs de thèse s'efforceront d'aider les chercheurs à gérer ce processus d'apprentissage. Les doctorants ont besoin d'une structure et de stratégies appropriées pour travailler pendant la durée de cette période d'étude. Une partie de cette stratégie consiste à ce que l'étudiant s'approprie la gestion de son propre apprentissage à mesure que le projet se développe.

Il est nécessaire de permettre à l'étudiant de prendre progressivement le contrôle du projet qu'il est en train de mener. Ces compétences sont essentielles pour « l'apprenant autogestionnaire », pour un futur ministère dans l'enseignement, la recherche et l'écriture.

Certains étudiants n'aiment pas planifier et préfèrent « voir comment cela se passe » et « se débrouiller » à leur façon. Pourtant, même s'il y a toujours un besoin de flexibilité et d'une révision continue des délais, les étudiants travaillent généralement mieux quand ils ont des dates butoirs. L'ancien dicton « qui ne cible rien est sûr de l'atteindre[2] » se révèle très juste.

Faire les calculs

Voici une opportunité pour une rapide leçon de mathématiques. C'est un exercice utile à faire avec l'étudiant lors des premières sessions de supervision. En travaillant sur le nombre d'années disponibles dans un programme de thèse doctorale pour l'écriture de la thèse (ajuster le prorata du temps en fonction du temps prévu pour qu'un étudiant puisse écrire sa thèse dans votre programme de doctorat – habituellement deux à quatre ans), combien de jours l'étudiant a-t-il pour rédiger sa thèse[3] ?

Si la phase d'écriture de la thèse est de trois ans, plus de mille jours peuvent sembler long et donner l'impression qu'il y a le temps de progresser d'une manière lente et détendue, qu'on a tout le loisir de se détendre et de faire des voyages de recherche sans se presser. En réalité, le temps passe incroyablement vite, et, rapidement, il se réduit de moitié. De plus, les étudiants ne travailleront pas toute la journée, tous les jours. En prenant le nombre total de jours dédiés à l'écriture, il faudra effectuer certaines déductions.

Travail durant le week-end :

Il est important que les étudiants soient attachés à une Église locale et fassent peut-être des prédications ou servent dans d'autres ministères de temps en temps. En supposant qu'ils ne travailleront pas le dimanche, déduisez de votre total initial le nombre total de dimanches au cours des années d'écriture de leur thèse.

Vie de famille :

---

2. N.D.T. : traduction libre du dicton anglais « If you aim at nothing, you are bound to hit it ».
3. En supposant qu'il n'a pas d'année bissextile, votre réponse devrait être 1095 jours !

Dans le cas où l'étudiant a une famille, l'une des difficultés rencontrées par les doctorants est la négligence de la famille pendant les périodes d'étude intense. Prévoyez donc un certain nombre de jours consacrés à la famille (généralement les samedis lorsque les enfants ne vont pas à l'école) au cours des années d'écriture de la thèse et déduisez-les du total.

Repos et loisirs :

Les étudiants ont également besoin de temps mort – des occasions de repos et de loisirs de temps en temps. Ils peuvent vouloir prendre des vacances. Déterminez donc un nombre de jours pour les congés annuels au cours des années de rédaction de la thèse. Déduisez également le nombre des jours fériés – Noël, Nouvel An, fêtes nationales, etc., lorsque les bibliothèques risquent d'être fermées.

Maladie ou accident :

Il est également probable qu'au cours des années d'écriture de la thèse, l'étudiant ou un membre de sa famille tombera malade. Il se peut même, malheureusement, qu'un parent proche décède et que l'étudiant doive retourner chez lui pour les funérailles. Déduisez donc un temps prévisionnel en cas de maladie ou d'accident.

Événements familiaux :

Il faudra prévoir du temps pour les événements familiaux importants : les anniversaires des enfants, les mariages, les célébrations, les jours des évènements sportifs à l'école, etc. Déduisez un chiffre de votre total pour ces événements.

Enseignement et tutorat :

En outre, dans le cadre du programme de doctorat, il peut y avoir une opportunité pour servir en tant que professeur assistant ou assistant de recherche, ou pour participer à des séminaires, il faut donc déduire un chiffre pour le nombre de jours qui seront dédiés à ces tâches.

Voici ce à quoi devrait ressembler votre calcul :

Nombre total de jours en [2-3-4] ans

Moins :

- Les dimanches (au cours des années d'écriture de la thèse) =
- Les vacances =
- Les maladies ou accidents =
- Les événements familiaux =
- Les tâches d'enseignement ou de préparation de séminaires =
Total général = _____

Vous verrez sans doute que si la rédaction de la thèse est prévue en trois ans, le total des jours ouvrés sera plus proche de 700 jours que de 1095 jours.

Styles de planification

Au début de la supervision de la thèse, le directeur devrait discuter de la planification et des manières de travailler avec son étudiant. Demandez à l'étudiant d'expliquer comment il a planifié des travaux majeurs par le passé. Discutez des plans qu'il a pour la recherche, pour la rédaction des articles, pour les présentations qu'il doit faire et pour la rédaction des chapitres de sa thèse.

- Les projets de doctorat ne peuvent pas tous être développés ou ne se développent pas tous de manière linéaire et séquentielle. Il faudrait en discuter au début avec l'étudiant afin qu'il soit prêt à réaliser des tâches hors de la séquence prévue. Discutez des parties du plan dans lesquelles cela est susceptible de se produire, par exemple la recherche sur le terrain ou dans les archives.
- Certains étudiants trouvent qu'il est plus facile de planifier en décrivant leur thèse ou leur section de travail, en utilisant l'approche du *mind-mapping* ou de la cartographie conceptuelle – créer une structure à l'aide d'une série de « bulles de pensée » étroitement liées – qui tourne autour d'un concept central. Le résultat est un diagramme complexe avec une série de tâches et de sous-tâches connexes, et des flèches entre elles[4], qui seront ensuite ordonnées dans une structure logique.
- Bien que le résultat ne soit pas une suite linéaire de tâches, il faut quand même élaborer un processus avec des échéanciers.

Discutez de différents styles de planification avec vos étudiants :
- Pour les travaux majeurs ;
- Pour les petits essais, articles ou chapitres.

Répartir le temps alloué

La planification du temps de travail ne devrait pas s'arrêter là : demandez à l'étudiant d'allouer le temps total disponible aux tâches clés relevant de la rédaction de la thèse. Le modèle ci-dessous est basé sur le modèle de trois ans à plein temps, mais cela peut être alloué au prorata. Dans les écoles doctorales comportant une phase de cours, certaines de ces tâches sont réalisées avant le début de la phase d'écriture de la thèse.

---

4. Par ex. A. BUZAN, *The Mind Map*, London, BBC Active, 2009 ; et voir aussi d'autres titres de Buzan. L'approche est revue dans J. C. NESBIT et O. O. ADESOPE, « Learning with Concept and Knowledge Maps: A Aeta-Analysis », *Review of Educational Research* 76, no. 3, 2006, p. 413. Des logiciels ou applications de cartographie conceptuelle sont disponibles pour aider l'étudiant. Voir le résumé de cette technique dans http://edutechwiki.unige.ch/fr/Carte_conceptuelle.

Année 1

Combien de jours du total disponible dédiez-vous à :

i) Clarifier le sujet de la recherche, identifier un problème original ?

NOMBRE DE JOURS ALLOUÉ =

C'est un élément clé à développer à un stade précoce. Dans certains domaines, le sujet est clair, dans d'autres, vous n'êtes pas sûr de savoir où les données trouvées vous mèneront et comment le champ d'étude s'élargira. Il existe donc des éléments sur lesquels vous n'avez pas de contrôle, et une certaine souplesse est nécessaire.

ii) Identifier et consulter des documents appropriés dans les bibliothèques ou les archives.

NOMBRE DE JOURS ALLOUÉ =

Cette tâche est importante et peut nécessiter une étude pilote et des déplacements si les documents ne sont pas disponibles dans les bibliothèques locales.

iii) Identifier les domaines pour lesquels une recherche sur le terrain est nécessaire, le lieu où elle sera faite, comment elle doit être faite et sa portée.

NOMBRE DE JOURS ALLOUÉ =

iv) Situer la recherche dans le contexte des connaissances antérieures et des études actuelles.

NOMBRE DE JOURS ALLOUÉ =

L'accent est mis ici sur la revue de littérature, ce qui est plus contrôlable que d'autres aspects. La portée du projet est ainsi plus facile à définir. Dans certains domaines, la littérature savante est vaste et devra être gérée de manière à ce que sa revue soit réalisable dans les délais impartis.

v) Entreprendre une formation requise en matière de méthodes et de compétences de recherche, ainsi qu'en études de langue (si nécessaire).

NOMBRE DE JOURS ALLOUÉ =

vi) Commencer la collecte d'informations et/ou d'enquêtes en utilisant des méthodologies appropriées.

NOMBRE DE JOURS ALLOUÉ =

vii) Rédiger le premier jet du ou des chapitres préliminaires.

NOMBRE DE JOURS ALLOUÉ =

Il est important de faire en sorte que les étudiants se mettent à écrire tôt et régulièrement, lorsque les idées sont fraîches dans leur esprit. Chaque tâche de recherche devrait inclure un aspect rédactionnel. L'écriture est une compétence acquise au fil du temps et de l'expérience.

viii) Préparer l'évaluation/mise à jour annuelle

NOMBRE DE JOURS ALLOUÉ =

Faire un compte rendu relève d'une compétence qu'il est vital d'acquérir et cette tâche devrait être considérée comme un important outil de réflexion plutôt que comme une corvée pesante. Elle permet d'évaluer ce qui a été réalisé et comment cela a été réalisé, mais fait aussi fonction d'évaluation de l'état du projet et permet de planifier les phases suivantes.

Cette liste est un bon point de départ pour discuter des pistes de recherche potentielles à suivre au cours de l'année suivante et de celles qui devront être abandonnées.

Le compte rendu permet d'exposer les conclusions obtenues jusque-là et les recommandations, pour la discussion et l'évaluation. Il permet également de communiquer les résultats ; les comptes rendus devraient donc être rigoureux et constituer une forme de préparation pour la soutenance orale finale. La plupart des comptes rendus requièrent un calendrier pour l'achèvement prévu de la thèse, ce qui constitue également un outil de planification.

Conserver un journal de bord

Les projets évoluent et changent, et il est nécessaire et important de suivre ces changements et d'en garder la trace. Un journal de bord est un bon moyen de garder une trace de ce processus de développement.

Année 2

Le projet devrait maintenant être bien établi, avec une structure qui émerge et une date probable d'achèvement qui se précise.

Combien de jours dédiez-vous à … ?

i) La collecte et l'enregistrement d'informations et/ou d'enquêtes en utilisant des méthodologies appropriées (cela peut inclure une composante importante du travail sur le terrain) ___
ii) L'analyse des résultats et des informations ___
iii) La place de ses propres résultats par rapport à ceux des autres ___
iv) Le développement de concepts théoriques (la réflexion) ___
v) La rédaction du premier jet d'autres chapitres (jusqu'à la moitié du texte complet des chapitres requis) ___
vi) La participation à une conférence clé ___
- Il s'agit d'une dimension importante du développement des compétences de recherche, permettant d'accéder au discours scientifique au sens large dans le domaine d'étude. Cette dimension est essentielle pour développer le travail et pour créer des contacts avec des partenaires de dialogue et des confrères.

vii) La préparation au compte rendu annuel ___
- Les réunions de mise à jour sont particulièrement utiles si elles incluent une présentation. Elles permettent au doctorant de se concentrer pour trouver les moyens d'exprimer quelle est l'idée clé de sa recherche, pourquoi elle est importante, quelles sont les principales questions et hypothèses, et quelles sont les tâches nécessaires à entreprendre. Il est important que les directeurs de thèse passent du temps à travailler sur ces questions et sur des présentations possibles avec l'étudiant, avant la réunion de mise à jour.

Année 3

Les six premiers mois

Combien de jours devraient être alloués à :
i) Terminer la collecte d'informations et/ou les enquêtes en utilisant des méthodologies appropriées ___
ii) Terminer la prise de notes et la gestion de l'information et des résultats ___
iii) Évaluer de manière critique ses résultats et ceux des autres et développer des concepts théoriques, ainsi que l'originalité et la pensée indépendante ___
iv) Intégrer ses résultats avec ceux des autres dans la littérature secondaire.
v) Terminer les chapitres du premier jet ___
vi) Présenter des articles de séminaire ou de conférence ___
- À ce stade, un article comportera des idées qui seront devenues plus claires et prendront une forme plus fixe – à mesure que la thèse émerge. La présentation donne l'occasion de tester les hypothèses et de mesurer l'état du discours scientifique.

La seconde tranche de six mois

Combien de temps devrait être alloué à :
i) Produire un projet de thèse final entièrement révisé ___
ii) Écrire l'introduction et les conclusions ___
iii) S'assurer que la thèse est cohérente et originale ___
iv) Créer la bibliographie, reproduire correctement les références, assurer une relecture de haute qualité ___
v) Faire la présentation finale des résultats de la recherche sous la forme d'une thèse ___
vi) Adresser un avis d'intention de soutenance ___
vii) Présenter et soutenir les résultats de la recherche lors de l'examen final ___
viii) Faire les révisions demandées par les examinateurs ___

L'importance de la planification

Le temps passé par le directeur de thèse à soutenir l'étudiant dans sa planification donne une structure de responsabilisation au processus, à condition de ne pas laisser ce temps devenir excessivement restrictif ou limitatif pour le flux d'idées académiques et d'approches créatives. Dans la direction de thèse, il est bon de consacrer quelques réunions par an à l'évaluation des progrès réalisés par rapport au plan d'achèvement de la thèse, plutôt que de se concentrer sur une partie spécifique du travail. Le directeur devrait veiller à ce que l'évaluation et la planification ne soient pas remises à plus tard par l'étudiant. Ces réunions d'évaluation clés peuvent être notées par le doctorant et le directeur sur un agenda annuel – et les principaux résultats de ces réunions peuvent aussi être documentés.

Poser les principaux jalons de l'écriture de la thèse

Les doctorants se demandent souvent : « Suis-je sur la bonne voie, est-ce que j'aurai terminé à temps ? » Il est bon d'avoir à l'esprit les grandes lignes du calendrier de la thèse.

Il existe en général une limite de temps pour l'achèvement d'une thèse, une date butoir finale. Travailler rétroactivement dans la planification à partir de cette date butoir crée une série de délais qui deviennent des étapes le long du parcours et permettent de jauger et de célébrer les progrès.

Selon votre compréhension du processus, exposez les tâches qui devraient, selon vous, avoir été accomplies par l'étudiant à différentes étapes (ajustez selon le calendrier de votre propre programme de doctorat).

Après 3 mois, l'étudiant devrait avoir...
Après 6 mois, l'étudiant devrait avoir...
Après 1 an, l'étudiant devrait avoir...
Après 18 mois, l'étudiant devrait avoir...
Après 2 ans, l'étudiant devrait avoir...
Après 30 mois, l'étudiant aura...
Après 3 ans, l'étudiant aura...

Décomposer la tâche principale en plusieurs tâches

Lors de l'accomplissement d'un projet conséquent et ardu, tel qu'escalader une montagne ou entreprendre un périple, il est préférable de le décomposer en une série de tâches plus petites et plus faciles à gérer. Le projet paraît ainsi moins impressionnant.

Les directeurs de thèse peuvent aider les étudiants à diviser les étapes clés en une série de tâches qui peuvent être accomplies dans des délais mensuels. Ainsi, chaque période comporte des objectifs à réaliser. Les étudiants devraient être personnellement encouragés à répéter le processus chaque semaine par une heure de planification. Ce processus devrait être un sujet de prière et être remis à Dieu. Les progrès peuvent être revus en fin de semaine.

Les doctorants pourraient élaborer une liste de résultats mesurables à intervalles réguliers. Quand ils savent clairement quelles tâches sont attendues d'eux et à quelles dates respectives, le processus devient plus structuré. Les étudiants peuvent alors classer les tâches par ordre décroissant de priorité, et les enregistrer ensuite dans un journal de recherche.

Parfois, les doctorants sentent que le temps passe et qu'ils n'ont pas beaucoup avancé. Le processus de planification, associé à des délais pour réaliser les tâches, leur permet d'évaluer ce qui a été réalisé et de voir les progrès accomplis.

Objectifs manqués

Si des objectifs sont régulièrement manqués, qu'est-ce que cela indique ?
i) L'étudiant devrait-il travailler plus, et plus vite ?
ii) Devrait-il attribuer plus de temps aux tâches requises et être plus réaliste dans la planification ?
iii) Est-il nécessaire de réduire les objectifs, de tenter moins de choses, de réduire l'ampleur du projet ou de le rendre plus ciblé ?
iv) Devrait-on abandonner certains aspects du projet ?

L'étudiant peut constater que le travail se fait plus rapidement que prévu. Si c'est le cas, y a-t-il des dimensions supplémentaires à ajouter pour élargir le projet ?

Les limites de la planification

La planification devrait être un outil qui favorise la concentration et donne une direction, ainsi qu'un sentiment d'accomplissement lorsque les objectifs sont atteints. Il est notoirement difficile de prédire comment les thèses de doctorat vont se passer et quand elles seront achevées. Habituellement, les tâches prennent plus de temps que prévu. Les dates limites sont repoussées, et il ne devrait pas y avoir d'angoisse excessive à ce sujet, tant que l'on garde un œil sur l'horloge qui tourne.

Célébrer la planification

i) La planification réduit le risque de négliger un détail important.
ii) Elle permet au doctorant de se rendre compte des moments où il a rencontré des problèmes et n'a pas pu atteindre les objectifs prévus.
iii) Elle aide les doctorants à relier les activités entre elles.
iv) Elle ordonne les activités d'une manière gérable.
v) Elle permet de suivre les ressources que vous pouvez contrôler et d'en identifier d'autres dont vous avez besoin.
vi) La planification indique ce qui est faisable.
vii) Elle permet d'identifier les besoins de formation.

viii) La planification permet d'être discipliné et motivé à mesure que les objectifs sont fixés et accomplis. Elle transforme la grande montagne à gravir en une série de montées plus petites de proportions gérables.
ix) Les étudiants travaillent mieux quand les dates limites sont définies.

Le directeur de thèse a un rôle important dans ce processus. Il peut voir des problèmes et célébrer les réalisations, quand les étudiants, souvent pris par les préoccupations de leurs études et de leurs pensées, n'arrivent pas à le faire. Le directeur de thèse aura également de l'expérience dans l'encadrement de doctorants et aura déjà accompagné des étudiants dans le même processus. Il peut donc tracer la trajectoire à suivre pour atteindre l'objectif final et diriger l'étudiant vers celui-ci.

Gérer les problèmes

Il y a des moments dans le processus du doctorat où des problèmes importants apparaissent. Il se peut que les idées de l'étudiant ne soient pas bonnes. Son hypothèse de travail ne semble pas être avérée ou bien il ne dispose pas des informations qu'il s'attendait à découvrir. Dans ce cas-là, recourir à une réunion de planification pour décider de ce qu'il faut faire est une bonne idée. Lors de la réunion, demandez à l'étudiant d'écrire et d'identifier exactement quels sont les problèmes rencontrés. Ensuite, discutez des solutions possibles.

De plus, l'étudiant peut passer par une période de maladie ou de crise familiale et perdre du temps. Encore une fois, c'est le moment de se rencontrer et d'évaluer les options disponibles. Existe-t-il une option de suspension des études ou une possibilité de congé ? Quelle sorte d'attestation médicale ou pastorale sera nécessaire dans ce cas ?

Le directeur de thèse fera de son mieux pour éviter que l'étudiant laisse une crise non résolue ou non traitée.

Planification financière

La planification financière ne relève certes pas directement de la responsabilité du directeur de thèse, et ce dernier ferait bien de ne pas se focaliser sur les détails de la situation financière du doctorant, mais il y aura des moments où le directeur sera conscient des problèmes financiers d'un étudiant. C'est une raison très fréquente pour laquelle les étudiants ralentissent le rythme de leurs études ou font une pause dans leurs études, et les signes avertisseurs sont à repérer tôt.

Lorsqu'un étudiant envisage de préparer un doctorat, il est important qu'il ait un plan financier adéquat. Le processus de demande et l'admission d'un étudiant devraient être suffisants pour qu'un responsable financier intervienne et présente à l'étudiant les défis financiers potentiels qui l'attendent lors de la recherche.

Sur la page suivante, vous trouverez un exemple de schéma qui peut être utilisé dans ces occasions, pour permettre, comme dans la parabole de Jésus, de « calculer le coût ».

LE COÛT TOTAL D'UN DOCTORAT

Frais de scolarité _____

Autres frais d'aménagement (par exemple, la bibliothèque) _____

Frais d'hébergement _____

Coûts de vie personnelle (par exemple, nourriture, climatisation, éclairage, téléphone, internet, etc.) _____

Assurances médicale et personnelle _____

Entretien des personnes à charge _____

Frais médicaux des personnes à charge, assurance, frais scolaires _____

Frais de transport (jusqu'au lieu d'études) _____

Frais de déménagement dans la ville de l'établissement d'études (le cas échéant), ou voyage pour rendre visite à la famille _____

Ressources pour l'étude personnelle (par exemple : ordinateur portable, logiciels, réparations, papier, stylos, etc.) _____

Livres, numérisations, photocopies _____

Perte de revenus _____

Intérêts sur les prêts _____

Coût des visites de recherche et de bibliothèques externes _____

Participation aux conférences et voyages _____

Autres coûts _____

Contingences _____

TOTAL DES COÛTS PRÉVISIONNELS ══════════

FACE À CES COÛTS, DEVRAIENT ÊTRE PERÇUS

Rémunération prévisionnelle _____

Bourses/Aides/Subventions _____

Dons (par exemple, de la famille, de l'Église, etc.) _____

Soutien d'une œuvre ou d'une mission _____

Prêts (par exemple, prêts étudiants ou prêts des membres de la famille) _____

REVENU TOTAL ESCOMPTÉ ══════════

Les ressources de l'étudiant correspondent-elles au coût total d'un doctorat ?

Lectures complémentaires conseillées

Ouvrages en français

BEAUD, Michel, *L'art de la thèse : Comment préparer et rédiger un mémoire de master, une thèse de doctorat ou tout autre travail universitaire à l'ère du Net*, Paris, La Découverte, 2006, p. 38-44.

Ouvrages en anglais

Murray, R., *How to Write a Thesis*, 2ᵉ éd., Maidenhead, Open University Press, 2006.
Phillips, E. M., et D. S. Pugh, *How to Get a PhD: A Handbook for Students and their Supervisors*, Maidenhead, Open University Press, 2010. (La version Kindle est aussi disponible.)

7

Aider les doctorants à démarrer leur recherche

Pour permettre aux doctorants de réussir leur programme de recherche, il est vital de leur fournir un soutien et des conseils académiques appropriés, au début mais aussi tout au long de leur temps de recherche[1].

Établir les paramètres d'encadrement lors des premières réunions de direction de thèse constitue une étape importante dans le démarrage du processus (voir le chapitre 9). Par ailleurs, les premiers mois d'un projet de recherche doctorale sont cruciaux de bien d'autres façons. En effet, il y a des domaines dans lesquels l'étudiant a besoin de développer ses compétences, mais cela peut prendre du temps, et le danger dans ce processus est la dérive du temps quand les progrès sont lents. Cela peut être décourageant pour le doctorant. Il faut à la fois acquérir l'initiation et la formation nécessaires, et s'atteler à l'écriture de projets qui font avancer la recherche.

L'initiation au doctorat

L'initiation au doctorat est importante car elle prépare l'étudiant pour le reste de son expérience en doctorat. Elle permet aux étudiants de bien comprendre ce dans quoi ils s'engagent et les ressources dont ils disposent.

Chaque école doctorale devrait avoir en place un parcours d'initiation à l'intention de tous les nouveaux doctorants. Cela prend généralement la forme d'une formation menée durant les premières semaines du programme,

> reflétant les besoins spécifiques des doctorants et fournissant des informations appropriées sur l'institution, ses programmes, ses codes de conduite, les responsabilités des élèves, les installations disponibles, les questions de santé

---
1. SHAW, *Bonnes pratiques*, p. 33-34.

et de sécurité. L'information clé est présentée sous la forme d'un « guide du doctorant » ou « guide de rédaction de la thèse » par l'école doctorale[2].

Il ne suffit pas de simplement donner aux doctorants le manuel et de leur demander de le lire, car nombre d'entre eux ne le feront pas. Il est préférable d'expliquer les informations clés et d'octroyer l'opportunité de poser des questions. Il incombe également au directeur de connaître le contenu du guide en détail, donc vous devrez le lire aussi !

« Après cette initiation de base, d'autres possibilités de formation au travail de recherche devraient être fournies à intervalles réguliers pendant toute la durée du programme de doctorat, afin de développer progressivement des compétences professionnelles de recherche[3]. » L'initiation conduit à la formation qui est un processus continu.

Les *Bonnes pratiques pour la formation doctorale* de l'ICETE énoncent les aspects de l'initiation à la recherche qui devraient être mis à la disposition du doctorant[4]. Une grande partie de ce programme sera administré par l'institution ou même par des facilitateurs extérieurs à l'institution, mais il incombe néanmoins au directeur de thèse de s'assurer que l'étudiant puisse bénéficier de tout ce qui est disponible.

Cette formation sur les compétences de recherche devrait couvrir des sujets tels que :
   a) Comprendre les procédés de production des connaissances au niveau du doctorat ;
   b) Développer des compétences en méthodologie de la recherche, en épistémologie et en réflexion de méta-niveau ;
   c) Développer des compétences analytiques et synthétiques ; formuler des questions de recherche ;
   d) Développer des compétences en expression écrite, pour le cadre des études supérieures et au-delà de celui-ci ;
   e) L'éthique et les approches de la recherche quand le sujet concerne des êtres humains ;
   f) La compréhension chrétienne de la recherche et de la formation doctorale, y compris le rôle de la recherche au sein du royaume de Dieu ;
   g) La présentation orale et les compétences du discours :
      • présenter les documents de recherche,
      • discuter des résultats des recherches d'autrui.
   h) Les compétences en technologies de l'information et des communications (TIC) ;
   i) Les compétences en recherche bibliographique ;
   j) L'utilisation de ressources électroniques et de documents disponibles en ligne
   k) La planification de projet et la gestion du temps ;
   l) La tenue et la gestion des registres.[5]

---

2. *Ibid.*, p. 34.
3. *Ibid.*
4. *Ibid.*, p. 33-34.
5. *Ibid.*, p. 34.

D'autres compétences pour le développement professionnel et la direction dans la formation théologique pourront également être enseignées, incluant :

a) La participation à des séminaires, à des ateliers et à des conférences universitaires ;
b) La préparation à la soutenance ;
c) Le développement personnel et professionnel, et la planification de l'emploi futur ;
d) L'utilisation du titre de docteur après l'obtention du diplôme de doctorat. Cela devrait inclure :
- les compétences de l'enseignant et du conférencier (pédagogie, andragogie),
- l'administration académique,
- la vie après le doctorat – la recherche au quotidien, l'écriture, l'intégration de la recherche continue au service du royaume de Dieu,
- l'érudition en tant que vocation permanente,
- la formation théologique et la mission,
- l'écriture en vue de la publication.[6]

La sauvegarde et le stockage des résultats de recherche

Il est important de discuter avec les doctorants des meilleures façons d'organiser leurs résultats de recherche afin qu'ils puissent y accéder facilement. Cela peut être couvert en général au cours du parcours d'initiation à la recherche, mais assurez-vous que les étudiants ont adapté l'information à leur situation et à leur domaine spécifiques.

- Il est essentiel d'avoir des méthodes efficaces de stockage et de récupération de données.
- Il faut discuter des moyens d'organiser des notes et des systèmes de références croisées.
- Il faudrait discuter des systèmes que le doctorant utilisera pour stocker les informations qu'il réunit. Que ce soit des notes écrites, des scans ou des photocopies, comment va-t-il s'assurer qu'il peut retrouver ce qu'il cherche ? Il faudra définir le système d'indexation que le doctorant utilisera.
- Il est important d'établir dès le départ quel est le guide de style d'écriture (comme le « Guide pour la Rédaction et la Présentation des Thèses à l'Usage des Doctorants », Ministère de l'Éducation Nationale et Ministère de la Recherche) qui sera utilisé pour écrire le projet. Cela garantit que toutes les références soient notées en suivant la forme correcte dès le début de la recherche, afin de gagner des heures de vérification de références plus tard.
- Il est utile de tenir un journal de bord afin d'enregistrer quelles activités de recherche ont été menées et où les résultats obtenus sont stockés.

---

6. *Ibid.*, p. 35.

L'importance de la sauvegarde des résultats de recherche

Le mantra est clair : « Sauvegardez, sauvegardez et sauvegardez à nouveau ! »

Je connais un certain nombre d'étudiants dont l'ordinateur portable, contenant tous leurs travaux de recherche et d'écriture, a été volé. L'un d'entre eux n'a d'ailleurs jamais terminé son doctorat. Lorsque j'étais sur le point de terminer ma thèse, je gardais une copie de ma recherche sauvegardée sur le disque dur de mon ordinateur et une autre des disquettes (oui, c'était il y a bien longtemps !). Je conservais également une copie papier des ébauches de chapitres, que je stockais dans la maison de mes parents, à cent kilomètres de là. Il était hors de question pour moi d'avoir à recommencer ma recherche à zéro en cas de vol ou d'incendie ! De nos jours, l'utilisation du *cloud* pour un stockage sécurisé, accessible et hors site est recommandée, à condition toutefois que l'étudiant puisse se permettre l'abonnement requis.

L'initiation à la recherche spécifique au domaine

Au même titre qu'une introduction plus générale aux méthodologies de la recherche, le doctorant aura besoin d'une initiation spécifique à son domaine. Il arrive parfois que les étudiants soient frustrés par l'absence d'une initiation plus détaillée dans leur discipline, et il incombera au directeur de thèse de la fournir quand cela s'avère nécessaire. Il faudra développer ou renforcer des compétences et des méthodes spécifiques à la recherche.

C'est souvent un domaine clé que les directeurs ne considèrent pas comme important ou qu'ils oublient – et cela peut créer des problèmes pour les chercheurs.

Voici une série d'étapes utiles :

La formation initiale

Effectuez une analyse initiale des besoins en formation. Cela devrait être fait à un stade précoce, et devrait couvrir des questions telles que :

i) Quelles sont les compétences actuelles dont l'étudiant dispose ?
ii) De quelles autres compétences a-t-il besoin ? (par ex. collecte des données, gestion des données, tenue de dossiers, compétences informatiques, compétences rédactionnelles)
iii) En particulier dans les matières bibliques, mais aussi dans d'autres domaines théologiques et historiques, l'étudiant peut avoir besoin d'apprendre d'autres langues – allemand, français, latin – ainsi que de renforcer l'hébreu ou le grec.
iv) Le directeur de thèse s'informera sur les ressources disponibles pour l'apprentissage des langues. Existe-t-il des cours spécifiques ?
v) À quel moment du cursus est-il recommandé que les étudiants suivent leur cours de langue, de telle manière qu'ils aient déjà acquis la compétence quand celle-ci s'avère nécessaire ?
vi) Existe-t-il d'autres cours de troisième cycle, des ateliers, des programmes de formation disponibles dans l'institution et qui peuvent être utiles aux étudiants ?

vii) Les directeurs de thèse devraient être au courant de ce qui est disponible et pourrait être bénéfique. Ne surestimons pas la capacité des étudiants à trouver par eux-mêmes ces ressources.
viii) Existe-t-il un financement pour ces besoins supplémentaires en formation ?
ix) À quel stade du programme la formation supplémentaire sera-t-elle nécessaire ? Cela devra être convenu avec le directeur de thèse et inséré dans le planning de la recherche.
x) Les besoins en formation devraient être réévalués au moins une fois par an – à mesure que le projet se développe ou change, les besoins en recherche peuvent changer.

Questions de réflexion

De quelles compétences spécifiques de recherche avez-vous eu besoin pour préparer votre propre doctorat ?

Comment avez-vous vous-même eu accès à ces compétences ?

Quels sont les besoins de votre doctorant actuel ?

Parmi les compétences de recherche dont le doctorant a besoin, lesquelles pouvez-vous enseigner, et lesquelles devront être enseignées ailleurs ?

Les principaux objectifs à atteindre pour les étudiants lors des premiers mois de direction de thèse

i) La problématique de la recherche est clairement formulée ;
ii) La conception de la recherche est claire et le projet de recherche est revu, et s'il n'a pas été approuvé jusqu'ici, il devrait l'être à ce stade ;
iii) Les méthodes de collecte et de stockage des données ont été établies ;
iv) Les problèmes d'éthique liés au projet de la recherche ont été bien compris et convenus ;
v) L'accès approprié aux ressources de la bibliothèque dans l'établissement ou ailleurs a été négocié ;
vi) Une étude pilote peut s'avérer nécessaire.

Encourager les doctorants à commencer à écrire

Les étudiants doivent rapidement développer leurs compétences rédactionnelles. C'est essentiel non seulement pour leur thèse mais aussi pour d'autres aspects de leur travail au niveau doctoral, comme pour la préparation de comptes rendus, de documents de séminaire, de présentations de conférences et d'articles d'érudition.

Pour les doctorants, il est important de commencer très vite à mettre leurs idées et leurs résultats de recherche par écrit, afin qu'ils puissent continuer à les développer par la suite. Le directeur de thèse encouragera donc l'étudiant à commencer à rédiger très rapidement. Les étudiants auront déjà l'expérience de différentes formes d'écriture, mais il est toujours bon qu'ils écrivent quelques courts articles de ce qui deviendra un travail de niveau doctoral.

Dès le début, le directeur devrait demander à l'étudiant de faire preuve d'un niveau élevé d'orthographe, de grammaire, de réécriture et de référencement afin de simplifier et de raccourcir le processus de relecture et de correction de la version finale de la thèse.

Les directeurs ont des politiques différentes quand il s'agit de corriger l'orthographe et la grammaire de leurs étudiants, mais il est reconnu que la valeur d'un travail de niveau universitaire est moins facile à apprécier lorsque le texte est jonché d'erreurs d'orthographe ou de grammaire, de telle sorte que le sens n'est pas compréhensible. Lorsque les étudiants n'écrivent pas dans leur langue maternelle, ils devraient obtenir l'aide d'un relecteur pour vérifier leur style et leur façon de s'exprimer. Précisons ici que ce soutien n'implique pas d'« aider » ou de « corriger » des problèmes de fond en termes de contenu et d'argumentation.

En plus de développer leurs compétences rédactionnelles, les étudiants continueront également à appliquer leurs compétences de planification des sections de texte et de production des grands titres de leur travail. Ils s'efforceront de développer des moyens de composer des titres de chapitres et des introductions qui montrent qu'ils tirent le meilleur parti de leurs informations.

Ils développeront également des compétences d'autoévaluation de leurs propres écrits, leur permettant de discerner le bon du moins bon.

Questions de réflexion

À votre avis, quelle sera la valeur ajoutée à la recherche des doctorants s'ils font une revue de la littérature de pointe qui existe dans leur domaine ?

Quels sont les avantages de la faire au début du projet de recherche, et quels sont-ils si l'on fait cela vers la fin ?

La revue de littérature

L'une des approches les plus utiles pour que les étudiants se mettent rapidement à écrire est de leur demander de produire de courts commentaires (200-500 mots) sur des textes clés dans leur domaine de recherche. Ces écrits peuvent contribuer à la revue de littérature, et l'étudiant voit ainsi que ce travail initial contribue déjà à la rédaction de sa thèse.

Localiser les sources

Dans les premières étapes, les directeurs sauront orienter les étudiants vers les sources à lire pour développer leurs recherches. Voici quelques points de départ :

i) Les textes clé écrits par des chercheurs réputés contiennent généralement une bibliographie exhaustive de documents publiés et non publiés ;
ii) Les revues académiques contiennent des articles et aussi des recensions de livres. Certaines produisent une liste annuelle de livres, d'articles et de thèses dans des domaines spécifiques ;
iii) Les catalogues des bibliothèques sont une source essentielle et beaucoup sont disponibles en ligne maintenant, comme la Bibliothèque nationale de France ;
iv) Les moteurs de recherche en ligne hébergent de nombreuses bases de données de revues scientifiques et feront ressortir le meilleur des ressources récentes ;
v) Les bases de données des thèses récemment publiées peuvent également être de bonnes ressources pour les doctorants ;
vi) Les échanges et dialogues avec d'autres chercheurs, lors des conférences par exemple, ou par correspondance directe, etc.

La recherche est définie dans le contexte universitaire au sens large

La « littérature » à étudier concerne les contributions d'autres chercheurs au domaine de la recherche de l'étudiant : les livres, les articles de revues scientifiques, les articles de conférences et de séminaires (certains non publiés), les journaux, les sites Web universitaires, les débats en ligne et les comptes rendus de conférences.

Les revues scientifiques et les actes de conférences contiennent habituellement des documents à la fine pointe de la recherche, et il est essentiel que les doctorants les consultent. C'est souvent là que les chercheurs présentent leurs résultats pour la première fois, en vue de recevoir un retour de la part de leurs pairs.

Il est utile que les étudiants lisent dans les revues les recensions des textes clés écrits par d'autres chercheurs. Cela leur permettra de voir les approches adoptées par les érudits et les forces et les faiblesses que ces derniers ont identifiées. Les étudiants peuvent être encouragés à critiquer ces recensions, mais cela ne devrait pas les empêcher de lire eux-mêmes les textes concernés et de se forger leur propre opinion critique.

L'objectif de la revue de littérature dans la thèse

L'examinateur d'une thèse de doctorat voudra savoir si l'étudiant a :

i) Acquis une connaissance approfondie du sujet ;
ii) Réalisé une analyse critique d'autres travaux au cœur du domaine d'étude. L'étudiant aura démontré qu'il sait où en est actuellement le domaine en termes de recherche. Sa thèse doctorale est censée apporter une contribution à ce domaine ;

iii) Acquis une vision claire de la manière dont sa thèse se différencie de celles des autres chercheurs du domaine d'étude et ne représente pas une simple reproduction d'une autre recherche ;
iv) Continué à lire dès le moment où le projet de thèse a débuté. Le domaine peut évoluer de façon significative durant les trois ou quatre ans (ou plus) que prend la rédaction d'une thèse doctorale. Si la revue de littérature a été entrepris trois ans auparavant et n'a pas été mise à jour, il peut y avoir de substantielles lacunes ;
v) Continué à lire entre le moment du dépôt de la thèse et la date de la soutenance, afin de se maintenir au courant des autres publications de recherches ou présentations de thèses ;
vi) Démontré la relation entre son travail et celui provenant du reste du domaine, afin qu'il ou elle puisse établir des liens entre ses propres résultats de recherche et l'état des avancées dans le domaine d'étude.

Formes de revue de littérature

i) Une première revue des écrits importants dans le domaine.
Cela permet d'obtenir une liste des textes « incontournables » du domaine et devra apparaître dans le projet de recherche dans sa forme initiale.

ii) Un résumé des connaissances actuelles dans le domaine d'étude et une analyse des types d'enquête que d'autres chercheurs du domaine ont utilisés.
Cet examen complet démontrera une compréhension des principales écoles de pensée et établira l'étendue de la recherche actuelle, en particulier des études les plus récentes. Les sujets du domaine de recherche qui ont déjà été bien traités ressortiront et révèleront les éléments qui n'ont pas encore été traités ou qui comportent des lacunes. Le directeur peut encourager l'étudiant à développer des recherches dans ces directions afin d'apporter une « contribution originale à la connaissance ».
Cette dimension de la revue des textes établit les principales questions de recherche qui seront posées ou testées, et le mieux est de s'y prendre à un stade précoce de la recherche.

iii) La revue des méthodologies.
La revue de littérature établit également les principales méthodologies dans le domaine et la façon dont les différentes positions académiques ont émergé. Encore une fois, l'utilité de s'y prendre au début du processus de recherche est évidente. Cela aidera les étudiants à identifier et à établir l'approche qu'ils prendront, et à prendre conscience de ses atouts et de ses points faibles.

iv) L'établissement de limites.
La revue de littérature permet à l'étudiant de délimiter le domaine qu'il aborde. C'est ainsi que le doctorant peut poser des limites et définir ce qui sera couvert.

Les autres objectifs servis par la revue de littérature

- La création de partenaires de dialogue.
  Ceci est essentiel pour participer au discours scientifique. Par leurs écrits, les autres chercheurs deviennent des partenaires de dialogue, fournissant des écrits à développer, à soutenir, à remettre en question ou à réviser.
- Vérifier le niveau.
  La littérature savante revue par les doctorants leur permet de vérifier non seulement ce que les autres disent sur leur sujet, mais aussi le niveau auquel ils écrivent. Au début, les étudiants peuvent parfois avoir l'impression qu'ils ne pourront jamais atteindre un tel niveau, mais à mesure qu'ils gagnent en confiance, ils commencent à identifier de quelle manière il leur faut écrire pour être au niveau de leurs confrères.

  À mesure qu'ils progressent dans leur cursus, les doctorants devraient être capables de critiquer efficacement le travail des autres. À la fin, ils devraient être en mesure de dire, si le travail de tel chercheur était présenté en tant que thèse de doctorat, s'il serait validé. Si non, pour quelles raisons ?
- « Sont-ils de mon avis ? »
  Les écrits d'autres chercheurs permettent d'évaluer les points de vue du doctorant.

  Ce qu'il dit résiste-t-il à l'examen des autres chercheurs ? Pensent-ils de la même manière que lui ? Sinon, pour quelles raisons ? Les idées que l'étudiant propose sont-elles brillantes et originales, ou indéfendables, voire insensées ?

  La revue de littérature prend ainsi la forme d'un contrôle de sécurité, permettant de comparer les idées et les niveaux.
- « Ceci est important. »
  Grâce à une consultation approfondie de la littérature relative à son domaine, l'étudiant est capable de visualiser la nécessité et la légitimité de son étude, et de présenter une argumentation claire pour démontrer son importance. La recherche de l'étudiant devrait émerger de l'étude du domaine et s'inscrire dans ses mailles en certains points pertinents. La revue de littérature fait bien plus que simplement préparer la scène. Tout au long du travail de thèse, l'étudiant reviendra vers la littérature clé et maintiendra un lien avec celle-ci. L'un des dangers inhérents à de nombreuses revues initiales de littérature est d'inclure, au début du travail de recherche, des chapitres qui restent inchangés, n'ayant que peu de liens avec l'argumentaire, au lieu d'être partie intégrante de cet argumentaire.

La mise à jour permanente de la revue de littérature

La recherche universitaire évolue – les doctorants sauront intégrer de nouveaux documents, à des stades appropriés du développement de leur projet.

L'étendue de la revue de littérature

L'une des questions récurrentes concerne la quantité optimale de documents qu'il faut consulter pour faire une revue appropriée de la littérature existante.

Le projet que l'étudiant entreprend est peut-être novateur et il n'existe peut-être pas beaucoup de références secondaires dans son domaine. Cependant, cela ne devrait pas empêcher la revue des écrits existants. Il y aura toujours de la littérature dans des domaines connexes et intégrés, comportant un élément pertinent et constituant un contexte utile. Il y aura également une gamme de sources pouvant être explorées et permettant d'entreprendre une étude comparative.

Si la portée de la littérature secondaire dans le domaine de l'étudiant est trop vaste pour être revue, cela peut signifier que le projet est trop large et devrait être circonscrit.

Questions de réflexion

Comment conseiller un étudiant qui déclare qu'il existe peu de sources secondaires dans le domaine qu'il a choisi ?

Quels sujets parallèles ou approches méthodologiques peuvent être considérés ?

Les responsabilités du directeur de thèse

Tout ce qui précède donne au directeur de thèse une responsabilité importante.

Les directeurs de thèse devraient connaître en profondeur le domaine de recherche. Ils devraient également bien connaître la littérature secondaire afin que les lacunes éventuelles dans le travail du doctorant puissent être identifiées. Il vous faut éviter de diriger des doctorants dont le domaine de recherche est hors de votre domaine de compétence, afin de vous assurer qu'ils ne sont pas désavantagés par les lacunes de votre savoir. Lorsqu'un projet de recherche contient des éléments qui sont d'évidence hors du domaine d'expertise du directeur de thèse, l'équipe d'encadrement de la recherche aura besoin d'être renforcée par des membres possédant cette expertise. Ou bien le projet peut être confié à un autre directeur possédant les connaissances spécifiques requises.

Il est crucial que les directeurs de thèse soient toujours actifs en recherche et en écriture et qu'ils soient à la pointe du savoir dans le domaine concerné. Nous ne pouvons pas donner aux doctorants une expérience de direction adéquate si nous nous basons uniquement sur le savoir et l'expérience de recherche acquis dix ou quinze ans auparavant, lors de notre propre doctorat.

Lectures complémentaires conseillées

Ouvrages en français

BEAUD, Michel, *L'art de la thèse : Comment préparer et rédiger un mémoire de master, une thèse de doctorat ou tout autre travail universitaire à l'ère du Net*, Paris, La Découverte, 2006, p. 45-51, 55-57, 97-128.

Ouvrages en anglais

MURRAY, R., *How to Write a Thesis*, Maidenhead, Open University, 2002.
PHILLIPS, E. M., et D. S. PUGH, *How to Get a PhD: A Handbook for Students and Their Supervisors*, Maidenhead, Open University Press, 2010.
POTTER, S., *Doing Postgraduate Research*, London, Sage, 2006.
SMITH, K.,, *Writing and Research: A Guide for Theological Students*, Carlisle, Langham Global Library, 2015.
TAYLOR, Stan, et Nigel BEASLEY, *A Handbook for Doctoral Supervisors*, New York, Routledge, 2005.

8

Formuler les questions et le projet de recherche

Pour réussir, nous devons apprendre à poser les bonnes questions. – Aristote

La pensée critique (le jugement réfléchi) repose sur la capacité à poser des questions. Pas n'importe lesquelles, juste les **bonnes** questions. Nous questionnons afin d'acquérir la connaissance et la compréhension.

Mon fils et moi étions récemment en train de travailler sur un vieux tracteur qui n'avait pas servi depuis longtemps. En travaillant sur le carburateur, nous disposions d'une pièce que nous ne savions pas remettre en place. À qui pouvions-nous demander conseil ? Mon père aurait su répondre, mais malheureusement, il n'était plus de ce monde. Sur ce, mon fils a trouvé le numéro de la pièce, le modèle et la fabrication et a tapé les informations sur le moteur de recherche Google. Et, étonnamment, il y avait sur Youtube la vidéo d'un homme dans sa cour arrière, démontant et remontant le même vieux carburateur que nous avions devant nous. Problème résolu. La solution était dans le « savoir » qu'Internet rend accessible. Mais cette solution n'était possible qu'en fournissant des informations correctes et en posant les bonnes questions.

Les doctorants devraient être formés à poser les bonnes questions, parce que la formulation de questions de recherche spécifiques :

- nous permet de comprendre l'Autre (c'est-à-dire ce qui n'est pas encore connu).
- nous aide à déployer la rationalité et la capacité de réflexion critique que Dieu nous a données.
- débouche sur un « voyage herméneutique » passionnant.

Questions de réflexion

Repensez à votre propre expérience en doctorat :

Quelles étaient les trois questions les plus importantes que vous deviez poser ?

Comment avez-vous identifié ces questions ?

Il existe un lien étroit entre être un bon chercheur et savoir comment poser les bonnes questions. Comme nous l'avons déjà vu, l'image de l'avocat devant les tribunaux est utile. La capacité de sonder, de poser des questions, de voir les choses à partir d'angles inhabituels, de creuser sous la surface lors du contre-interrogatoire, aboutit souvent à obtenir la vérité que quelqu'un essaie peut-être de dissimuler. De même, le doctorant s'efforce d'être un bon penseur critique et d'être capable de faire preuve de discernement et de maturité de jugement sur ce qu'il faut croire ou faire en réponse à des observations, à une expérience, à des expressions verbales ou écrites ou à des arguments.

Le penseur critique saura non seulement utiliser la logique, mais pourra aussi démontrer efficacement des capacités intellectuelles telles que la précision, la pertinence, l'analyse et la synthèse, et aussi l'équilibre académique. L'élaboration d'une série de bonnes questions est essentielle pour démontrer ces capacités.

La dimension communautaire

Formuler des questions de recherche peut être un processus difficile pour un chercheur solitaire. En effet, les questions sont soulevées plus naturellement au cours d'une discussion. Articuler les questions dans le débat et les expliquer aux autres aident souvent les étudiants à « voir » les problèmes avec plus de clarté.

En tant que directeur de thèse, être un partenaire de dialogue informé est d'une aide vitale pour le doctorant. Cela permet :

- Une fusion d'horizons – les points de vue du directeur sont utilisés pour affiner ou améliorer ceux de l'étudiant.
- Une réflexion dialogique. Je me souviens de nombreux cas où un doctorant que je dirigeais semblait bloqué à un certain point de sa réflexion et ne faisait pas de progrès. Mais en parlant ensemble du problème, la lumière se fit. Le directeur de thèse ne devrait pas nécessairement donner la solution à l'étudiant pour autant : l'expérience d'apprentissage est bien meilleure quand l'étudiant peut découvrir la solution par lui-même. Cependant, il est parfois nécessaire de le mettre sur la voie.
- Le dialogue avec les chercheurs dans d'autres domaines. Cela peut également soulever des questions profondes et apporter de nouvelles perspectives.

Les grandes questions

Parfois, les plus grandes questions se présentent sous la forme la plus courte, en particulier les questions centrales : pourquoi, quoi, comment ?

J'ai un petit dessin animé que je montre parfois à mes étudiants pour illustrer cela. C'est un petit garçon qui va chez son père et lui dit : « Papa, tu sais que je pose toujours des questions… Pourquoi ? »

La question du « pourquoi ? » ouvre la voie à l'analyse et à l'évaluation des faits, des idées et des événements. Elle examine les raisons d'un problème.

La question du « quoi ? » débouche sur une façon de dessiner les grandes lignes et de décrire la nature du domaine d'étude, ainsi que les problèmes qu'elle soulève. Cela permet à la fois d'ouvrir et de délimiter la recherche et les hypothèses à explorer.

La question du « comment ? » conduit à l'exploration de la manière dont quelque chose marche, comment cette chose s'est construite, comment elle est organisée ou comment elle apparaît. Cela conduit à des questions méthodologiques – la façon dont on interprète les données. Utiliser la bonne méthode vous aidera à obtenir des résultats extrêmement utiles.

La persévérance

Les doctorants s'efforceront d'être tenaces et infatigables dans leur capacité à poser des questions et à persister, en écartant les réponses simplistes et en explorant de plus en plus profondément. Dans les sessions de direction de thèse, surtout au tout début d'un projet de doctorat, il est important d'informer les étudiants sur les questions auxquelles leur recherche est censée répondre. Pour aider l'étudiant à progresser, le directeur lui posera des questions telles que : sur quelle base avez-vous construit cet argument ? Pourquoi l'introduisez-vous à ce point précis du chapitre ? Pourquoi avez-vous choisi cette approche ? Comment êtes-vous arrivé à cette conclusion ? Où cela mène-t-il ? Ces questions sont destinées à faire réfléchir les étudiants, encore et encore plus profondément. Ils devront articuler leurs raisons dans la thèse et devant leurs examinateurs, il est donc bon pour eux d'acquérir de l'expérience en le faisant verbalement dès les premières étapes de leur travail.

Les textes qui questionnent

Les penseurs critiques ont besoin de lire les textes de près puis d'écrire à leur sujet de manière éclairée. Lorsqu'ils lisent les textes clés et les documents de source primaire, ils apprennent à les interroger par une série de questions. Celles-ci peuvent être :
- des questions fondamentales, formulées avec clarté et précision ;
- conçues pour recueillir des informations pertinentes ;
- créées pour aider les doctorants à utiliser des concepts théoriques du domaine plus large afin d'apporter des interprétations efficaces ;
- capables de mener à des conclusions et des solutions qui peuvent être testées ;
- conçues pour permettre à l'étudiant de rester ouvert d'esprit quant aux solutions alternatives ;
- capables de produire des résultats et des solutions qui sont communiquées efficacement ;
- un moyen de construire des hypothèses nouvelles ou alternatives, ou de remettre en question les hypothèses existantes.

En faisant cela, l'étudiant amène en quelque sorte d'autres chercheurs, ou leurs écrits, dans la salle d'audience, et les contre-interroge afin qu'ils fournissent des réponses approfondies.

Rechercher consiste en l'addition du préfixe « re » au verbe « chercher », ce qui souvent consiste à passer en revue les idées et les chemins empruntés par d'autres, mais avec un regard différent, en utilisant des techniques nouvelles et améliorées et en établissant des liens qui n'ont jamais été établis auparavant.

Il est surprenant de constater le nombre de sources secondaires qui se basent sur des résumés de sources également secondaires, sans même que les sources d'origine ne soient lues. Dans une thèse de doctorat, les étudiants feront preuve d'une connaissance de première main des écrits des défenseurs connus dans leur domaine et montreront qu'ils ont réussi à interagir avec eux sur un plan de réflexion critique. Les membres du jury peuvent aussi bien exiger que certaines parties de la thèse soient réécrites, là où les sources primaires n'ont pas été utilisées et où la thèse repose uniquement sur les sources secondaires.

Résumé du processus

Poser les bonnes questions (pensée critique)
    Aux bonnes sources
        De la bonne manière (méthodologie)
            Dans le but de réunir des informations
                Qui peuvent être interprétées et enregistrées avec une perception nouvelle
                    Conduisant à des recommandations et à des actions créatives
                        Conformément à la volonté de Dieu, et pour sa gloire (cf. Ph 1.9-11)

Exercice

Donnez une liste des compétences de base que vous considérez indispensables pour développer de bonnes questions de recherche.

Les différentes manières de développer les questions clés

Les doctorants apprendront à :
- S'informer de l'état actuel du savoir.
- Être à l'écoute de leurs sources – leurs voix seront entendues et respectées, plutôt que lues chez d'autres interprètes qui peuvent s'être trompés.
- Être à l'écoute de Dieu – la recherche est l'une des manières de lui rendre gloire, il devrait donc être associé au processus. La prière peut déplacer des montagnes et aider à déplacer les obstacles entravant le chemin du chercheur.

Dès les premières étapes, les étudiants devraient travailler avec leur directeur pour :

1) Rechercher une question clé qui se décomposerait en une série de questions supplémentaires ;

2) Réfléchir aux questions qu'ils ont proposées :

    i) Ces questions sont-elles assez profondes ?

    ii) Sont-elles capables d'ouvrir le champ de recherche ? Ou bien sont-elles trop limitées ?

    iii) Peut-on y répondre ? Si non, sont-elles trop générales ?

    iv) Parmi ces questions clés, lesquelles sont celles que l'on peut utiliser comme axes centraux de la thèse ?

Contrôles et contrepoids : les problèmes à éviter

1. « Je connais déjà les réponses. »

Ce point donne lieu à une recherche « stérile ». L'étudiant a décidé quel sera le résultat de la recherche avant même qu'elle ne soit entreprise. En conséquence, il n'y aura probablement pas d'évaluation objective des preuves, car l'étudiant a déjà arrêté son opinion. Il ou elle aura tendance à lire les sources de manière à soutenir sa théorie.

2. « Dieu me fournira les réponses. »

C'est une approche spirituelle exagérée. Martin Luther déplorait que certains chrétiens aient une telle vision de la providence de Dieu qu'ils pensaient, quand ils avaient faim, qu'il leur suffirait d'ouvrir la bouche pour voir un poulet rôti s'y poser. En tant qu'enseignants chrétiens, nous croyons que Dieu peut apporter des réponses et qu'il le fait. Mais en général, il le fait par des moyens tels que l'utilisation appropriée de la rationalité qu'il nous a donnée, l'étude laborieuse, la collecte des preuves et leur analyse minutieuse. Il y a bien plus à faire que de simplement ouvrir la bouche !

3. « La recherche ne fera aucune différence. »

Cela suggère un manque de motivation dans la réalisation du projet. Passer trois à cinq ans en doctorat requiert de la motivation et de la détermination. Si le sujet ne leur semble pas pertinent aux besoins actuels ou futurs, les étudiants peuvent se démotiver et se désintéresser.

Voici les principaux facteurs de motivation en recherche pour encourager les étudiants chrétiens que vous dirigez :

- Cette recherche est entreprise pour l'honneur et la gloire de Dieu ;
- Elle aidera les étudiants à grandir en tant que serviteurs du Christ ;
- Ceux d'entre eux qui se soumettent à ce dur travail et à ce processus détaillé gagneront en profondeur ;
- Cette recherche permettra aux étudiants de contribuer à la mission de Dieu en permettant à leurs voix d'être entendues dans le domaine académique ;
- Elle permettra enfin de développer la recherche ainsi que d'autres compétences utiles pour le travail à venir.

Questions de réflexion

En tant que directeur de thèse, quelle est la meilleure façon d'aider vos doctorants à développer leurs questions de recherche ?

BONNES OU MAUVAISES QUESTIONS

1 Chroniques 21.1-17 donne un exemple de projet de recherche qui était certes très intéressant mais qui déplaisait à Dieu.

Qu'est ce qui n'allait pas dans les motivations de David ?

Qu'est-ce que David pensait pouvoir réaliser par cette recherche ?

Comment les directeurs de thèse peuvent-ils aider les étudiants à éviter de travailler sur des sujets inutiles ou infructueux ?

Le projet de recherche

Comme nous l'avons vu dans un chapitre précédent, la pensée critique est l'exercice d'un jugement réfléchi et résolu sur des questions complexes. Ainsi, nous décidons ce que nous devrions faire en réponse aux observations, à l'expérience, aux expressions verbales ou écrites ou aux débats que nous rencontrons. La pensée critique exige de poser des questions avec clarté, précision, pertinence, profondeur, ampleur, [en pensant à leur] portée et avec équité.

C'est dans la proposition de recherche qu'il faut développer les questions qui guident le projet de recherche. C'est un exercice majeur qui est entrepris avant que la recherche de thèse à proprement parler ne commence. S'il est fait par écrit, il doit avoir une longueur significative et inclure une bibliographie indicative bien développée.

Pour beaucoup d'étudiants, cela peut constituer un point de crise et prendre beaucoup plus de temps que prévu. C'est d'autant plus difficile pour ceux qui, en master, n'ont pas écrit de recherche indépendante importante ou qui sont issus de contextes éducatifs où la réflexion critique n'est pas encouragée.

Les compétences du doctorant sont encore à un stade précoce et les directeurs s'attacheront à trouver un juste équilibre entre laisser les étudiants dans l'incertitude et le manque de direction et être trop directifs et écrire eux-mêmes la proposition pour l'étudiant. Après tout, il s'agit du projet de l'étudiant.

Voici un exemple d'ébauche de projet de recherche que certains ont trouvé utile, et qui pourrait servir de cadre structurel au doctorant.

Grandes lignes du projet

1) Sujet ou titre de la recherche.

2) Objectif de la recherche – énoncé des questions auxquelles la recherche fournira des réponses.

3) Qu'est-ce qui vous motive à entreprendre cette recherche…
   - Par rapport à vos propres études et recherches à ce jour,
   - Par rapport au stade actuel de la recherche dans ce domaine,
   - Par rapport à votre intérêt personnel.

4) Qu'est-ce qui est fondamental dans vos documents de recherche ?

5) Quelles sont les idées et les champs d'étude principaux dans ce domaine ? Cela devrait inclure les problèmes et les questions que vous vous attendez à rencontrer dans le développement de votre thèse. Référez-vous aux travaux et aux sources scientifiques clés.
   - Citez ce que deux ou trois chercheurs ont publié comme travaux importants dans ce domaine.
   - Comment pourriez-vous développer leurs idées ou questionner leur réflexion ?
   - Quelles sont les lacunes dans les connaissances ?
   - Qu'est-ce qui sera unique dans votre approche personnelle ?

6) Présentez une série provisionnelle de chapitres, avec un court paragraphe expliquant les questions que vous souhaitez explorer dans chaque chapitre.

7) Quelles seront les principales approches (méthodes) que vous allez utiliser dans la recherche et lesquelles allez-vous adopter ?

8) Bibliographie (listez au moins trente ouvrages phares dans votre domaine de recherche et que vous comptez utiliser).

9) Quelle contribution espérez-vous apporter à la théologie et à la mission de l'Église dans votre pays d'origine par votre recherche ?

L'évaluation formelle du projet de recherche

Chaque école doctorale détermine ce qu'elle attend du développement et de la justification du projet de thèse. Il existe différentes manières de le faire. Dans certaines écoles, le projet est terminé avant l'inscription formelle ; dans d'autres, il prend une partie importante de la première année de recherche et fait partie d'un contrôle de progression en fin d'année. En général, les étudiants ne peuvent pas entamer une autre année sans avoir clairement établi les grandes lignes de la recherche et le plan de la thèse. Pour les thèses de nature plus conceptuelle, la proposition peut être assez courte, si l'étudiant peut démontrer l'existence de lacunes importantes dans la littérature pertinente pour la recherche et prouver que remédier à ces lacunes servirait l'Église. Les étudiants devront non seulement prouver que cette recherche est nécessaire, mais aussi qu'ils ont été en mesure d'identifier des champs de recherche pertinents qui devront être explorés pour aborder les problèmes identifiés, et qu'ils ont eu accès aux ressources nécessaires pour accomplir la tâche. L'argumentation logique de l'étude, ainsi que la méthodologie et les ressources proposées pour aborder les questions étudiées, sont essentiels au succès éventuel de l'effort de recherche. Il ne suffit pas de démontrer le besoin, l'étudiant devra aussi démontrer comment le besoin peut être traité et comment il le sera.

Pour les thèses impliquant une recherche empirique, le projet peut être beaucoup plus long, et nécessiter nettement plus d'investissement de temps. Ce type de proposition devra démontrer la nécessité de l'étude et des avantages potentiels qu'elle apportera si elle est réalisée, l'examen approfondi de la théorie des sciences sociales et de la littérature de recherche pertinentes qui éclairent l'effort de recherche proposé, avec, de préférence, un travail d'examen théologique pertinent pour le sujet, et un plan détaillé pour l'approche de la recherche, les méthodes, l'échantillon, la collecte de données et l'analyse. Du fait que la revue de la littérature est le travail initial à entreprendre, les projets pour ce genre de thèse peuvent être d'une centaine de pages ou plus et prendre jusqu'à un an ou plus pour être développés et soumis à la soutenance, avant que l'étudiant ne soit en mesure d'effectuer ses propres travaux de recherche empirique.

La soutenance du projet de thèse selon le processus en vigueur aux États-Unis

Dans ce type de programme, le directeur/président du comité de thèse supervise le processus d'élaboration de la proposition, qui conduit à une soutenance formelle du projet de recherche. Le président s'assure que les membres du comité ont accès aux différentes sections écrites du projet et qu'ils renvoient leurs commentaires aussi bien au président qu'au doctorant sur les sections qui, à leur avis, nécessiteraient plus de travail. Bien souvent, le président travaillera avec l'étudiant pour compléter les premiers jets et décider à quel moment ces parties semblent assez développées pour être présentées à l'examen devant les membres du comité. Ce processus se répète périodiquement jusqu'à ce que les révisions requises deviennent moins nombreuses et moins longues, ce qui indique qu'il reste peu de travail à faire pour que le projet soit prêt pour la soutenance. Tout souci majeur devrait être abordé et traité avec le président et l'étudiant durant le processus d'élaboration de la proposition et ne devrait pas être gardé en réserve pour le jour de la soutenance du projet. Si l'étudiant est à l'écoute des retours des membres du comité, la soutenance sera une expérience d'affirmation et d'affinage du projet et non une question de savoir si celui-ci doit aller de l'avant ou pas.

Après la soumission du projet aux membres du comité en vue de la soutenance, le président devrait rencontrer l'étudiant pour discuter de la façon de se préparer à cette dernière. Cette réunion devrait aborder la façon dont la présentation sera faite, le temps qui lui sera alloué, les informations pertinentes à inclure, les documents à partager avec les personnes présentes (par exemple PowerPoint, polycopiés à distribuer) et le type de questions à aborder avec les membres du comité (par ex. les questions habituelles en fonction du type de recherche proposée). Prier ensemble (dans une institution chrétienne) pour une session fructueuse est toujours approprié lors de ces discussions. C'est un temps propice pour apprendre et s'assurer que le projet de la recherche est bon. Souvent, les soucis qui émergent lors de ce dernier contrôle de la proposition permettent de la renforcer et donne une occasion de peaufiner le projet.

Avant le début de la réunion de soutenance, le président du comité peut juger utile de rencontrer brièvement les autres membres du comité pour discuter des principales questions qu'ils devront examiner lors de la soutenance et définir qui prendra les devants pour les soulever et les aborder après la présentation de l'étudiant. Cette réunion n'est pas déterminante pour la soutenance en soi, mais elle peut aider le président à se préparer à mener la séance et à s'assurer que tous les membres du comité ont été entendus et que les questions essentielles ont été bien abordées.

Une soutenance de projet écrit de recherche est généralement, aux États-Unis, un événement public auquel peuvent assister d'autres chercheurs de la communauté universitaire, aussi bien professeurs qu'étudiants. L'annonce de la soutenance est généralement communiquée à la communauté académique et une copie du projet de recherche peut être mise à disposition dans le bureau de l'école doctorale afin que quiconque le souhaite puisse l'examiner. La réunion de soutenance peut débuter par une présentation orale du projet effectuée par l'étudiant, puis passer à une discussion de cette proposition écrite entre les membres du comité et l'étudiant, discussion qui pourrait éventuellement ouvrir la porte à des questions et à des commentaires de la part des personnes présentes. Cette réunion peut prendre deux à trois heures. Le président du comité guidera soigneusement le processus, en veillant à ce que la discussion reste bien centrée sur le projet et sur ce qui peut le rendre plus clair, plus approfondi et plus solide quant à la réalisation des objectifs de la recherche.

Une fois la discussion terminée, le comité peut demander aux étudiants, au corps professoral et aux autres invités de se retirer afin de pouvoir délibérer et prendre une décision définitive concernant la recherche proposée. Les choix se divisent souvent en quatre catégories : (1) Réussite sans conditions, (2) Réussite, mais avec des révisions mineures, (3) Révisions majeures et deuxième soutenance nécessaires, ou (4) Échec. Les deux options 1 et 4 sont plutôt rares, la plupart des soutenances aboutissant à une décision pour l'option 2 et, à de rares occasions, pour l'option 3. Dans ce cas, le comité décidera quelles révisions sont nécessaires et qui sera responsable d'examiner et d'approuver ces révisions. Dans certains cas, tous les membres du comité souhaiteront examiner la révision, dans d'autres cas, le président ou un autre lecteur pourra l'examiner et l'approuver.

Après la soutenance du projet, une fois que l'étudiant a reçu la décision du comité, le président rencontre généralement l'étudiant pour examiner les révisions demandées, fixe un échéancier pour les questions à traiter et définit qui les examinera et les approuvera. La décision clarifiera également la priorité des éléments qui seront abordés et ce qui doit être accompli avant que l'étudiant n'aille plus loin dans son effort de recherche.

Le projet de thèse dans les pays francophones

Les demandes d'inscription en doctorat dépendent des pays et des établissements. Il est donc bon de se renseigner directement auprès des établissements qui proposent des études doctorales. Cependant, plusieurs critères généraux sont les mêmes dans la plupart des établissements : il faut être titulaire d'un master 2 (ou d'un ancien DEA ou équivalent, maîtriser la langue française, attester de ressources financières suffisantes, accompagner sa lettre de d'un projet de thèse, rédigé en étroite collaboration avec un professeur compétent dans la discipline choisie. Ce projet présente la problématique initiale, un plan et une première bibliographie indicative.

En général, le candidat constituera un dossier comprenant :
- Le projet de thèse ;
- Une bibliographie (limitée au sujet de thèse exclusivement) ;
- Un résumé du projet de thèse ;
- Un échéancier réaliste des travaux des deux premières années de thèse ;
- Un relevé de notes et les résultats officiels du master 1 et 2 ;
- Un CV.

L'oral (en français) comprend environ 10 minutes de présentation du candidat qui aura pour but de convaincre de la pertinence et de la faisabilité de son projet. Il est généralement suivi de 10 minutes de questions des membres du conseil scientifique de l'école doctorale

Étude de cas

Rose a fait un bon travail au niveau du master et a postulé pour des études doctorales. Malgré quelques divergences d'opinion au sein du comité d'admission concernant sa capacité de réflexion originale, il a été décidé de lui donner une chance. Rose travaille maintenant sur sa proposition de recherche, mais ne semble pas avoir d'idées claires sur le sujet qu'elle veut cibler au sein de son domaine général. En tant que directeur de thèse, vous avez vous-même beaucoup d'idées, mais vous n'êtes pas sûr qu'il soit bon de les partager avec Rose. En effet, vous savez que c'est son sujet de recherche, pas le vôtre.

Questions

Quels sont les problèmes d'ordre général que ce scénario soulève ?

Comment devriez-vous aider Rose ?

Lectures complémentaires conseillées

Ouvrages en français

BEAUD, Michel, *L'art de la thèse : Comment préparer et rédiger un mémoire de master, une thèse de doctorat ou tout autre travail universitaire à l'ère du Net*, Paris, La Découverte, 2006, p. 58-60.

Ouvrages en anglais

MURRAY, R., *How to Write a Thesis*, Maidenhead, Open University, 2002.

PHILLIPS, E. M., et D. S. PUGH, *How to Get a PhD: A Handbook for Students and Their Supervisors*, Maidenhead, Open University Press, 2010.

POTTER, S., *Doing Postgraduate Research*, London, Sage, 2006.

SMITH, K., *Writing and Research: A Guide for Theological Students*, Carlisle, Langham Global Library, 2015.

TAYLOR, S., et N. BEASLEY, *A Handbook for Doctoral Supervisors*, New York, Routledge, 2005.

WISKER, G., *The Good Supervisor: Supervising Postgraduate and Undergraduate Research for Doctoral Theses and Dissertations*, New York, Palgrave MacMillan, 2005.

9

Gérer les sessions de direction doctorale

Les détails des relations de direction doctorale sont une question de négociation individuelle entre le directeur de thèse et le doctorant, mais les programmes de doctorat devraient avoir des lignes directrices appropriées qui établissent la fréquence normale des sessions de supervision et la durée prévue d'une session. Cela évite les malentendus concernant le niveau de soutien disponible et favorise des attentes réalistes[1].

Le directeur de thèse fait un suivi des progrès des travaux de l'étudiant par des réunions régulières avec celui-ci. La fréquence de ces réunions variera selon que l'étudiant est à temps plein ou à temps partiel et selon le stade de l'étudiant dans ses études doctorales. Pour un étudiant à plein temps à un stade précoce de son doctorat, il serait utile de faire des réunions hebdomadaires afin d'établir le processus de direction et l'orientation initiale du projet. Par la suite, une réunion mensuelle durant la première année est un bon rythme. Au cours de la deuxième année, les réunions seront moins fréquentes, mais ne devraient normalement pas être espacées de plus de deux mois.

Les étudiants à temps partiel devraient s'attendre à des réunions trois ou quatre fois par an. Lorsque la distance est un obstacle, la vidéoconférence, Skype, etc., peuvent être utilisés pour compléter les réunions personnelles en face à face. Ces moyens de communication ont une dynamique différente mais ont été utilisés avec succès dans de nombreux cas.

Définir le cadre

Établissez au plus tôt avec l'étudiant :
- La fréquence à laquelle vous prévoyez de vous réunir. Il devrait y avoir des directives institutionnelles en place, mais il est quand même important de mettre par écrit ce que sera votre pratique avec chaque doctorant.

---

1. Shaw, *Bonnes pratiques*, p. 37-38.

- Le sujet des réunions. Il n'est pas toujours nécessaire d'attendre qu'un travail soit soumis pour organiser une réunion de direction. Il devrait également y avoir des possibilités de se réunir pour le suivi, l'évaluation et la résolution des problèmes.
- La procédure à suivre si vous-même, en tant que directeur, vous deviez vous absenter, tomber malade ou prendre un congé de recherche.

La communication entre les réunions formelles

En tant que directeur, vous devez définir dès le départ les moyens de communication entre les réunions formelles de direction. Les échanges informels seront-ils autorisés ou encouragés ?

- L'étudiant pourra-t-il vous contacter seulement pendant les horaires de bureau, ou bien n'importe quand sept jours sur sept et vingt-quatre heures sur vingt-quatre ? Quelles limites souhaitez-vous établir ?
- Quelles sont les méthodes de contact appropriées (courriel, SMS, appel téléphonique) ? Est-ce que le doctorant peut juste « débarquer » dans votre bureau n'importe quand, sans prévenir ?

Schéma de déroulement d'une réunion de direction de thèse

1- Le démarrage

Lorsque vous commencez à diriger un doctorant, indiquez clairement ce que vous attendez des réunions de direction. Il faut trouver l'équilibre entre la direction et la liberté, pour l'étudiant, de se développer en tant que chercheur indépendant.

Je me souviens qu'à ma première rencontre avec mon directeur de thèse lorsque j'étais doctorant, je n'étais même pas sûr d'être autorisé à prendre des notes pendant la réunion. Il sera utile de clarifier ce genre de problème avec vos doctorants.

Il arrive aussi qu'un étudiant demande de pouvoir faire un enregistrement audio de la réunion de direction. Vous saurez décider de votre propre politique à cet égard, mais tout enregistrement ne devrait être fait qu'avec votre permission, et vous souhaiterez peut-être donner des instructions sur la façon dont cet enregistrement peut ou ne peut pas être utilisé.

2- Définir les lignes directrices

Donnez vos recommandations au sujet du temps qu'il vous faut pour lire un travail en profondeur et fournir des commentaires afin que l'étudiant vous le soumette à temps. Certains étudiants ont des attentes non réalistes. Bon nombre de directeurs ne seront pas en mesure de lire, commenter et donner des directives sur une section de texte de 20 000 mots soumise la veille d'une réunion de direction. Indiquez clairement combien de temps il vous faut pour effectuer le travail.

3- Fournir des commentaires

Les directeurs de thèse donnent leurs commentaires de diverses façons.

Vous pouvez expliquer à l'étudiant votre approche lorsque vous répondez aux écrits soumis. Produisez-vous un rapport complet, des notes sur le texte même, des commentaires électroniques, etc. ? Il est préférable de donner des commentaires sous forme écrite – les commentaires verbaux peuvent renforcer votre rapport écrit mais ne sont pas suffisants en soi.

Vous pourriez également expliquer à l'étudiant comment utiliser au mieux les commentaires qu'il a reçus de votre part. Doit-il reprendre son travail et réviser le texte jusqu'à ce que tous les commentaires suggérés aient été pris en compte ou sont-ils laissés pour une date ultérieure ?

Afin d'éviter les pertes de temps par la suite, il est bon d'encourager l'étudiant à réviser ses brouillons et ses propositions au fur et à mesure. Ainsi, les écrits sont encore frais dans son esprit et cela peut considérablement réduire le temps requis pour la rédaction finale de la thèse.

La clarté dans les échanges

Parfois, des problèmes culturels importants surviennent lors des échanges entre le doctorant et le directeur de thèse. Dans certaines cultures, les directeurs seront très francs et directs dans leurs commentaires. Certains étudiants apprécient cette clarté. D'autres se sentent découragés, froissés ou même offusqués.

Dans d'autres cultures, le langage universitaire est subtil. C'est particulièrement le cas en Grande-Bretagne où j'ai fait beaucoup de direction doctorale et où les étudiants doivent parfois lire entre les lignes, pour trouver les indices. À titre d'exemples, un directeur de thèse pourrait dire :

- « Je pense que la qualité est inégale dans certaines parties de votre travail », ce qui signifie en fait : « Vous avez vraiment besoin d'améliorer la qualité de ces parties parce qu'elles ne sont pas bonnes. »
- « Vous devriez regarder de plus près ce que dit cet écrivain », ce qui signifie : « Vous n'avez rien compris à ce que l'auteur a dit. »
- « Cette section a besoin d'être clarifiée », signifie : « Cette section est confuse et n'a aucun sens. »
- « Je vous conseille d'obtenir l'aide d'un relecteur », signifie : « Votre travail est jonché d'erreurs de grammaire et d'orthographe et le jury le rejettera si vous le soumettez tel quel. »

Les problèmes surviennent lorsque la culture du directeur et celle de l'étudiant se heurtent et que ce dernier interprète mal les signaux. J'ai été frappé par l'échange entre un étudiant américain et son directeur, un gentleman anglais de l'ancienne école, concernant le projet de thèse presque achevé de l'étudiant : « Eh bien, monsieur, dit l'étudiant, dites-moi franchement, est-ce un travail pourri ou non ? » (En réalité, il a sans doute utilisé une expression moins délicate, que je ne répéterai pas ici.) « Je veux juste savoir. » Ce à quoi le directeur bienveillant répondit : « Je pense qu'il y a des aspects qui mériteraient quelque attention. » L'étudiant ne comprit pas que ces paroles signalaient que son travail avait besoin de révisions majeures. Bien au contraire, il les interpréta comme un signe que les révisons requises étaient mineures. Il s'en acquitta et échoua lors de la soutenance de thèse.

Soyez attentifs à ce que vous communiquez aux étudiants et surtout, à la manière dont ils le comprennent. Assurez-vous que vos instructions sont claires et que les étudiants n'ont pas besoin de lire entre les lignes. C'est particulièrement important lorsque vous travaillez avec des étudiants issus d'une autre culture. Vous devrez peut-être amener les étudiants à vous reformuler ce qu'ils ont compris de ce qui a été dit. L'enjeu est trop important pour que vos propos soient mal compris.

4- Tenir un journal des discussions et des commentaires

Il convient de conserver une trace écrite de l'heure et du lieu de chaque réunion de direction, même informelle, ainsi que des principaux points des conseils donnés. Ceux-ci seront utilisés dans les principaux rapports. Ils représentent également une base de données importante si une plainte concernant la nature de la supervision devait être faite.

Il est courant maintenant pour le directeur de thèse de demander au doctorant de lui envoyer un compte rendu de leurs réunions de direction doctorale, avec les questions discutées, les décisions prises et les instructions données. Une trace écrite de la réunion est ainsi gardée et permet aussi de vérifier que l'étudiant a compris ce qui lui a été dit ou demandé.

Types de réunions de direction doctorale

1- Ponctuelles

Elles sont en général brèves et se concentrent sur une question spécifique. L'étudiant a peut-être besoin de vérifier une référence ou d'obtenir une information. La réunion peut prendre place à la fin d'un séminaire, dans un couloir. Il n'y a pas lieu de faire un compte rendu de ce type de réunions.

2- Informelles

Ces réunions peuvent prendre la forme d'une discussion générale ou d'une mise à jour sur la progression de l'étudiant, sans discuter d'une section spécifique du projet. Un travail peut être en cours et certains aspects seront à prendre en considération. Ces réunions peuvent avoir lieu par Skype, par courriel ou par téléphone, etc.

Une note écrite relatant ces échanges devrait être conservée dans un registre. L'étudiant peut rédiger ces notes et les soumettre à l'approbation de son directeur de thèse. Elles pourront être utilisées lors de la rédaction de rapports plus formels.

3- Formelles

Il s'agit là de retours (*feed-back*) du directeur doctoral sur des sections de la thèse écrite.

De telles réunions peuvent être nécessaires pour aider à préparer un point d'étape spécifique ou pour faire une mise à jour sur la progression des travaux. Lors de certaines réunions formelles, il est utile de prendre du recul et d'examiner des parties du texte pour évaluer l'ensemble de la progression globale, ainsi que les plans pour l'achèvement de la thèse. Dans la dernière année de recherche, le plan d'achèvement de la thèse devra avoir été mis en place et convenu.

4- Bilans réguliers de la progression du travail

Dans la plupart des programmes de doctorat, il y aura normalement au moins une réunion formelle par an pour discuter des progrès et de la continuation de l'étudiant dans le programme, pour résoudre tout problème lié à sa mise à niveau et à son transfert au stade supérieur ou pour lui donner la permission de soumettre son travail à l'examen. Les rapports sont préparés par l'étudiant et le directeur conjointement. La réunion impliquera d'autres participants et est susceptible d'inclure le directeur de l'institution ou le chef de département. Les registres officiels rendront compte des décisions prises et celles-ci seront communiquées à l'étudiant par écrit.

Définir les styles de direction

Il est important que l'étudiant comprenne votre style de direction à un stade précoce. J'ai rencontré des directeurs de thèse qui adoptent une approche identique pour tous les étudiants et affirment : « C'est mon style, et vous pouvez vous y adapter ou trouver un autre directeur. » Même si nous préférons rester dans notre zone de confort dans la manière dont nous utilisons nos compétences et notre expérience, une approche inflexible n'est pas toujours la bonne. Il y a des occasions où l'adaptabilité est une vertu.

Encore une fois, il est bon de discuter avec vos étudiants de votre style de direction à un stade précoce.

Questions de réflexion

Réfléchissez à votre propre style de direction. Comment le décririez-vous ? (voir la page suivante)

Quelles approches pourriez-vous changer ?

Quels aspects n'êtes-vous pas prêts à changer ? Et dans ce cas, pourquoi ?

Y a-t-il des occasions où vous avez utilisé différents styles avec différents étudiants ?

Quels étaient ces différents styles et quelles questions essayiez-vous d'aborder avec l'étudiant ?

Styles courants de direction de thèse
1- Actif-Direct

C'est un style très engagé, qui précise aux étudiants, à chaque étape, ce qui est à faire ou à éviter. Le processus est soigneusement contrôlé et l'étudiant sait exactement ce que l'on attend de lui. Ce style peut être utile pour les étudiants qui manquent de confiance en eux ou qui ont peu d'expérience de travail autonome, mais crée néanmoins un fort sentiment de dépendance qui nuit à la créativité et à l'indépendance que le processus doctoral requiert. Il faut qu'à la fin du processus, le doctorant soit devenu gestionnaire de son propre apprentissage, mais une telle approche n'a guère de chance de parvenir à ce résultat. Elle peut cependant s'avérer nécessaire au début du projet, ou avec les étudiants qui ont des difficultés, mais elle est très astreignante pour le directeur.

2- Actif-Indirect

Cette approche engage davantage la réflexion personnelle de l'étudiant. Les doctorants sont consciemment impliqués dans la planification des prochaines étapes de leur travail. Le directeur demande régulièrement : « Selon vous, quelle sera votre prochaine étape ? » Les étudiants sont invités à examiner leur propre travail et sa progression. Leur directeur leur demandera : « Dans quels domaines pensez-vous que le travail doit être approfondi ? » Dès lors, il guide clairement le processus, mais s'assure que l'étudiant fournit des réponses et des solutions aux problèmes.

3- Passif-Indirect

Dans ce cas, l'étudiant prend l'initiative, et le rôle du directeur est de soutenir, d'écouter et de répondre quand il est sollicité. L'étudiant vient généralement avec une série de questions ou de réponses pour lesquelles il souhaite recevoir des conseils et du soutien, ou avec des idées et des hypothèses qu'il veut tester. Dans ces cas-là, l'étudiant devient l'apprenant autogestionnaire et utilise les conseils de son directeur avec discernement. Les directeurs continueront cependant à « rediriger » le projet sur la bonne voie si des orientations erronées semblent être prises ou si les progrès ne sont pas réalisés assez rapidement, mais le sentiment de « filialité » et la motivation des étudiants sont élevés. Dans certains cas, pour les étudiants très actifs et énergiques, le travail du directeur consiste à les « freiner », à les guider pour délimiter plus étroitement le champ d'études et ne pas être trop ambitieux.

4- Passif

Dans cette approche, le directeur n'offre que peu ou pas de direction pour le projet. Selon son point de vue, le projet appartient au doctorant et c'est à lui de le mener à bien. Le directeur réagit simplement au travail qui lui est envoyé, le cas échéant. Dans mon expérience de soutien de doctorants étudiant dans divers contextes, cette approche est celle dont les doctorants se plaignent le plus et qu'ils ont le plus de mal à gérer, surtout dans les stades précoces de leur projet. Lorsqu'ils tentent de discuter des champs possibles qu'ils peuvent explorer, le directeur répond simplement : « C'est votre projet, c'est à vous de le faire » ou « Ce n'est pas mon rôle d'offrir ce genre de direction ». Certains étudiants présentent une série de propositions de recherche pour s'entendre dire : « Ça ne marchera pas, essayez une autre approche », sans recevoir la moindre orientation sur l'approche à adopter. Il est surprenant de constater combien cette démarche est courante dans certaines institutions ou dans certains contextes universitaires. Cependant, pour un grand nombre d'étudiants, elle ne fonctionne pas et génère des sentiments d'insatisfaction et même de ressentiment – « Pourquoi dois-je payer des frais de scolarité si élevés, si c'est pour n'obtenir aucun conseil de mon directeur ? » J'ai vu pas mal d'entre eux abandonner face à la passivité extrême, voire l'indifférence du directeur. Le mode de direction peut devenir plus réceptif que directif durant les dernières étapes du doctorat, mais en général, attendre que les étudiants envoient leurs travaux – et ne répondre qu'à ce qui est éventuellement envoyé – n'est pas la meilleure des approches à adopter.

Je préconiserais l'adaptabilité dans le style de direction, en le modifiant de directif à moins directif à mesure que le projet se développe. Les étudiants travaillent de différentes façons, à des rythmes différents et à différents niveaux de compétence.

Essayez différentes approches mais ne laissez pas un projet aller à la dérive quand l'étudiant ne progresse pas.

Questions de réflexion

D'après votre propre expérience, quel était le style de direction de votre directeur doctoral ?

Quelles sont les trois choses les plus efficaces que votre directeur a faites pour vous lors des réunions de direction ?

Quelles étaient les trois choses les moins efficaces ?

Former les étudiants à tirer le meilleur parti de la direction doctorale

Les « règles d'engagement » pour la direction doctorale devraient être claires. Pour que l'étudiant puisse tirer le meilleur parti de la direction, certains facteurs sont importants :

i) Aidez l'étudiant à se rendre compte que la direction doctorale est un effort de collaboration. Il ne s'agit pas simplement de recevoir des commentaires de son directeur, il s'agit plutôt de vous et de l'étudiant travaillant ensemble.

ii) Les étudiants doivent apprendre l'indépendance et, à mesure que le projet de recherche se développe, être encouragés à prendre l'initiative. Il ne faut pas qu'à la fin du processus doctoral, ils en soient encore à régulièrement demander : « Que dois-je faire ensuite ? »

iii) Laissez la relation se développer et mûrir. Au fil du temps, vous devrez être moins directif et devenir plutôt un partenaire de dialogue qu'un directeur. À la fin du processus, l'étudiant et vous-même serez des confrères et, peut-être, un jour, des collègues.

iv) Assurez-vous que l'étudiant comprend la nécessité de présenter un travail bien relu et corrigé, afin de ne pas perdre de temps à travailler sur les problèmes basiques d'orthographe, de grammaire, de présentation et de style.

v) Les étudiants devront comprendre leurs responsabilités – en termes de ponctualité, de communication, de préparation, de circulation de l'information.

vi) Le directeur gère la relation de direction de thèse, mais sachez qu'il y a aussi des moments où c'est l'étudiant qui « gère » le directeur. En effet, lorsque j'étais moi-même doctorant, il y avait dans l'approche de mon directeur des éléments dont j'avais besoin de faire le tour, afin de m'assurer que la réunion de direction répondait à toutes mes attentes.

L'ouvrage *How To Get a PhD* [Comment obtenir un doctorat], de E. M. Phillips et D. S. Pugh, est un guide du processus doctoral très accessible. Cet ouvrage comprend de nombreux exemples instructifs et stimulants. Pour comprendre la dynamique de la relation, l'un des chapitres les plus utiles aussi bien pour les doctorants que les directeurs doctoraux s'intitule « Comment gérer votre directeur ».

La relation que vous souhaitez instaurer

Afin de déterminer la relation que vous souhaitez instaurer, voici la question clé à vous poser : est-ce une relation professionnelle ou une relation d'amitié ?

Cela affecte le type de remarques que vous allez faire et la façon dont les réunions se dérouleront. Cela affectera aussi la manière dont vous vous adressez à l'étudiant et la manière dont vous souhaitez que l'étudiant s'adresse à vous. La culture nationale et institutionnelle affectera votre choix. Mon directeur de thèse était proche de la retraite et je n'ai jamais trouvé approprié d'utiliser son prénom en m'adressant à lui par exemple.

Une bonne direction doctorale ne nécessite pas forcément que vous vous entendiez bien avec la personne que vous dirigez ; le respect professionnel et le désir d'obtenir le meilleur de l'étudiant devraient l'emporter sur ce que nous ressentons. Mais souvenez-vous aussi qu'une bonne direction peut donner lieu à des amitiés durables et à des relations de mentorat. Vous édifiez la prochaine génération d'érudits. Tout au long du processus, l'étudiant aura besoin d'être enthousiaste, inspiré, soutenu et de se sentir valorisé.

La dimension pastorale de la direction de thèse

Dans le chapitre 3 de cet ouvrage, j'ai énuméré les aspects du style de direction doctorale auxquels les doctorants ont réagi de manière positive lorsque j'en ai discuté avec eux. La dimension pastorale y est apparue comme très importante. Pour les étudiants que vous dirigez, le travail qu'ils présentent et dont ils discutent est une chose, leur bien-être émotionnel, physique et spirituel qui affectera leur capacité à mener correctement leurs études en est une autre. Ils connaîtront peut-être des problèmes dans leur vie personnelle ou communautaire qui viendront empiéter sur leur travail de recherche. J'ai travaillé avec un doctorant qui étudiait loin de chez lui, et son pays a été envahi par des forces hostiles alors qu'il était au beau milieu de ses études doctorales. Le pays d'un autre étudiant a subi un coup d'état, et un autre un typhon dévastateur. Dans de telles circonstances, démontrer ou faire preuve d'un authentique intérêt pastoral est significatif.

C'est pourquoi il est important, pour un directeur de thèse, d'avoir une âme de berger et de réelles capacités pastorales, ainsi que le soulignent les *Bonnes pratiques pour la formation doctorale* de l'ICETE. Le directeur ne deviendra pas pour autant le pasteur du doctorant et son rôle principal n'est pas d'offrir des conseils pastoraux. Faire preuve de sensibilité pastorale et de sollicitude est certes important, mais pour un soutien ou des consultations pastorales approfondies, il vaut mieux diriger l'étudiant vers un aumônier, un tuteur pastoral ou un conseiller qualifié, ou encore vers leur propre église où le ministère pastoral est assuré. Il n'y a généralement pas assez de temps au cours des réunions de direction pour offrir un soutien pastoral approfondi, et par ailleurs, un tel soutien pourrait interférer avec les éléments et la formation académique propres à la direction doctorale. La sensibilité pastorale est donc essentielle mais, lorsque des problèmes pastoraux importants se posent, il est sage de diriger l'étudiant vers les personnes appropriées.

J'aime consacrer les premières minutes d'une réunion de direction doctorale à demander à l'étudiant comment il se porte et comment va sa famille, en relevant les soucis qui pourraient se mettre en travers de sa progression ou qui nécessiteraient un suivi – et m'assurer qu'ils sont orientés vers les processus de soutien appropriés pour toute aide requise. Mais cela ne devrait pas se prolonger au-delà de ce qui est nécessaire et l'objectif principal de la direction doctorale devrait être poursuivi. De nombreux directeurs de thèse commencent et/ou terminent la réunion de direction par une prière, demandant l'aide et la bénédiction de Dieu pour l'étudiant et pour la prochaine étape de leurs études.

Par ailleurs, de nombreux étudiants apprécient de pouvoir rendre visite à leur directeur doctoral chez lui pour prendre un café ou partager un repas. Le fait de vous ouvrir personnellement aux étudiants et de leur témoigner de l'hospitalité est l'une des façons de représenter la formation spirituelle que nous recherchons. Mais cette hospitalité devrait avoir des limites appropriées et certains directeurs s'inquiètent du fait que trop de contacts personnels en dehors des réunions de direction peuvent affecter leur capacité à offrir une critique détaillée et objective du travail de l'étudiant. Un bon équilibre dans la relation directeur-doctorant doit être maintenu.

Les problèmes potentiels pendant les réunions de direction doctorale

1) Le directeur parle trop.

Dans ce scénario, la session de direction doctorale devient une conférence, sans dialogue. Il n'y a pas de place pour que l'étudiant s'implique, développe son initiative personnelle ou ses capacités de direction.

Une seule personne peut redresser cette situation !

Réfléchissez à votre propre pratique et évaluez l'équilibre entre les contributions des étudiants et les vôtres. Est-ce que quelque chose devrait changer ?

2) L'étudiant parle trop.

C'est également un cas problématique, car le directeur est incapable de communiquer des informations vitales ou de donner des directives. Ce n'est pas non plus une bonne pratique en vue de la soutenance. Les membres du jury seront très frustrés si les étudiants ne peuvent pas répondre aux questions clairement et précisément, et qu'ils parlent tout le temps. Une orientation et des directives sont requises pour assurer l'équilibre.

3) L'étudiant est réticent à parler, à poser des questions ou à y répondre.

Le silence de l'étudiant peut être dû à lui-même et non au directeur. Dans ces cas-là, on devrait inciter l'étudiant à s'exprimer, afin qu'il apprenne à parler de son travail avec confiance et clarté. Encore une fois, savoir s'exprimer à l'oral est une compétence qu'il est essentiel d'acquérir avant la soutenance, et en prévision de présentations ou de cours à venir.

Donner des directives préparatoires à l'étudiant sur les sujets dont il sera invité à discuter ou sur les questions auxquelles il devra répondre lors de la prochaine session de direction permettra aux étudiants d'anticiper et de prendre confiance en eux.

4) L'étudiant se présente à la réunion mais ne s'y est pas préparé.

Cela peut se produire occasionnellement, mais fera l'objet d'attention si cela arrive régulièrement. Lorsqu'un étudiant n'est pas préparé, les réunions de direction resteront courtes et seront reprogrammées pour une date ultérieure, quand l'étudiant sera prêt.

Les problèmes rencontrés par les doctorants varient selon les directeurs et les établissements. Dans le modèle de doctorat basé en Europe, la relation de direction se limite entre le doctorant et une ou deux personnes. Dans le doctorat de type américain, la relation implique généralement un comité de plusieurs personnes et cela crée des défis différents.

Les défis communs aux comités de thèse à l'américaine et les façons de les aborder

Désaccords entre les membres du comité

Il n'est pas rare que les membres du comité de thèse aient des idées et des normes différentes concernant le travail qu'ils attendent du doctorant. C'est pourquoi, il est important que le président du comité de thèse discute de l'orientation de recherche proposée par l'étudiant avec les membres du comité dès le début du processus et s'efforce de parvenir à une compréhension commune du produit de recherche attendu. Quand cela est possible, il serait bon d'avoir une réunion au début du doctorat de tous les membres du comité avec l'étudiant, pour une discussion initiale de la recherche proposée. Le groupe peut ainsi discuter des attentes de chacun, et chaque participant pourra donner son opinion sur le projet et exprimer ce qu'il considère important d'inclure ou d'aborder.

À mesure que les premières ébauches de la thèse sont partagées avec les différents membres du comité, il est important que le président reçoive un retour de ces derniers avant que ce retour ne soit partagé avec l'étudiant. Cela permet au président d'identifier les zones de conflit au niveau des attentes et de discuter avec les autres membres du comité afin de résoudre les points de désaccord ou les perspectives divergentes. L'objectif est que le comité travaille ensemble sur ces questions sans y impliquer l'étudiant. Un processus d'examen approfondi des ébauches préliminaires devrait faire ressortir les principales divergences entre les membres du comité et leur donner le temps de les résoudre avant que la soutenance du projet ou la soutenance finale n'ait lieu.

Si des désaccords majeurs au sein du comité apparaissent à un stade précoce et ne peuvent être résolus, l'un des membres pourra quitter discrètement le comité et un autre membre sera recruté à sa place. Le président voudra discuter de ce genre de situation avec le directeur de l'école doctorale pour s'assurer que cela est géré d'une manière qui préserve les bonnes relations de travail entre collègues. Si un désaccord majeur se développe lors de la soutenance de thèse et qu'il ne peut être résolu au cours de la soutenance, il serait préférable que le vote des membres soit retardé pour laisser le champ libre à une réunion du comité (avec ou sans le doctorant) afin de résoudre les problèmes. Ce type de cas est rare, et si les retours et la communication avant la soutenance sont de qualité, cela ne devrait pas se produire du tout.

Les deuxième et troisième lecteurs sont lents à répondre

Les écoles devraient définir des normes concernant le temps que les membres du comité devraient consacrer à la relecture des ébauches de documents qui leur sont envoyées. Ces normes devraient ensuite être communiquées, aussi bien aux professeurs qui siègent au comité qu'à l'étudiant. Ainsi, les doctorants sauront combien de temps ils devraient attendre avant de s'enquérir de l'état des retours sur leur travail, et les membres du corps professoral connaîtront les dates limites auxquelles ils devraient soumettre leurs commentaires.

Si le président constate qu'un membre du comité a tendance à prendre plus de temps que prévu pour soumettre ses commentaires, retardant le travail de l'étudiant, il contactera ce membre pour discuter de la cause des retards et soulignera l'importance d'envoyer ses commentaires dans les délais prévus. Dans de nombreux cas, il y a des éléments que le membre en question ne contrôle pas et qui peuvent constituer des défis, et il faudra faire preuve de patience. Dans d'autres cas, le membre du comité aura simplement oublié la date limite et un simple rappel le remettra sur les rails. Le président peut aider à empêcher le processus de relecture du travail de s'enliser et réduire le stress auquel l'étudiant est confronté en cas de longs retards.

Le Comité de suivi des thèses en France

En France, le Comité de suivi de thèse (CST) est généralement constitué de deux universitaires qui ne pourront pas être rapporteurs mais seulement membres du jury de thèse. Le CST se réunit une fois par an, sans la présence du directeur de thèse. Ces deux enseignants ou chercheurs s'entretiennent avec le doctorant, sur la base de ses travaux et de ses différentes formations qu'il leur communique en amont. L'article 13 de l'Arrêté du 25 mai 2016, fixant le cadre national de la formation et les modalités conduisant à la délivrance du diplôme national de doctorat, précise son rôle :

> Un comité de suivi individuel du doctorant veille au bon déroulement du cursus en s'appuyant sur la charte du doctorat et la convention de formation. Il évalue, dans un entretien avec le doctorant, les conditions de sa formation et les avancées de sa recherche. Il formule des recommandations et transmet un rapport de l'entretien au directeur de l'école doctorale, au doctorant et au directeur de thèse.
>
> Il veille notamment à prévenir toute forme de conflit, de discrimination ou de harcèlement.
>
> Les modalités de composition, d'organisation et de fonctionnement de ce comité sont fixées par le conseil de l'école doctorale. Les membres de ce comité ne participent pas à la direction du travail du doctorant[2].

Une bonne direction de thèse, selon les doctorants

La liste ci-après résume ce que des étudiants affirment avoir apprécié dans leur direction doctorale et peut servir de check-list pour les directeurs de thèse. Ces derniers développeront

---

2. Article 13 de l'« Arrêté du 25 mai 2016 fixant le cadre national de la formation et les modalités conduisant à la délivrance du diplôme national de doctorat », https://www.legifrance.gouv.fr/affichTexte.do?cidTexte=JORFTEXT000032587086.

chacun leur style personnel mais cette liste contient néanmoins des indicateurs clés auxquels ils peuvent se référer :

1) L'adaptabilité aux besoins de l'étudiant lors des différentes étapes du projet.

2) L'adaptabilité aux différents styles d'apprentissage des étudiants.

3) La capacité d'interpréter les signes que l'étudiant transmet. S'il demande : « Que dois-je faire à présent ? » – avez-vous ouvert la voie à trop de dépendance, ou peut-être ont-ils besoin de plus de soutien que vous n'en avez fourni ?

4) La capacité d'établir des limites entre ce qu'un directeur doctoral peut faire ou ne peut pas faire.

5) Fournir une structure à la progression et au travail de l'étudiant, en s'assurant qu'une planification adéquate a lieu.

6) Pouvoir stimuler les points forts des autres membres de l'équipe de direction de la thèse.

7) Faire preuve de respect envers les étudiants et d'intérêt pour leur travail.

8) Être capable de donner aux étudiants des commentaires qu'ils peuvent comprendre et auxquels ils peuvent répondre par les bonnes actions correctrices.

9) Avoir la volonté de donner aux étudiants une formation plus large et un soutien encadré, en leur confiant des conférences à donner, des copies à noter, etc.

10) Donner des instructions claires sur des questions précises d'éthique en méthodologie de recherche.

11) Créer un environnement propice à la discussion et à l'échange des idées.

12) Enseigner aux étudiants à être autocritiques à l'égard de leur propre travail.

13) Développer, à partir d'objectifs à court terme, des objectifs à plus long terme et une vision d'ensemble.

14) Montrer que vous avez lu le travail de l'étudiant – un commentaire en marge ou une coche en bas de page – vous permet d'éviter les commentaires que les étudiants font sur les directeurs qui ne prennent pas la peine de lire leur travail.

15) Orienter l'étudiant vers un soutien institutionnel approprié lorsqu'il est confronté à des problèmes tels que l'accès à la bibliothèque, les soucis administratifs ou financiers, etc.

16) Aider les étudiants à rédiger et à préparer des articles pour les conférences.

17) Remonter le moral des troupes. Faire preuve de confiance dans le travail de l'étudiant, l'encourager pour les progrès réalisés, remédier à la démoralisation et à la démotivation éventuelles.

18) Garder un jugement professionnel sain – il ne sert à rien de prolonger l'agonie de l'échec pour un étudiant en difficulté.

19) Rester conscient que vous représentez un modèle, un exemple à suivre – c'est votre comportement de directeur que l'étudiant risque de reproduire un jour avec ses propres étudiants.

Lectures complémentaires conseillées

Ouvrages en français

SHAW, I., *Bonnes pratiques pour la formation doctorale en théologie*, Carlisle, Langham Global Library, 2018.

Ouvrages et articles en anglais

ELEY, A., et R. MURRAY, *How to Be an Effective Supervisor*, Maidenhead, Open University Press, 2009.
GATFIELD, T., « An Investigation into PhD Supervisory Management Styles », *Journal of Higher Education Policy and Management*, vol. 27, no. 3, novembre 2005, p. 311-325.
MURRAY, R., *How to Write a Thesis*, Maidenhead, Open University Press, 2002.
PHILLIPS, E. M., et D. S. PUGH, *How to Get a PhD: A Handbook for Students and Their Supervisors*, Maidenhead, Open University Press, 2010.
TAYLOR, Stan, et N. BEASLEY, *A Handbook for Doctoral Supervisors*, New York, Routledge, 2005.
WISKER, Gina, *The Good Supervisor: Supervising Postgraduate and Undergraduate Research for Doctoral Theses and Dissertations*, New York, Palgrave MacMillan, 2005.

10

L'excellence dans la direction de thèse et dans la formation spirituelle

Les études doctorales au sein d'une institution chrétienne évangélique sont fondées sur un savoir qui va au-delà de la simple acquisition des connaissances universitaires. Dans la Bible, l'acquisition et l'exercice de la sagesse impliquent conjointement la foi, la raison et l'action.

L'acquisition et l'exercice de la sagesse requièrent :
- La croyance en le Dieu vivant et une confiance entièrement placée en lui (« la crainte de l'Éternel est le commencement de la sagesse », Ps 111.10) ;
- L'utilisation créative et humble des capacités rationnelles que Dieu a accordées aux êtres humains créés à son image ;
- Une manière de vivre dans le monde qui est conforme à l'appel de Dieu et qui permet de participer à la mission de Dieu.[1]

Quel que soit le contexte dans lequel on l'entreprend, une étude doctorale concerne à la fois l'apprendre et l'être. Elle représente un aspect de l'apprentissage qui nous transforme, et le fait de créer du sens (dans l'étude doctorale, à travers les sources et les documents que l'on examine durant la recherche) est en lien direct avec notre spiritualité intrinsèque. La recherche est bien plus qu'un simple exercice d'analyse rationaliste ; elle s'appuie sur l'imagination, l'intuition et l'émotion, même dans les contextes laïques. L'étude doctorale devrait influencer les dimensions cognitive, sociale et affective de la personne. Dans les institutions évangéliques, les directeurs de thèse doivent créer un environnement propice pour que les étudiants s'engagent à tous ces niveaux. Cette maturité personnelle va bien au-delà de l'analyse de concepts théologiques. Grâce à leur expérience de direction doctorale, les étudiants devraient repartir avec un meilleur sens de leur valeur personnelle

---

1. SHAW, *Bonnes pratiques*, p. 1.

et des capacités approfondies pour construire le sens profond et le savoir. C'est ainsi que l'expriment les *Bonnes pratiques pour la formation doctorale* :

> Les programmes de doctorat ont pour vocation d'aider les étudiants à faire le lien entre la recherche et la formation spirituelle. Les doctorants sollicitent l'aide de Dieu dans tous les aspects de leur vie et de leur formation. Les programmes de doctorat produisent des érudits capables d'associer l'excellence académique et spirituelle, en travaillant au but ultime de la transformation de tout le peuple de Dieu, à l'instar du Christ et de sa mission dans le monde[2].

Parallèlement à une capacité de réflexion théologique avancée, les doctorants devront continuer à grandir en conscience spirituelle, en jugement moral, en sagesse, en maturité de caractère et en compréhension de leur communauté de foi. Nombre d'entre eux se préparent à travailler dans une école biblique, une faculté de théologie ou une institution théologique. D'autres s'engageront dans des rôles de direction stratégique dans un ministère chrétien. En offrant une formation doctorale, le directeur de thèse aura comme priorité dans sa mission d'encourager la formation spirituelle et cela devrait influencer sa manière d'aborder la tâche. C'est pourquoi ce chapitre est sans doute le plus important du présent ouvrage.

La formation spirituelle a été définie comme « les processus intentionnels par lesquels les marques d'une authentique spiritualité chrétienne sont formées et intégrées[3] ». Le cœur de la spiritualité chrétienne ne consiste pas uniquement à connaître le Dieu éternel, mais à le connaître personnellement à travers le Seigneur Jésus-Christ. Préparer quelqu'un à un ministère chrétien, à un rôle de direction au sein d'une institution théologique ou de l'Église devrait servir à approfondir cette connaissance de Dieu. Ainsi, parallèlement aux progrès dans la formation académique, les années d'études doctorales au sein d'une institution évangélique devraient être marquées par un engagement plus profond envers le Christ ; plus de révérence et de fidélité envers sa Parole ; un plus grand amour de notre prochain ; et une intégration plus profonde dans la communauté de l'Église. Malheureusement, pour certains doctorants, c'est tout le contraire qui se produit. Dans la formation doctorale, où l'étude est au plus haut niveau universitaire et la pression des plus intenses, on tend souvent à mettre de côté la poursuite d'une vie intégrale de foi.

Le contact constant des étudiants en théologie avec les choses de Dieu amène le danger que les prêtres et les lévites ont affronté dans l'Ancien Testament, celui que le sacré soit réduit au banal et à l'ordinaire. La Bible est remplie d'exemples illustrant combien cela est dangereux – il nous suffit de regarder l'exemple d'Uzza (2 S 6). Le privilège de manier les choses les plus profondes ne devrait jamais être banalisé. Ainsi que l'a dit l'un des grands théologiens de Princeton il y a plus d'un siècle :

> Êtes-vous, par ce contact constant avec les choses divines, en train de gagner en sainteté, vous rapprochant chaque jour un peu plus [du peuple] de Dieu ?

---

2. *Ibid.*, p. 21.
3. S. AMIRTHAM et R. PRYOR, sous dir., *The Invitation to the Feast of Life; Resources for Spiritual Formation in Theological Education*, Genève, World Council of Churches, 1991.

Si ce n'est pas le cas, c'est que vous êtes en train de vous endurcir ! Vous ne prospèrerez jamais dans votre vie religieuse à la faculté théologique si ce n'est lorsque votre travail au sein de la faculté deviendra pour vous un exercice religieux dont vous retirez chaque jour l'élargissement du cœur, l'élévation de l'esprit et la joie d'adorer votre Créateur et votre Sauveur[4].

La culture de la formation théologique

Partant d'un désir commun de crédibilité, afin que les écoles et facultés théologiques acquièrent la reconnaissance académique et que les étudiants obtiennent leur diplôme, les dimensions académiques de la théologie ont nécessairement fait l'objet d'une attention soutenue. Cette insistance sur la formation de l'esprit a conduit Lesslie Newbigin à parler de la « captivité babylonienne de la formation théologique » par le monde universitaire, exilant la théologie de la vie et des besoins des églises[5]. On peut entreprendre une étude biblique ou théologique très détaillée mais qui n'a que peu de pertinence pour la compréhension de tout le texte biblique, de la personne de Dieu ou de l'Église ou de la vie et du témoignage chrétiens.

La tendance du doctorant et du directeur de thèse à se concentrer sur la culture de l'esprit, et leur incapacité à intégrer cette dernière au besoin continu de formation spirituelle peuvent laisser les doctorants aux prises avec un profond sentiment de séparation entre leur travail de recherche et leur relation personnelle avec Dieu ou leur lien avec leur communauté ecclésiale locale. Les étudiants aspirent à avoir de bons modèles de référence à suivre dans ce domaine.

Modèles à suivre pour promouvoir la formation spirituelle

Notre modèle d'enseignant théologique parfait est bien sûr Jésus. Il a passé environ trois années à former ses disciples, à leur dispenser non seulement son enseignement, mais aussi une manière de vivre et de penser, et d'intégrer le tout pour « être » ses disciples. Il leur a enseigné à être cohérents dans leur croyance et leur pratique. Pierre pouvait certes proclamer haut et fort sa loyauté indéfectible à Jésus, mais ce qui comptait vraiment, c'était comment il se comportait dans les circonstances ordinaires de la vie de foi. Un sérieux décalage entre sa proclamation et sa pratique survint après que Jésus fut arrêté et que Pierre fut interrogé par un certain nombre de personnes, dont une servante. Et pourtant, quelque temps après, il a fait preuve d'une forte cohésion entre croyance et pratique dans son remarquable sermon le jour de la Pentecôte. Ces trois années que Jésus a investies dans la formation théologique de ses fidèles ont produit un groupe de disciples qui non seulement étaient prêts à se consacrer et à se donner eux-mêmes à une mission extraordinaire qui, avant leur mort, avait déjà touché la plupart des pays du Moyen-Orient et du bassin méditerranéen, mais ils avaient aussi

---

4. B. B. WARFIELD, *The Religious Life of Theological Students, Lecture given at Autumn Conference at Princeton Theological Seminary, October 4, 1911,* réimprimé, New Jersey, Presbyterian and Reformed, s.d.
5. Cité dans David HEYWOOD, « A New Paradigm for Theological Education? », *Anvil* 17, no. 1, 2000, p. 19.

fidèlement transmis à la génération suivante l'expression la plus profonde de la doctrine et de la pratique de leur maître.

Votre propre expérience d'excellence académique et de formation spirituelle en tant que doctorant

Ainsi que nous l'avons vu en examinant les différentes approches de direction de thèse, nous avons tendance, par défaut, à fonder notre pratique sur notre propre expérience de doctorant. Si l'étude doctorale a été entreprise dans le contexte d'une université laïque, il peut être difficile d'extraire de notre expérience un modèle de référence valide, bien qu'un certain nombre de directeurs évangéliques travaillant dans ces contextes démontrent les principes que nous cherchons à promouvoir.

Questions de réflexion

Votre directeur faisait-il le lien entre la recherche et la formation spirituelle ? Si oui, de quelle manière ?

Votre directeur a-t-il échoué quand il s'agissait de faire le lien entre la recherche et la formation spirituelle ? Si oui, de quelle manière ?

Quelles principales leçons tirez-vous de votre propre expérience passée ?

L'expérience des autres

Lors des séminaires de formation que j'organise pour les directeurs de thèse, je demande régulièrement aux participants ce qu'ils entendent par « formation spirituelle ». Voici quelques-unes de leurs réponses :
- Un intérêt pour l'intégrité de la personne ;
- L'intégration du savoir et de l'être ;
- Le culte ;
- Le développement des valeurs ;
- La formation des visions du monde ;
- La relation avec Dieu.

Questions de réflexion

Que pensez-vous de ces réponses ?

Quelle est pour vous la meilleure définition de la formation spirituelle ?

Promouvoir la formation spirituelle

Dans les séminaires de formation, je demande également aux directeurs de thèse les points positifs et moins positifs qu'ils ont repérés chez leurs étudiants concernant leur formation spirituelle.

Les points positifs
- C'était un/e chrétien/ne sincère et engagé/e ;
- Il/elle s'impliquait dans un ministère d'église ;
- Il/elle avait du respect pour la personne ;
- Il/elle respectait l'opinion des autres, même en cas de désaccord ;
- Leur intégrité académique reflétait leur intégrité en tant que personne ;
- C'était une personne authentique ;
- Il/elle restait humble devant la vérité.

Les points moins positifs...
- Il/elle n'a pas prié avec moi ;
- C'était une personne réservée ;
- Ce n'est jamais devenu une relation d'amitié ;
- Il/elle ne parlait pas de sa propre vie spirituelle.

Je demande ensuite aux participants comment ils souhaitent promouvoir l'intégration de la formation spirituelle et de l'excellence académique. Voici quelques-uns des commentaires reçus :
- Souligner que l'excellence académique glorifie Dieu ;
- Souligner comment l'excellence académique reflète la spiritualité ;
- Le cœur, l'esprit et l'âme doivent être mobilisés dans l'étude ;
- Le travail académique est une façon de servir et d'aimer Dieu ;
- L'humilité devrait être démontrée ;
- Aspirer à la connaissance est un acte spirituel ;
- Aider les étudiants à apprendre en désapprenant les préjugés et en les mettant de côté ;
- Ne pas éviter les questions importantes et difficiles ;
- S'assurer que l'étudiant est impliqué dans une église locale/communauté.

Questions de réflexion

Que pensez-vous de ces réponses ? Quelles sont les choses qui vous surprennent ?

Voici la question clé à aborder pour les directeurs de thèse : comment pouvons-nous promouvoir, ou mieux promouvoir, la formation spirituelle chez nos étudiants ?

Ce que nous cherchons à former chez nos doctorants

John Stott avait compris que la formation du corps enseignant des institutions théologiques évangéliques était essentielle pour l'avenir de l'Église, et cette préoccupation l'a amené à fonder le programme de bourses d'études Langham Scholars :

> Les enseignants des institutions théologiques sont le personnel clé car ils influencent, en bien ou en mal, génération après génération, les futurs responsables de l'Église. Il faut donc un flux continu de nouveaux professeurs qui allient l'excellence académique à la piété personnelle[6].

À quoi ressemble donc cette « piété personnelle » que le directeur de thèse cherche à inculquer à ses étudiants ?

1. La fidélité au Christ

Le futur enseignant théologique devrait être formé à être christocentrique – œuvrant pour honorer et plaire en tout au Seigneur Jésus-Christ. C'est ce que Jésus a fait avec ses disciples, de sorte qu'au bout de trois ans en sa compagnie, ils étaient prêts non seulement à bouleverser le monde, mais aussi à mourir pour Jésus.

Selon Dietrich Bonhoeffer, « le travail, qui occupe la majeure partie de la journée, prend du sens quand il est fait au nom du Seigneur Jésus[7] ». Il est également nécessaire, selon lui, de remettre notre travail entre les mains du Seigneur :

> Après la première heure matinale et jusqu'au soir, la journée du chrétien appartient au *travail*. [...] Les tentations que chaque journée de travail apporte avec elle seront surmontées grâce à l'ouverture à Dieu. Et les décisions, que le travail exige, deviennent plus simples et plus faciles lorsqu'elles ne sont pas prises par crainte des hommes mais seulement devant la face de Dieu. « Quel que soit votre travail, faites-le de bon cœur, comme pour le Seigneur, et non pour les hommes » (Col 3,23) [...] Notre ardeur au travail augmente dans la mesure même où nous avons su demander à Dieu de nous donner aujourd'hui les forces dont nous avons besoin pour notre travail[8].

---

6. John STOTT, dans une lettre adressée à des amis en mars 1994.
7. « Life Together: A Study Guide », Study One in the Ekklesia Projects, Going Deeper Series, Dale Ziemer, p. 15, http://www.ekklesiaproject.org/wp-content/uploads/2011/06/Dale-Ziemer-Life-Together-PDF.pdf.
8. D. BONHOEFFER, *De la vie communautaire*, trad. Bernard Lauret, Paris, Labor et Fides, 2007, p. 63 65 (italiques dans l'original).

2. La fidélité à la Parole de Dieu

Les programmes de doctorat forment des chercheurs fidèles à la Parole de Dieu et aux exigences de leur discipline, ainsi que des enseignants théologiques qui fassent preuve d'une spiritualité impactant le cœur, les mains et l'esprit[9].

Comme le remarque Dietrich Bonhoeffer, ce n'est que dans l'Écriture que nous apprenons à comprendre correctement la réalité. Nous nous asseyons aux pieds du Seigneur, nous écoutons sa voix, et son ordre du jour devient le nôtre[10]. L'étude théologique devrait régulièrement tourner en doxologie.

3. La fidélité dans la prière

Les doctorants s'efforceront d'être, et de demeurer, des personnes de prière. C'est « à genoux » – au sens métaphorique – qu'ils meneront leur recherche. Ils ne devraient pas avoir honte de prier pour les divers aspects de leur recherche, en fait, ils devraient être encouragés à inviter Dieu dans la dynamique de leur étude doctorale. Parler avec Dieu peut être une occasion d'autoréflexion critique et de discours critique. Selon B. B. Warfield : « Si nous nous rendons compte de l'ampleur du travail qui nous attend, nous nous mettrons certainement à genoux ; et si nous évaluons avec justesse la puissance de l'Évangile qui nous est confié, cela nous gardera assurément à genoux[11]. »

Bonhoeffer a appelé ses étudiants à se remettre l'un l'autre entre les mains de Dieu par la prière, pour demander la bénédiction, la paix, la protection... et le pardon pour les torts commis[12].

4. La fidélité à la communauté

La communauté joue un rôle important dans la formation des chercheurs. Les études doctorales classiques, avec un seul chercheur travaillant avec un seul directeur de thèse, ont débouché sur un modèle qui a souvent généré un sentiment d'isolement, de solitude et d'individualisme[13].

La spiritualité moderne est en grande partie individualiste et va à l'encontre de l'accent que le Nouveau Testament met sur la communauté. Nous avons tendance à nous concentrer sur « ce que nous pensons » de la communauté et à oublier que nous faisons partie de quelque chose que Dieu a créé. Le christianisme implique l'appartenance à la communauté chrétienne à travers Jésus-Christ et en Jésus-Christ. En dehors du Christ, la communauté

---

9. Shaw, *Bonnes pratiques*, p. 21.
10. Bonhoeffer, *De la vie communautaire*, p. 63-66.
11. Warfield, *The Religious Life of Theological Students*, p. 192.
12. Bonhoeffer, *De la vie communautaire*, p. 66-67.
13. Shaw, *Bonnes pratiques*, p. 15.

chrétienne n'existe pas et n'a aucun but. Dieu invite les chrétiens à se joindre à son action dans la communauté de son peuple. Ainsi que l'exprime Bonhoeffer : « Nous appartenons les uns aux autres seulement par Jésus-Christ et en lui[14]. » Adorer Dieu ensemble est une expression de la vie communautaire, tout comme c'en est aussi un résultat ; professeurs et étudiants devraient y participer ensemble dans les écoles doctorales.

L'étude doctorale est meilleure quand elle est entreprise en communauté. Cela implique plusieurs choses :

1) Écouter les autres patiemment et attentivement, au cours des discussions, des séminaires de formation et lors des présentations académiques. C'est une manière d'aimer votre prochain et d'aimer la communauté. Les directeurs de recherche apprendront ainsi aux chercheurs à respecter les opinions de leurs confrères, même lorsqu'ils ne sont pas d'accord avec ces derniers. Ils leur inculqueront des manières de débattre et d'exprimer leur désaccord avec gentillesse, dans un esprit d'humilité. Les doctorants devraient encourager et soutenir leurs confrères étudiants dans le milieu universitaire, en assistant à leurs présentations lors des séminaires de recherche et en posant des questions pertinentes. Les étudiants ont besoin de comprendre que le manque d'honnêteté tel que le plagiat représente un manque d'amour du prochain.

2) Être serviable. En communauté, les chercheurs apprennent à travailler les uns avec les autres. Le besoin d'un réseau de soutien mutuel est vital, par exemple pour un problème informatique, une référence manquante, la localisation d'une source… Les étudiants mariés peuvent souhaiter partager la garde d'enfants. L'aide, à petite ou grande échelle, est indispensable.

3) Soutenir les autres. Dans l'école doctorale que je dirigeais, nous organisions régulièrement des déjeuners communautaires et des temps de prière. Ces occasions pour les étudiants de partager et de prier les uns pour les autres étaient très appréciées. Si quelqu'un avait des difficultés ou avait envie d'abandonner, si une personne de leur famille était malade, le reste du groupe pouvait alors les encourager et prier pour eux.

Ainsi que Paul l'a exprimé dans 1 Thessaloniciens, tout ceci est un travail d'amour les uns pour les autres.

> Vous n'avez pas besoin qu'on vous écrive au sujet de l'amour fraternel, car vous avez vous-mêmes appris de Dieu à vous aimer les uns les autres, […] mais nous vous encourageons, frères et sœurs, à progresser encore. (1 Th 4.9-10)

---

14. BONHOEFFER, *De la vie communautaire*, p. 26.

5. La fidélité à l'Église

B. B. Warfield a observé comment, en s'engageant dans une église locale, et dans le culte communautaire au sein de l'institution, les étudiants obtenaient « un soutien et une inspiration pour [leur] vie religieuse personnelle qu'[ils] ne [peuvent] obtenir nulle part ailleurs et dont [ils] ne [peuvent] pas se permettre de passer à côté[15]. »

6. La fidélité à la vocation

Warfield a également rappelé à ses étudiants la raison de leurs études :

> Vous êtes réunis ici dans un but religieux, en préparation au service religieux le plus important qui puisse être accompli par les hommes – l'orientation des autres dans la vie religieuse... en tant qu'étudiants pour le ministère : gardez toujours à l'esprit la grandeur de votre vocation, c'est-à-dire ces deux choses : l'ampleur de la tâche devant vous, l'infinité des ressources à votre disposition[16].

Questions de réflexion

De quelles manières les exigences académiques de la discipline sont-elles un défi pour votre engagement personnel envers la fidélité biblique ?

Comment aideriez-vous un étudiant en doctorat à concilier la tension entre ces deux exigences ?

Quelles approches adopterez-vous pour incarner et encourager la formation spirituelle ?

Quel est l'objectif de développer la communauté parmi les doctorants ?

Pourquoi les doctorants se retirent-ils souvent des occasions de culte en groupe et s'isolent-ils de la communauté académique ?

La formation spirituelle implique l'intégration

> L'apprentissage, bien qu'indispensable, n'est pas la chose la plus indispensable pour un serviteur de Dieu. Avant d'être érudit, un serviteur sera pieux avant tout. Rien de plus fatal que de mettre ces deux choses en opposition l'une à l'autre. [...] Pourquoi devriez-vous vous détourner de Dieu lorsque vous vous tournez vers vos livres, et pourquoi pensez-vous que vous devez vous détourner de vos livres pour vous tourner vers Dieu ?[17]

---

15. WARFIELD, *The Religious Life of Theological Students*, p. 189.
16. *Ibid.*, p. 188.
17. *Ibid.*, p. 182-183.

Encourager et aider les étudiants à concilier leurs études et leur vie chrétienne personnelle leur permettraient d'éviter la séparation entre la discipline académique et la vie de foi, qui caractérise trop souvent les études supérieures.

Questions de réflexion

En tant que directeur de thèse, réfléchissez à la relation entre votre propre activité académique et votre développement spirituel personnel.

Êtes-vous satisfait des interactions ? Si non, qu'est-ce qui doit changer selon vous ?

Quelles difficultés dans ce domaine avez-vous constatées chez vos collègues ?

Comment cherchez-vous à intégrer l'excellence académique et spirituelle dans votre travail auprès de vos étudiants ?

De quelle manière pensez-vous que votre rôle de directeur de thèse et de chercheur aide à remplir la mission du Christ dans le monde ?

L'ensemble des membres de l'école doctorale contribue à la formation d'un doctorant

Il convient de souligner que la formation spirituelle est la responsabilité de l'ensemble de l'école doctorale, pas seulement celle du directeur de thèse. En outre, les étudiants devraient eux-mêmes être pleinement convaincus que leur progression nécessite l'intégration de la formation académique et spirituelle. Cela devrait être un critère essentiel pour ceux qui demandent à être admis en doctorat. Le dicton « il faut toute une faculté pour former un étudiant » est aussi vrai ici qu'ailleurs. Le corps professoral, le personnel et les étudiants sont impliqués dans le cadre d'une communauté d'apprentissage et de soutien, de sorte que le processus devient réciproque, et les professeurs, aussi bien que le personnel, grandissent spirituellement grâce à l'interaction.

L'une des raisons pour lesquelles un étudiant choisit une institution évangélique en particulier pour ses études doctorales devrait être l'engagement de cette école pour la formation académique et spirituelle holistique. C'est cette même raison qui devrait motiver le directeur de thèse à travailler dans ce contexte plutôt que dans un autre. S'il n'y a pas d'engagement envers la formation spirituelle de l'étudiant, ce dernier pourrait tout aussi bien étudier dans un cadre universitaire laïc. L'engagement pour un environnement de recherche académique de haute qualité devrait être renforcé par l'engagement pour la formation spirituelle. Une faculté évangélique devrait correspondre à ce qui existe dans une université laïque en tant que contexte académique, sans pour autant perdre de vue son objectif de créer un contexte propice à la croissance spirituelle de l'étudiant.

La personnalité du directeur de thèse évangélique

Le développement spirituel n'est pas isolé de la formation académique, mais « il comporte une perspective qui affecte tout le processus de formation[18] ». La façon dont les directeurs de thèse se comportent devrait refléter ce principe. Les attributs clés comprennent :

1. L'humilité

> Tendre sans prétendre à l'excellence permet au chercheur de rester humble. La finitude de l'homme permet de cultiver la dépendance à Dieu duquel le chercheur comme tout un chacun attend le secours pour mener à bien son travail[19].

Comme le dit l'apôtre Paul, que nul n'ait « une trop haute opinion de lui-même » (Rm 12.3). Selon les mots de Dietrich Bonhoeffer, « Paul lui-même a dit de lui qu'il était le premier, c'est-à-dire le plus grand des pécheurs (1 Tm 1.15), et cela au moment même où il parle de son ministère d'apôtre. Pour pouvoir servir les frères au sein de la communauté, il faut descendre dans cette abîme d'humilité[20] ». Enfin, comme l'écrivait Thomas a Kempis : « Que vous sert de raisonner profondément sur la Trinité, si vous n'êtes pas humbles, et que par là vous déplaisiez à la Trinité ?[21] » La vie du directeur de thèse sera donc marquée par une attitude d'humilité.

Ceux qui ont connu le grand érudit du Nouveau Testament, F. F. Bruce, ont souvent fait état de sa brillante connaissance du grec et de l'hébreu, mais aussi de l'humilité avec laquelle il partageait ses idées.

Questions de réflexion

Donnez des exemples de savants de premier plan que vous avez connus et qui ont fait preuve d'une telle humilité.

Comment gérons-nous la tension d'être leader, mentor et guide au niveau universitaire, tout en ayant « une humble opinion de nous-mêmes ? »

---

18. B. J. Nicholls, « The Role of Spiritual Development in Theological Education », *Evangelical Review of Theology* 19, no. 3, 1995, p. 231.
19. Shaw, *Bonnes pratiques*, p. 21.
20. Bonhoeffer, *De la vie communautaire*, p. 84-85.
21. T. A. Kempis, *L'imitation de Jésus-Christ*, trad. M. L'Abbé F. de Lamennais, Paris, Sagnier et Bray éditeurs, 1853, p. 16.

2. L'honnêteté

Les directeurs de thèse transmettent des valeurs telles que : l'honnêteté et la rigueur intellectuelle ; la promesse de respecter la vérité, où qu'elle mène ; l'humble volonté de reconnaître les erreurs, les malentendus, les préjugés et les présuppositions, et le désir de les corriger[22].

Questions de réflexion

Comment, en tant que directeur de thèse doctorale, pouvez-vous incarner l'honnêteté et l'engagement à l'égard de la vérité, où qu'elle mène ?

Quelles sont les difficultés, en tant que mentor académique, dans le fait de reconnaître les erreurs, les malentendus, les préjugés ?

3. La cohérence éthique et intellectuelle

« Les directeurs de thèse transmettent des valeurs telles que : l'engagement pour une recherche qui démontre l'éthique et la cohérence intellectuelle[23]. »

Questions de réflexion

Quels exemples où la recherche et l'enseignement ont manqué de cohérence éthique et intellectuelle pouvez-vous citer, et quels enseignements en avez-vous tirés ?

Avez-vous déjà ressenti la tentation d'avoir un comportement non éthique ou intellectuellement inconsistant ? Si oui, dans quels domaines ?

4. L'authenticité

Les enseignants théologiques s'efforceront d'être à l'écoute de Dieu et d'être des personnes intègres. Ils devraient être prêts à pratiquer eux-mêmes ce qu'ils attendent de ceux qu'ils dirigent. Les étudiants reconnaissent rapidement les incohérences.

En 1992, l'ACTEA a demandé aux enseignants théologiques « une participation active à la vie et au culte de l'institution… Ce n'est pas une question de décorum, c'est en fait

---

22. SHAW, *Bonnes pratiques*, p. 21.
23. *Ibid.*, p. 21.

bibliquement essentiel que le corps enseignant et les étudiants non seulement apprennent ensemble, mais jouent, mangent, s'intéressent, louent et travaillent ensemble[24]. »

En résumé, les qualités que le directeur vise à démontrer et à inspirer à autrui comprennent la spiritualité personnelle (la passion pour Jésus, la soif de piété personnelle), la vision (la capacité à inspirer et instiller la vision chez les autres), les dons pastoraux, les capacités communicationnelles, l'érudition assortie du désir de servir, la transparence personnelle, l'amour pour l'Église, l'amour du prochain.

Le rôle d'enseignant de futurs dirigeants chrétiens est à la fois honorable et profondément exigeant. En Amérique du Nord, un rapport sur la formation spirituelle, publié en 1972 par l'Association of Theological Schools a conclu que « les professeurs devraient être actifs dans leur propre formation et développement spirituels. [...] Le développement spirituel et la formation des étudiants commencent et dépendent de la spiritualité du corps enseignant[25] ».

La plus grande partie de ce que les étudiants apprennent sur la formation spirituelle vient implicitement – à travers les attitudes, le comportement et la disposition des enseignants. La relation entre les enseignants et les étudiants pendant un cours de théologie contribue au processus de formation spirituelle. Des attitudes traduisant le manque de confiance ou la froideur peuvent saper les efforts positifs entrepris dans d'autres directions. Au cours de l'un des colloques que je dirigeais, un chercheur récemment diplômé d'une institution évangélique réputée en Amérique du Nord parla ouvertement de la discontinuité entre ce que les professeurs enseignaient en classe et la façon dont ils se critiquaient mutuellement en dehors de la classe.

La spiritualité se forme constamment à travers l'interaction avec les étudiants – que ce soit lors des séances formelles de direction, des colloques ou des cultes, ou à l'occasion des sorties, des retraites, des jours de prière et des repas en commun. La manière dont vous vivez et partagez votre foi dans ces contextes en tant que directeur de thèse est vital pour les étudiants.

Le but ultime

Voici comment Warfield résume le but et l'incroyable privilège de tout ceci :

Un serviteur doit être à la fois érudit et pieux. Il ne s'agit pas de choisir entre les deux. Il étudie, mais il le fait comme si Dieu était présent, et non dans un esprit laïque. Il doit se rendre compte du privilège que c'est de poursuivre ses études dans un environnement où Dieu et le salut du péché sont l'air qu'il respire[26].

---

24. Accrediting Council for Theological Education in Africa, *Standards and Procedures for Accreditation at Post-secondary level,* 5e edition, Kaduna, Nigeria, ACTEA Continental Office, 1992.
25. D. Babin, et al., *Voyage-Vision-Venture: A Report by the Task Force on Spiritual Development,* Dayton, American Association of Theological Schools, 1972, p. 9, 27.
26. Warfield, *The Religious Life of Theological Students*, p. 189.

Les doctorants et les directeurs sont appelés à « [grandir] dans la grâce et dans la connaissance de notre Seigneur et Sauveur Jésus-Christ » (2 P 3.18). Le rôle du directeur de thèse dans l'institution évangélique consiste à fournir un contexte dans lequel cela peut avoir lieu - où les choses de Dieu et le salut sont « l'air qu'il respire ». Cela nécessite une approche d'enseignement holistique et intégrée, et non pas strictement axée sur la croissance cognitive et sur le niveau d'érudition atteint. La croissance spirituelle du doctorant est essentielle. Le directeur de thèse doit donc s'efforcer d'amener l'étudiant plus près de l'achèvement de la rédemption et de l'intégrité en Christ qu'il ne l'était au début de la recherche. Notre but est de présenter chaque personne « adulte en Jésus-Christ » (Col 1.28).

Questions de réflexion

Après avoir lu ce chapitre, que ferez-vous différemment lors de votre prochaine rencontre avec vos étudiants ?

Quels sont les deux changements que vous apporterez à la façon dont vous évaluez les progrès de vos étudiants ?

Quelles idées votre institution pourrait-elle adopter pour faire progresser la formation spirituelle de vos doctorants ?

Lectures complémentaires conseillées

Ouvrages en français

BONHOEFFER, D., *De la vie communautaire*, trad. Bernard Lauret, Paris, Labor et Fides, 2007.

SHAW, I., *Bonnes pratiques pour la formation doctorale en théologie*, Carlisle, Langham Global Library, 2018.

Ouvrages et articles en anglais

CANNELL, L., « Theology, Spiritual Formation and Theological Education: Reflections Toward Application », dans *Life in the Spirit: Spiritual Formation in Theological Perspective*, sous dir. J. P. Greenman et G. Kalantzis, Downers Grove, IVP, 2010.

CHEESMAN, G., « The Spiritual Formation of Students – A Personal Selection from the Literature », *The Theological Educator* 2, no. 1, mars 2007.

NICHOLLS, B. J., « The Role of Spiritual Development in Theological Education », *Evangelical Review of Theology* 19, no. 3, 1995, p. 231.

WARFIELD, B. B., *The Religious Life of Theological Students, Lecture given at Autumn Conference at Princeton Theological Seminary, October 4, 1911*, réimprimé, New Jersey, Presbyterian and Reformed, s.d.

11

La direction de thèse et le développement d'une culture de recherche

> Les programmes de doctorat réussis ont besoin de bien plus que de bons directeurs de thèse et de bons doctorants ; ils ont aussi besoin d'une structure universitaire qui les soutienne et qui fonctionne bien. Bienheureux sont les thésards admis au sein d'un établissement qui procède déjà à l'encadrement des recherches de doctorat, et qui soutient et encourage l'esprit de la recherche doctorale[1].

Je vis dans une partie assez fraîche et humide de l'hémisphère nord. J'aime faire pousser des plantes, mais nombre d'entre elles ne réussissent pas à bien pousser dans le froid et l'humidité, et même dans la verrière de ma maison, elles ont du mal. Pourtant, lorsque je voyage dans certaines régions d'Afrique et d'Asie, je vois ces plantes pousser sans aide artificielle, juste parce qu'elles se trouvent dans leur environnement naturel. Les choses prospèrent et grandissent quand elles sont dans le bon contexte. C'est aussi valable pour les doctorants.

Le doctorat a été universellement reconnu comme étant :

i) l'accomplissement d'un haut niveau d'érudition ;

ii) une récompense jalousement gardée par les intendants de la discipline, avec, comme examinateurs, des titulaires de doctorats respectés ;

iii) un produit axé sur la recherche, réalisé par un chercheur responsable, qui acquiert des connaissances spécialisées, dans le contexte de l'érudition universelle.

Pour être menée avec succès, la recherche doctorale sera entreprise dans le bon contexte. L'orientation de la pensée éducative a eu tendance à passer d'un accent mis sur le doctorat lui-même à la « formation doctorale », le cadre général dans lequel se déroulent les études

---

1. Shaw, *Bonnes pratiques*, p. 23.

doctorales. Cet accent mis sur les activités et les relations requises pour effectuer le travail de doctorat a donné une importance bien plus grande aux dimensions personnelles des études doctorales. On constate maintenant une plus grande reconnaissance de la nécessité de comprendre les pédagogies, les processus et les installations requises dans les programmes doctoraux pour former et soutenir les étudiants.

Le but de la formation doctorale est de produire « l'apprenant autogestionnaire[2] ». Il ne s'agit donc pas seulement d'accompagner le doctorant pendant la rédaction de sa thèse, mais aussi de le préparer à une vie de ministère dans la recherche et le travail d'érudition.

Développer un programme de doctorat dans une institution ne consiste pas à simplement ajouter un autre programme ou un niveau plus élevé d'enseignement à ce que cette institution offrait jusqu'ici. Faire d'une école un environnement propice à la recherche implique un changement significatif de l'orientation de son travail et un changement de culture. Cela signifie poser des questions fondamentales sur la raison d'être de l'institution. C'est une étape qui nécessite une réflexion approfondie, un investissement important et l'exercice de la prière et de l'imagination.

Comme l'indiquent les *Bonnes pratiques pour la formation doctorale* :

> La tâche de former des docteurs ne devrait être confiée qu'à des institutions où une culture de recherche a été établie et où la recherche est encouragée. C'est là le contexte adéquat pour un apprentissage fondé sur la recherche[3].

1. Principaux aspects de la culture de recherche

La décision d'établir une école doctorale au sein d'une institution supérieure évangélique invite à discuter du type d'institution que cela va être. C'est une décision qui a besoin du plein soutien et de l'approbation de la communauté académique dans son ensemble. Proposer des études doctorales revient, pour une institution, à affirmer qu'elle s'engage non seulement envers les doctorants, mais aussi à développer la recherche et les interactions critiques de niveau avancé. L'institution fait état de son désir d'être un lieu de réflexion théologique et d'apprentissage de premier plan. C'est un élément capital pour la viabilité des écoles doctorales. Cela implique un investissement sérieux dans le processus d'érudition et le capital intellectuel requis. Les directeurs de thèse ont besoin de temps et de ressources pour diriger, de rester actifs dans la recherche et d'apporter leur propre contribution au discours scientifique de pointe.

Dans certains milieux universitaires, notamment dans les grandes universités, la recherche est encouragée par de généreuses subventions financières et par l'octroi de temps dédié à la recherche. Cependant, dans la plupart des institutions évangéliques, les ressources de soutien pour la recherche sont beaucoup plus limitées. Mais des ressources limitées ne

---

2. J. STEPHENSON, « Managing Their Own Program », *Studies in Continuing Education* 28, no. 1, 2006, p. 17-32.
3. SHAW, *Bonnes pratiques*, p. 39.

diminuent pas pour autant son importance, et des mesures devront être prises pour encourager la recherche.

On demande aux jeunes chercheurs de développer des réponses originales et créatives à des questions de recherche vitales. Pour les diriger, il leur faut des savants toujours actifs dans la recherche, qui sont à l'aise dans leur discipline et qui s'engagent régulièrement dans un dialogue avec leurs pairs lors des conférences et des forums universitaires. Ces directeurs sont des exemples pour leurs étudiants. Les écoles doctorales devraient donc œuvrer à encourager une culture de recherche.

Questions de réflexion

Que signifie pour vous le terme « culture de recherche » ?

Énumérez trois caractéristiques d'une « bonne » culture de recherche.

Décrivez une situation où vous étiez impliqué dans une culture de recherche « habilitante ».

Décrivez une situation où vous étiez impliqué dans une culture de recherche « médiocre ».

Que peut-on faire pour développer une meilleure culture de recherche dans votre propre institution ?

2. Créer une culture de recherche

La recherche prospère dans les environnements favorables tels que les études de masters qui comprennent un élément de recherche et qui développent des compétences de recherche chez des futurs doctorants (voir les chapitres 4 et 5). Le contexte institutionnel vise à encourager la réflexion et la recherche de manière positive, et cela constitue un élément phare dans l'identité de l'institution. Cela implique l'engagement à faciliter la recherche des professeurs dans leur domaine respectif d'expertise, et le maintien d'un dialogue continu et fructueux avec leurs confrères. Cela nourrit la capacité de mener des recherches personnelles, de diriger les doctorants, mais imprègne également l'enseignement des professeurs au niveau du master de recherche, et même de la licence.

La culture de recherche ne réside pas simplement dans le fait d'entreprendre une recherche. Elle représente notamment une dimension de culture d'apprentissage critique dans laquelle la capacité de penser de manière novatrice et d'accueillir des idées créatives devient une valeur fondamentale.

Une culture de recherche est une culture d'idées, dans laquelle on encourage les approches et perspectives nouvelles des doctorants et des directeurs de thèse. Ces approches représentent une ressource vitale pour la communauté ecclésiale élargie, elles aident ses membres à réfléchir sur la façon de vivre et de penser dans leur propre culture. Pour les chercheurs évangéliques, elles sont un moyen de contribuer au discours scientifique mondial.

Le séminaire de recherche

Il joue un rôle clé dans :

i) le développement d'une culture de recherche ;

ii) l'amélioration des centres de recherche au sens large ;

iii) le soutien de la formation de l'étudiant à un niveau doctoral.

Les doctorants ont besoin d'un forum propice à la présentation de leurs idées ou à l'écoute de celles de leurs confrères. Le séminaire de recherche sert de lieu de débat académique entre confrères et facilite le discours sur la recherche de pointe. Il offre aux étudiants la possibilité de gagner de l'expérience dans la présentation de leurs idées et d'acquérir les compétences nécessaires pour mener un dialogue savant.

Le séminaire de recherche devrait offrir au corps enseignant et aux étudiants des occasions de s'engager dans une interaction critique avec les idées des professeurs invités.

Le séminaire de recherche peut prendre plusieurs formes – un seul article suivi d'une discussion ou une série de courts articles ou rapports sur des recherches en cours suivis de discussions. Dans l'idéal, les documents devraient être distribués à l'avance pour faciliter la réflexion critique, bien que souvent cela s'avère difficile à réaliser.

Pour être réussi, un séminaire de recherche nécessite un investissement de temps de la part des directeurs de thèse et des étudiants. Il fonctionne mieux lorsqu'il a lieu régulièrement – par exemple une fois par mois.

Voici quelques-unes des contributions que le séminaire de recherche apporte à la culture de recherche :

i) Il dynamise les directeurs de thèse et les stimule à contribuer régulièrement à une nouvelle réflexion. Ils restent ainsi bien préparés à la recherche et à l'enseignement.

ii) Les sujets traités lors d'un colloque appartiennent rarement au domaine précis d'étude du doctorant et de ce fait, un séminaire de recherche peut encourager les directeurs de thèse et les étudiants en master à réfléchir de manière interdisciplinaire et hors de leurs horizons immédiats. Cela peut produire des approches de recherche créatives et une plus ample compréhension de la matière.

iii) Il fournit un environnement sûr où les étudiants de troisième cycle et les directeurs peuvent tester des idées et recevoir une évaluation critique des confrères. Il peut s'agir d'idées de recherche originales ou de questions issues du discours scientifique en cours. Entreprendre cela dans un cadre formel et le faire suivre d'un dialogue respectueux contribuent à renforcer, pour l'étudiant, sa perception de sa propre valeur intellectuelle.

iv) Il faudrait profiter de l'occasion pour inviter des chercheurs à présenter des articles, ce qui permet de proposer à la communauté académique locale de nouvelles idées et approches de la part des érudits invités et de l'exposer à un discours scientifique régional ou mondial plus large.

v) Le séminaire de recherche aide le corps professoral et les étudiants à se développer sur les plans intellectuel, relationnel et spirituel, autour de la valeur fondamentale de la formation de l'esprit chrétien novateur.

Diriger le séminaire

Diriger un séminaire est l'occasion d'expérimenter la flexibilité et les approches imaginatives. Il faut de bons modérateurs au cours du séminaire, afin d'encourager une large discussion. Si, en tant que directeur, vous assumez le rôle de modérateur, il est important de veiller à ce que les étudiants en recherche aient la possibilité de s'exprimer et de ne pas rester silencieux pendant que les membres du corps professoral dominent le dialogue. Les articles devraient être intelligibles pour les personnes présentes et, s'ils sont interdisciplinaires, être accessibles à des non-spécialistes des domaines spécifiques, sans perdre pour autant leur rigueur académique.

Les documents peuvent être soumis à l'avance pour examen, brièvement présentés, puis discutés, ou présentés en totalité lors du séminaire et suivis de questions et de débats. Des documents plus courts d'une vingtaine de minutes sur les recherches en cours peuvent être développés.

Une autre approche fructueuse consiste à présenter aux participants la lecture d'un texte clé – primaire ou secondaire – et de faire suivre cette lecture d'une discussion autour du texte. Ce dernier peut relever d'un domaine de recherche spécifique ou peut se rapporter à des développements éducatifs.

Pour réussir un séminaire de recherche, l'institution devra se l'approprier totalement. Les directeurs de thèse et les jeunes chercheurs s'emploieront à consacrer quelques heures à la préparation de chaque séminaire. Participer et soutenir ceux qui présentent des articles est une question de courtoisie et de respect. Le séminaire de recherche aide à renforcer le soutien mutuel, l'apprentissage partagé et l'encouragement entre confrères.

Questions de réflexion

Votre institution organise-t-elle un séminaire de recherche ?

Dans quelle mesure le trouvez-vous efficace en tant que lieu de débat académique entre confrères ?

Que pouvez-vous faire pour améliorer son efficacité ?

Comment pouvez-vous aider vos étudiants à tirer le meilleur parti du séminaire de recherche ?

3. Développer les ressources de la bibliothèque

Malgré la disponibilité croissante de l'accès à distance aux ressources électroniques et aux bases de données, la bibliothèque constitue toujours le « cœur » de l'institution de niveau universitaire. Fournir un environnement propice à la recherche nécessite un investissement important en ressources de bibliothèque. Le directeur jouera un rôle important en cela, en participant activement à la recommandation de textes et de ressources clés à acquérir et en s'efforçant de maintenir la valeur académique de la bibliothèque dans son domaine de recherche. Le budget de la bibliothèque devrait être utilisé de façon créative pour soutenir les étudiants et leur fournir des ressources de recherche de haute qualité. Le poste de bibliothécaire est essentiel et représente pour l'institution une dimension fondamentale du travail d'enseignement et de recherche. Dans l'institution théologique où j'enseignais, le bibliothécaire siégeait au conseil académique.

4. Créer des espaces d'étude dédiées aux étudiants en recherche

Lorsque les étudiants entreprennent des recherches, ils ont besoin d'espace pour leurs livres, leurs notes et leurs documents de recherche. Afin d'éviter aux étudiants de devoir emporter un grand nombre de livres à un poste d'étude en bibliothèque, et de devoir les remporter en fin de journée, un certain nombre d'institutions théologiques et d'universités ont créé une salle d'étude ou une zone délimitée dans la bibliothèque, consacrée aux chercheurs de deuxième ou troisième cycle. D'autres fournissent des petits bureaux, des cabines d'étude ou des box individuels de lecture. Tout cela favorise la capacité des chercheurs à poursuivre leur travail. Dédier une salle d'étude aux chercheurs renforce le sentiment d'appartenance à une communauté de recherche qui se soutient mutuellement.

5. Prévoir du temps pour la direction de thèse au sein de la charge du travail d'enseignement

Avant d'introduire des programmes doctoraux dans leur offre, les institutions devront allouer du temps pour la direction de thèse au sein de la charge de travail du personnel. Les considérations relatives à l'assurance de la qualité devront garantir que la qualité de la direction de recherche n'est pas compromise par l'assignation aux directeurs d'un volume de travail excessif et de responsabilités trop grandes.

Si l'institution vous confie la direction d'étudiants en recherche, il est important de vous assurer que toutes les dispositions nécessaires sont établies pour que les réunions de direction soient prises en compte dans votre charge de travail habituelle. Votre institution devrait avoir mis en place des directives sur le nombre maximum d'étudiants en recherche (y compris ceux qui entreprennent des recherches à un niveau de master) qu'un directeur peut suivre en même temps. Les charges de travail académique et administratif seront ajustées pour intégrer la charge de direction.

Le temps de travail nécessaire à un directeur pour encadrer un doctorant à temps plein peut être raisonnablement estimé à 60-90 heures de travail par an. Cela peut varier et prendre plus de temps au début de la thèse de l'étudiant, et moins dans la deuxième année. Les directeurs expérimentés peuvent même prendre un peu moins de temps que prévu. Définir cette allocation de temps devrait faire partie de vos discussions annuelles relatives à la charge de travail avec votre chef de département ou votre doyen. Vous ne devez pas vous surcharger en acceptant trop de doctorants à diriger. Cela nuira à votre travail, à l'expérience des étudiants et à votre santé en général.

6. Le perfectionnement professionnel des directeurs de thèse

De nombreux directeurs sont appelés à assumer ce rôle sans aucune formation ou préparation formelle pour la direction de thèse. Pourtant, l'importance d'une bonne direction pour une recherche réussie est telle que les établissements offrant des diplômes de doctorat devraient absolument mettre en place des dispositions appropriées pour le développement du corps professoral et la formation des directeurs de thèse. La lecture de ce guide constitue un bon début, et de surcroît, le comité doctoral de l'ICETE propose également des séminaires de formation pour les directeurs de thèse, comme le font certaines universités locales. Il est important de souligner à votre directeur de programme doctoral à quel point cela compte et d'encourager la mise à disposition régulière de ces mesures. Des séminaires de discussion peuvent aussi être organisés autour du contenu de ce livre.

Faites en sorte de vous assurer que les plans de développement institutionnel incluent des dispositions pour établir et former des futurs directeurs de thèse. Ces derniers devront être encadrés dans le travail qu'ils entreprendront. Si vous êtes un directeur expérimenté, il vous faudra peut-être leur consacrer du temps au cas où l'on vous demande de les encadrer.

7. Maintenir la valeur académique

Les écoles doctorales devraient mettre en place des structures pour permettre aux professeurs engagés dans la direction doctorale de maintenir leur valeur académique à un niveau doctoral, dans le cadre des opportunités de développement qu'elles offrent au personnel.

Cela devrait amener les directeurs de thèse à produire régulièrement des monographies, des articles de recherche dans leur domaine et à participer à des conférences académiques en présentant leurs travaux. Ce n'est pas facile si vous avez déjà une lourde tâche d'enseignement ou d'administration, et si les tâches urgentes compromettent l'importante activité de recherche. L'investissement de votre temps dans ces activités de recherche est essentiel pour maintenir votre aptitude à diriger. Dès que cela s'avère impossible en termes de charge de travail, votre valeur académique diminuera rapidement et vous devrez abandonner la fonction de directeur de thèse.

Pour maintenir cette valeur académique, il faut disposer de jours d'étude et de périodes de congé sabbatique sans enseignement ni administration. Il est important de gérer votre temps de manière à en faire pleinement usage et de ne pas permettre qu'il soit utilisé pour d'autres tâches. Une recherche active nourrit une bonne direction de thèse, un enseignement inspirant et la capacité d'examiner le travail des autres.

L'institution percevra que l'investissement dans sa direction académique nécessite d'investir dans le capital intellectuel et de fournir des opportunités pour la croissance de la maturité spirituelle de son corps enseignant.

Questions de réflexion

Quelles sont les principales questions soulevées à propos de ces problèmes dans votre propre institution ?

Quels sont les principaux domaines qui nécessitent une attention particulière dans votre propre travail ?

Identifiez trois démarches importantes à entreprendre pour aborder les domaines nécessitant l'attention.

8. Les conférences

Il est important de maintenir votre valeur académique personnelle en assistant aux conférences académiques et en y présentant des articles chaque fois que cela est possible. Ces conférences peuvent être nationales, régionales ou internationales. Cela vous permet de vous intéresser aux tendances les plus récentes en matière d'érudition et de vous mettre en réseau avec vos confrères. Dans la mesure du possible, vous devriez présenter des travaux de recherche à ces occasions – préparer et livrer des articles scientifiques aide l'esprit à se concentrer sur les résultats d'une recherche.

Il y a un prix à payer pour cela. Les institutions ont des ressources limitées. Les budgets de développement du personnel sont souvent les premiers à être réduits, et cela peut rapidement saper l'engagement de l'institution en faveur d'un enseignement axé sur la recherche. De nombreuses conférences offrent des bourses de voyage à ceux qui y participent et il faudrait en profiter chaque fois que cela est possible.

Il est également possible pour les institutions d'organiser périodiquement leurs propres conférences sur des thèmes phares. L'institution invite quelques conférenciers et les complète par un nombre d'universitaires locaux et d'étudiants dont la recherche est à un stade avancé. Les directeurs de thèse feront tout pour encourager le développement de telles opportunités dans l'intérêt de leurs doctorants, de l'institution et de leur propre réputation de chercheurs.

On peut aussi organiser localement des conférences pour le bénéfice des responsables et des pasteurs des églises locales, pour les aider à comprendre les points de vue académiques sur les problèmes relatifs à leurs contextes locaux. Cela souligne l'engagement à promouvoir l'apprentissage continu parmi les dirigeants de l'église et permet à l'institution théologique de servir l'église locale et de promouvoir la réflexion sur les besoins et les problèmes contextuels

9. Les publications

Non seulement les universités fondées sur la recherche encouragent, mais elles récompensent également les activités de publication de recherche. L'activité de recherche est habituellement classée en fonction d'une mesure de référence externe qui détermine sa position dans les publications périodiques consultées par la communauté des confrères. Certaines institutions versent une rémunération supplémentaire pour les articles de recherche publiés.

Dans les institutions théologiques évangéliques, les ressources dédiées à cet aspect peuvent être plus limitées mais l'éthique devrait être la même. Une bonne recherche devrait être partagée, discutée et largement diffusée. Le lectorat général pour les articles scientifiques et les monographies évaluées par des confrères peut ne pas être important en nombre, mais se compose généralement de protagonistes au cœur du débat académique. Par conséquent, apporter une contribution stratégique pour façonner la trajectoire de l'érudition est une activité très importante, et apporter une perspective évangélique distinctive dans un tel discours scientifique est un aspect important de la mission chrétienne. Il est également nécessaire d'écrire et de publier des articles qui seront profitables aux étudiants comme aux dirigeants d'églises. Cela relie l'université à l'église et l'aide à être au service du travail et du témoignage plus larges de ces églises.

Les étudiants en recherche devraient certes être encouragés à publier leur travail de recherche en tant que monographie, mais ils peuvent également développer des articles à partir des chapitres de leur thèse ou en lien avec leur recherche. D'autres versions répondant aux besoins des dirigeants d'églises locales peuvent aussi être produites.

En résumé

Les études doctorales ne devraient pas exister isolément, mais être intégrées dans le travail de toute l'institution. Ainsi, les doctorants ne se sentent pas isolés des autres étudiants et de la communauté académique au sens large.

Les directeurs de thèse ont un rôle à jouer dans la culture de recherche et se doivent de la promouvoir dans l'ensemble de l'institution, en se fondant sur la conviction que :

i) La recherche nourrit la qualité de l'enseignement – il y a une forte synergie entre recherche et enseignement.

ii) Les bonnes idées en recherche se répandent à travers la communauté académique et améliorent la qualité de la réflexion et du discours scientifique parmi les collègues.

iii) S'engager dans le discours scientifique avec les confrères dans une perspective évangélique fait partie de la mission chrétienne.

iv) Bien d'autres écoles bénéficieront des ressources développées et des échanges érudits encouragés.

v) La culture de recherche d'une institution ne peut être mesurée en simples termes financiers, mais devrait être considérée comme un moyen d'apporter de la profondeur, de la maturité et de la richesse dans la formation des responsables et des penseurs chrétiens de la région.

Questions de réflexion

Dans quelle mesure la culture de recherche dans laquelle vous avez entrepris votre thèse a-t-elle amélioré votre expérience de recherche ?

Qu'est-ce qui aurait pu être fait pour l'améliorer davantage ?

Quelle sorte de culture de recherche existe dans votre contexte d'enseignement actuel ?

Énumérez les activités que vous entreprenez et qui contribuent à la culture de recherche là où vous enseignez actuellement.

Quelles idées donneriez-vous pour renforcer la culture de recherche dans votre propre institution ?

Si votre institution commence tout juste à instaurer une culture de recherche et qu'elle dispose de fonds limités, par où voudriez-vous commencer ?

Comment pouvez-vous aider vos étudiants à contribuer à la culture de recherche et à en tirer profit ?

Étude de cas

Dans l'institution théologique où Paolo dirige l'école doctorale, un séminaire de recherche a été organisé. Les premières sessions se passent bien, mais Paolo remarque que le corps professoral tend à dominer le débat et que les étudiants en recherche y contribuent très peu. Après la présentation d'un article, la discussion devient très animée et deux membres du corps professoral échangent de manière vive leurs points de vue différents, ce qui met mal à l'aise les étudiants présents. Quand Paolo discute de cela avec les deux professeurs en question, ces derniers affirment tous deux qu'il est impossible de défendre une position particulière sans devenir passionnel. Paolo craint que les émotions n'obscurcissent les débats.

Questions

Quels problèmes ce cas soulève-t-il ?

Que devrait faire Paolo pour contribuer à améliorer l'atmosphère du séminaire de recherche et à mettre en place de bonnes pratiques académiques ?

Lectures complémentaires conseillées

Ouvrages en français

Shaw, I., *Bonnes pratiques pour la formation doctorale en théologie*, Carlisle, Langham Global Library, 2018.

Ouvrages en anglais

Eley, A., et R. Murray, *How to Be an Effective Supervisor*, Maidenhead, Open University Press, 2009.

Quality Assurance Agency, 'Doctoral Degree Characteristics.' www.qaa.ac.uk/en/Publications/Documents/Doctoral_Characteristics.pdf

12

Amener les doctorants à écrire

J'écris, je réécris, j'écris une troisième fois puis je reprends la troisième version – et je remplis littéralement la page de corrections manuscrites, de telle sorte qu'aucune autre personne ne pourrait la déchiffrer – puis je la remets au propre pour l'imprimer. Puis je la mets de côté – la reprends – fais de nouvelles corrections – cela ne convient pas – les modifications se multiplient – la page est réécrite – les insertions reviennent, rampent entre les lignes, entre les mots – la page est défigurée – je l'écris à nouveau. Je ne peux pas compter le nombre de fois où ce processus se répète. Je peux juste comparer l'affaire entière à une entreprise très simple – laver une éponge du gravier et de l'odeur de la mer[1].

Ainsi l'écrivait John Henry Newman, l'un des théologiens anglais les plus célèbres du XIXe siècle. Si lui-même trouvait qu'écrire, mettre les mots justes dans le bon ordre, était si difficile, comment s'étonner que nos doctorants pensent de même ?

Écrire, un vrai défi

Peu de doctorants s'engagent dans le doctorat en étant déjà des écrivains capables, bien formés et sûrs d'eux-mêmes. Écrire à un niveau universitaire est une compétence à affiner et à développer tout au long du doctorat. Les doctorants s'emploieront donc à commencer à écrire très tôt, dès les stades préliminaires. L'ancien profil du doctorant qui lit et s'éduque pendant des années avant de commencer à écrire dans la dernière étape ne correspond plus à la réalité d'aujourd'hui. En effet, le manque de productions écrites régulières et de respect des délais de soumission des travaux est à présent un indicateur de problèmes dans l'approche du doctorant. Certaines études ont noté que les difficultés de commencer à écrire constituaient une raison fréquente de l'échec de soumettre une thèse ou de la soumission d'une thèse qui

---

[1]. J. H. NEWMAN, *Letters and Diaries of John Henry Newman*, Vol. VI, Oxford, Clarendon Press, 1961, p. 188-189.

nécessite de nombreuses révisions et corrections[2]. Il est donc vital d'intégrer l'enseignement du processus d'écriture de niveau universitaire dans la phase initiale de l'étude doctorale.

Écrire n'est pas la même chose que parler en public ou prêcher, bien qu'il y ait des similarités. Le conférencier recevra des commentaires immédiats et pourra remédier rapidement aux soucis ou aux problèmes de manque de clarté. Il peut ajouter, modifier ou corriger le contenu de sa présentation en fonction de la réaction du public. Pour les écrits, les retours sont plus lents à venir – la critique d'un livre peut survenir bien des années après la parution du livre en question. La forme écrite est fixe et s'expose au jugement de manière bien plus marquée que ne le serait l'évaluation de la parole. Les réponses à l'écriture peuvent être plus formelles, moins personnelles, et du fait qu'elles ne peuvent pas être explicitées et nuancées comme le seraient les réponses verbales, elles peuvent paraître plus froides et même plus sévères.

Les termes « rédiger » ou « mettre au propre » peuvent sembler plutôt décontractés, dans ce sens qu'ils impliqueraient que la recherche est pratiquement terminée et que tout ce qui reste à faire pour compléter la thèse est de mettre en forme les derniers chapitres. En réalité, « rédiger » n'est pas une mince affaire. Cela requiert que l'auteur exprime sur le papier des pensées complexes, de manière logique et lucide. Il lui faut justifier par écrit les revendications de sa thèse.

Mettre sur papier ce que votre esprit comprend n'est pas facile. Certains étudiants peuvent comprendre un problème d'un point de vue conceptuel, et peut-être l'expliquer verbalement, mais quand il s'agit d'écrire, les mots leur manquent.

Écrire signifie apporter un sens à travers la langue. L'écriture fait partie d'un processus de négociation entre l'auteur et les membres de la communauté discursive pour laquelle il écrit. À la fin de ce processus, tout ce qu'un doctorant écrit sera examiné de près. Les arguments présentés par l'étudiant sont-ils organisés de manière logique ? Sont-ils compréhensibles ? Les écrits devraient être bien réfléchis et réexaminés. Les doctorants apprendront à remettre en question ce qu'ils écrivent afin de s'assurer que leurs écrits expriment bien leur pensée, car d'autres personnes liront, interpréteront et donneront un sens à ce qu'ils ont écrit. Ils s'assureront donc que chaque phrase apporte une information nouvelle, juste et pertinente, sans tergiverser. Les arguments et les éléments de preuve sont-ils tous justifiés ? Il est peu probable que l'étudiant puisse délivrer le produit final dès la première tentative. Plusieurs brouillons permettront au travail de mûrir et d'être affiné et offriront plusieurs opportunités consécutives de résoudre les problèmes plutôt que de les résoudre tous ensemble dans l'urgence de la dernière minute. Nous espérons que ce processus ne soit pas aussi tortueux que celui décrit par John Henry Newman, mais il est fort probable qu'il le soit !

Les obstacles entravant l'écriture

Les écrivains ont une tendance notoire à remettre à plus tard. Écrire n'est pas un processus aussi « naturel » que parler. Cela demande des compétences qui seront acquises et

---

2. E. Rudd, *A New Look at Postgraduate Failure*, Guildford, Surrey, Society for Research into Higher Education, 1985.

constamment développées. Pour bien des auteurs, le sentiment d'échec quant à leur travail est un fardeau pesant. Même les romanciers les plus connus diront à quel point il est difficile de faire face à une page blanche ou à un écran vide en début de journée. Ils parleront du « syndrome de la page blanche », pour décrire ce moment où les mots ne viennent tout simplement pas. L'écriture est une activité très personnelle et peut conduire à l'isolement.

Questions de réflexion

Réfléchissez à vos propres sentiments à propos de l'écriture.

Quels ont été les principaux défis auxquels vous avez dû faire face ?

Quelle est l'œuvre écrite la plus réussie que vous ayez entreprise ?

Quelles sont les choses qui ont contribué à son succès ?

Amener les étudiants à écrire régulièrement de petites sections

Encourager les étudiants à écrire régulièrement est important pour plusieurs raisons :

i) Cela leur permet de réfléchir à là où ils en sont dans leur pensée, et de se demander vers quoi ils se dirigent. Cela crée des moments sommatifs dans un processus formatif.

ii) L'acte d'écrire peut être un puissant moyen de générer des idées et de se rappeler les informations.

iii) Discuter d'un travail écrit qui fera éventuellement partie de la thèse permet d'obtenir un retour. Bien que ce travail ne soit pas officiellement noté, le directeur de thèse peut voir et commenter la qualité du travail de l'étudiant et offrir des corrections et des directives.

iv) La production de travaux évalués est généralement une exigence institutionnelle pour les bilans réguliers de l'avancement du travail, les remises à niveau, etc.

Les doctorants sont parfois réticents à soumettre leurs travaux. Plusieurs raisons peuvent en être la cause :

i) Une thèse est toujours une œuvre « en devenir » : les étudiants ont l'impression que le produit n'est pas fini, ils sont donc réticents à soumettre ce qui leur semble être un travail non achevé.

ii) Les étudiants ont le sentiment que leurs compétences ne sont pas bien développées et hésitent donc à montrer leur travail à leur directeur.

iii) Les étudiants n'ont pas été formés à écrire et à documenter de longs travaux dans leurs études précédentes.

iv) Ils sont hantés par la peur de l'échec ou craignent d'être « jugés » prématurément.

Questions de réflexion

Quelles étaient vos propres raisons d'être réticent à écrire ?

Quelles tâches votre directeur vous a-t-il assignées pour vous amener à écrire ?

Quelles approches avez-vous adoptées pour que vos étudiants écrivent ?

Les obstacles spécifiques à l'écriture

La difficulté d'écrire n'est pas simplement liée à des échecs scolaires ou à un point faible. Si les étudiants ont du mal à écrire, le directeur devrait explorer ce qui est au cœur de cette difficulté :

- **Le stress :** écrire une thèse est très stressant. À mesure que monte la pression due aux dates limites et à l'ampleur de la tâche, certains étudiants voient leur capacité d'écrire diminuer. D'autres expérimentent de sévères maux de tête. D'autres encore peuvent passer un temps considérable à fixer leur écran d'ordinateur sans le voir. Si cela devient extrême, certains étudiants peuvent avoir besoin d'être orientés vers une assistance médicale, pour des symptômes liés à un stress aggravé ou à une dépression.
- **Le manque d'organisation :** certains étudiants sont incapables de décider du bon moment et du bon endroit pour écrire. Il se peut que leurs notes ne soient pas organisées de manière à les rendre facilement accessibles. Il faut une grande discipline personnelle et mentale pour mettre en place, au bon moment, tous les éléments nécessaires à une écriture continue.
- **Trop de distractions :** l'écriture exige une grande concentration et, avec des interruptions constantes provenant des courriels, des SMS, des appels téléphoniques ou des exigences familiales ou pastorales, les étudiants ont du mal à rassembler leurs idées. Face à ces pressions, il est nécessaire de recourir à un endroit calme pour pouvoir se concentrer sur l'écriture.
- **Ne pas réussir à donner la priorité à l'écriture :** beaucoup d'étudiants trouvent la recherche initiale passionnante et stimulante, car elle leur permet d'élargir leurs horizons dans la discipline d'étude. En comparaison, l'écriture peut paraître ennuyeuse. Cependant, la phase d'écriture de la recherche est aussi importante que la collecte de preuves en soi.
- **Une éventuelle difficulté d'apprentissage :** il est possible que certains étudiants aient atteint le stade doctoral tout en souffrant d'un trouble d'apprentissage non

diagnostiqué, tel que la dyslexie. À mesure que grandit le défi des longues lectures, suivies de longs travaux d'écriture de passages intensément réfléchis et requérant une grande concentration, un problème sous-jacent peut être mis en relief. Si de sérieuses difficultés se manifestent, il faudra peut-être envisager de consulter un spécialiste pour une évaluation professionnelle afin de repérer la cause éventuelle, et requérir des conseils sur les stratégies appropriées pour y remédier. Il ne faut pas décourager ceux qui souffrent de ces difficultés d'apprentissage d'entreprendre des études à un niveau doctoral – j'ai moi-même dirigé des étudiants dyslexiques et les ai vus réussir en master et en études doctorales. Avec un soutien spécialisé approprié, les étudiants confrontés à ces problèmes peuvent réussir.

Comprendre le processus d'écriture et l'enseigner

L'écriture implique le déploiement des compétences de planification, de construction du contenu, de compréhension du processus et d'esprit critique.

La planification

Il est important d'investir du temps pour établir un plan d'ensemble initial pour chaque partie de la thèse et cela sera souligné aux doctorants. Certains directeurs demandent à voir ces plans d'ensemble avant que l'étudiant n'entame l'écriture d'un chapitre ou d'une section. Le plan d'ensemble est l'ossature du chapitre ou de la section, les preuves et l'argumentation sont le corps qui la revêt.

Le plan devrait établir la structure de la thèse et démontrer la clarté de l'argumentation. Les points principaux du plan deviennent les titres et les sous-titres de la thèse.

En produisant le plan, certains étudiants trouvent utile d'utiliser des stratégies préparatoires à la rédaction comme le *brainstorming* (le remue-méninges) et le *mind-mapping* (la cartographie mentale) afin de générer et d'organiser leurs idées avant de commencer la rédaction de la section.

Le premier jet

Après la planification, la rédaction commence. Au stade initial, il est bon que les étudiants puissent écrire en laissant libre cours à leurs idées, sans passer trop de temps à peaufiner les aspects techniques qui peuvent entraver la réflexion. Le premier jet devrait être mis de côté pendant environ une journée avant d'être révisé.

La révision

L'étudiant devrait relire son premier jet attentivement, en repérant les répétitions, le manque de clarté ou l'inexactitude. Après ces corrections, il lui faut consacrer un temps à la vérification du style, de la grammaire et de l'orthographe. Les phrases devraient être d'une longueur appropriée. Quand elles sont trop longues et décousues, elles ont besoin d'être rectifiées. Si elles sont trop courtes, il peut être difficile de suivre l'argumentation. Varier la longueur et la forme est généralement plus intéressant. Les accompagnements techniques tels que les notes de bas de page devraient ensuite être corrigés.

L'étudiant devrait adopter très tôt l'approche de l'un des guides de présentation universitaire (comme le « Guide pour la rédaction et la présentation des thèses à l'usage des doctorants[3] » ou le *Chicago Manual of Style*[4] pour les thèses rédigées aux États-Unis), et s'y tenir systématiquement. Le directeur devrait faire des recommandations quant aux guides de présentation acceptables dans l'établissement.

Dès les premières ébauches, il convient d'insister sur des normes élevées d'écriture et de présentation. Les compétences clés pour l'avenir seront apprises et consolidées.

Le style d'écriture

Le style devrait être adapté au niveau et à la discipline étudiée. Les directeurs de thèse donnent régulièrement des conseils sur le « langage discursif » et sur l'utilisation appropriée de la terminologie technique spécifique à la discipline. Cependant, même lorsque les termes techniques sont utilisés, le texte ne devrait pas devenir hermétique ou ennuyeux.

L'organisation logique du texte

Les chapitres et les sections devraient avoir une introduction servant de repère pour ce qui va suivre. S'il y a des sous-sections, c'est là que les principales d'entre elles seront signalées. L'introduction devrait attirer le lecteur, éveiller son intérêt, voire même l'intriguer. Une citation incitant à la réflexion ou l'argumentation d'un autre savant peuvent servir à attirer le lecteur. Dès l'introduction, la conclusion doit être gardée à l'esprit – là où tout cela nous mène.

L'argumentation générale

Une thèse devrait avoir un argument qui englobe tout – un métarécit. Il en va de même des chapitres individuels.

Pour évaluer l'organisation logique d'une œuvre, une bonne méthode serait de lire l'introduction, puis d'aller directement à la conclusion, sans regarder ce qui se passe entre les deux, afin de voir s'il y a un lien entre le début et la fin de l'œuvre – les questions posées ou les problèmes soulevés dans l'introduction ont-ils des réponses par la suite ?

---

3. Ministère de l'Éducation nationale, de l'enseignement supérieur et de la recherche, « Guide pour la rédaction et la présentation des thèses à l'usage des doctorants », 2007.
4. *The Chicago Manual of Style*, 16e édition, Université de Chicago, Chicago, 2010.

La structure

Chaque section d'une thèse devrait avoir une structure claire – avec une brève introduction, un thème et une argumentation appropriés, et une conclusion résumant où en est l'argumentation et servant de lien pour la prochaine étape.

Le contenu principal

Le corps principal du chapitre ou de la section consistera à justifier l'argumentation clé ou l'ensemble des preuves. L'accent est mis ici sur *la description* et *l'explication*.

L'étudiant devra créer un sens du débat académique et du discours scientifique qu'il comprend et arbitre. Cela implique des compétences de discours critique dans le domaine étudié, avec des arguments présentés pour chacune des opinions considérées. C'est une approche dialectique courante – dans l'idéal, le travail de l'étudiant développe la thèse, puis l'antithèse qui précède une synthèse, avant de progresser vers une nouvelle thèse – de nouveaux paradigmes de compréhension.

Il faut souligner l'importance des connecteurs logiques dans ce travail, tels que : « bien que », « cependant », « en revanche », « en outre », « de plus », « enfin », « d'une part... d'autre part ». Ces termes permettent d'étoffer l'argumentation. Les connecteurs logiques tels que « donc », « ainsi », « il s'ensuit que », « par conséquent » sont des outils précieux dans la finalisation des sections et des chapitres de thèse et même de la thèse entière.

La conclusion

La conclusion est l'aboutissement de l'argumentation qui la précède – elle souligne les parties les plus importantes, identifie les zones d'ombre et accrédite la thèse qui a été présentée d'une manière soutenue. Elle propose souvent des idées d'études supplémentaires sur le sujet, à entreprendre ultérieurement par l'étudiant ou par d'autres chercheurs.

L'ami qui critique

Les étudiants sont généralement encouragés à faire lire leurs écrits par une personne proche qui peut « voir » les erreurs que l'écrivain souvent ne voit pas. Cependant, les règles de base de cette intervention devraient être clarifiées. La personne qui relit le texte devrait seulement vérifier la présentation, l'orthographe et la grammaire et non « améliorer » le travail de l'étudiant sur d'autres plans. Un bon vérificateur d'orthographe et de style d'un logiciel de traitement de texte devrait éliminer bon nombre de ces problèmes. Un bon niveau de soutien dans ce domaine se révèle important, surtout lorsque l'étudiant ne travaille pas dans sa langue maternelle.

La présentation finale

Les étudiants auront besoin de comprendre l'importance de maintenir des normes élevées de présentation dans la rédaction d'une thèse. Ils devraient recevoir dès le début des instructions sur la taille de la police de caractères, l'espacement des mots, les marges, etc. Un double interligne permet au directeur d'insérer ses commentaires plus facilement. Les tableaux, les nombres, les listes de références ou les annexes seront tous joints et numérotés séquentiellement.

L'écriture académique devrait être précise et claire. Il ne peut y avoir de place pour une mauvaise interprétation ou un malentendu. Lors d'une soutenance de thèse, un étudiant ne devrait pas se retrouver à devoir expliquer ce qu'il entendait vraiment par ce qu'il a écrit.

Questions de réflexion

Comment pouvez-vous encourager vos doctorants à acquérir ces compétences ?

Quel guide de présentation utilisez-vous et recommandez-vous ?

Quels exemples d'écriture académique pouvez-vous utiliser pour démontrer ces compétences ?

Comment évaluez-vous la lisibilité et la compréhensibilité d'un texte ?

Aider à créer une structure et un sens

Voici quelques points à vérifier pour le directeur de thèse :

i) L'étudiant a-t-il clarifié la finalité de chaque section ou chapitre ?

ii) L'argumentation/l'analyse est-elle claire ?

iii) L'étudiant a-t-il respecté les conventions d'écriture de la discipline ?

iv) Les points de vue exprimés sont-ils soutenus par des preuves ?

v) Les conclusions sont-elles mises en relief et explicites ?

vi) Les liens entre ce travail et d'autres ont-ils été clairement établis ?

Questions de réflexion

Quelles sont les stratégies d'écriture qui ont bien fonctionné pour vos doctorants ?

Quelles sont celles qui n'ont pas marché ?

Quelles idées ou techniques recommandez-vous pour commencer à écrire dès le début de la journée ?

Lorsque les étudiants ont besoin d'un stimulus majeur pour avancer dans leur rédaction plus rapidement :

- Peuvent-ils changer leur mode de fonctionnement ?
- Peuvent-ils accélérer et augmenter la production ?

Il peut être utile de partager avec les étudiants vos propres stratégies d'écriture, et les hauts et les bas que vous avez connus lors de la rédaction de votre propre thèse. Certains auteurs recommandent un moyen de redémarrer l'écriture au début de la journée : laisser une phrase inachevée sur la page sur laquelle vous travaillez. La première tâche consiste alors à terminer la phrase au début de la journée suivante, et ainsi l'écriture reprend.

Tourner la page

Tourner la page consiste à mettre un terme à l'un des aspects de la recherche. Cela signifie « limiter, mettre un terme, passer à autre chose ». La section n'a pas forcément atteint sa forme finale, mais elle est à un stade où on peut la mettre de côté pour un temps, afin de la revoir ultérieurement. Écrire crée des dénouements temporaires. Quand ils reviennent sur ces dénouements, les étudiants peuvent choisir, donner des priorités aux idées qu'ils gardent et exclure celles qu'ils ne développeront pas.

Questions de réflexion

Quels résultats l'étudiant a-t-il atteints dans son travail jusqu'ici ?

Quels points de dénouement doit-il atteindre maintenant ?

Le partenaire redevable – Le journal de recherche

Tenir un journal de recherche est conseillé dans bien des guides traitant de la rédaction de thèses doctorales. Certaines écoles doctorales en font une exigence dans le cadre du profil de développement personnel de leurs étudiants. Voici ce que l'étudiant pourra prendre en note :

i) La progression du travail, les réunions tenues, ce que l'étudiant a réalisé et la date de réalisation.

ii) Il est important pour les étudiants de réguler leurs progrès – d'ajuster l'écriture ou la pensée en fonction de la façon dont ils progressent.

iii) Des réflexions sur leurs pensées jusqu'ici et sur les idées qui se développent. Cela devrait inclure un espace pour le « remue-méninges », en notant les nouvelles idées importantes à mesure qu'elles se développent. Dans le journal, l'étudiant relatera les problèmes majeurs qu'il anticipe et les moments de déclic lorsque les solutions deviennent plus claires.

iv) Recentrer l'effort – que reste-t-il à faire, quand et où cela sera-t-il fait ?

v) Planifier à l'avance – les étudiants ont tendance à avoir une idée peu réaliste du temps qu'il leur faudra pour écrire un texte académique bien développé. Demandez-leur de déterminer combien de temps il leur faut pour écrire 500 mots de texte scientifique soutenu. Demandez-leur ensuite de rédiger un plan d'écriture approximatif pour l'année suivante en fonction de leurs antécédents en rapidité d'écriture.

Le cours de rédaction dans les études de troisième cycle

Des cours en écriture de courte durée peuvent être utiles pour développer des compétences de rédaction au niveau universitaire. Les plus utiles se concentrent sur la production de texte, et non seulement sur le tri des idées avant de prendre le stylo. Ils impliquent la contribution d'experts en rédaction académique et développent pour les étudiants des manières de critiquer réciproquement le travail de l'autre[5].

Questions de réflexion

Avez-vous assisté à un cours d'écriture durant vos propres études de doctorat ? Était-ce utile ?

Quels cours de soutien à l'écriture de troisième cycle votre établissement offre-t-il ?

Si un tel cours était offert, quels éléments clés devrait-il contenir ?

Si un tel cours n'est pas disponible, quels livres sur la rédaction de thèse pouvez-vous recommander ?

---

5. M. S. TORRANCE et G. V. THOMAS, « The Development of Writing Skills in Doctoral Research Students », dans *Postgraduate Education and Training in the Social Sciences. Processes and Products*, sous dir. R. G. Burgess, Londres, Jessica Kingsley, 1994, p. 105-123.

Offrir des retours

Dans le cadre d'une étude portant sur 45 doctorants, on a constaté que se préparer à recevoir des critiques de la part des professeurs et des confrères était perçu comme « l'élément le plus décisif pour aider les étudiants à comprendre le processus d'écriture savante et à produire un meilleur travail écrit ». Les « retours personnalisés en face-à face et la nature itérative ou permanente des critiques reçues » étaient essentiels pour les doctorants dans la construction de leur confiance en soi en tant qu'auteurs universitaires. Dans le même temps, les étudiants ont également reconnu que recevoir des critiques « provoquait de fortes émotions et parfois de la frustration ». L'étude a conclu qu'il était vital d'aider les étudiants à apprendre comment recevoir et donner des commentaires utiles[6].

D'après cette étude, les retours des directeurs de thèse sont donc très importants dans la formation doctorale. La manière de s'acquitter de cette tâche sera pensée avec soin. Les directeurs développeront des manières d'aider les étudiants à recevoir des commentaires et à en tirer parti, que ce soit de la part de leur directeur, de leurs pairs dans un séminaire de recherche ou d'examinateurs externes.

Questions de réflexion

Quel genre de commentaires offrez-vous à vos étudiants – écrits, oraux, à l'avance, le jour même ?

Combien de temps après la soumission d'un travail donnez-vous des commentaires ?

De quelle manière les commentaires négatifs sont-ils donnés ?

Les différents styles de retours

Les retours permettent notamment aux doctorants de comprendre ce qui est attendu d'eux au niveau du doctorat et d'évaluer si leur travail correspond ou non aux critères attendus. C'est important car les étudiants ont peu d'occasions d'évaluer leur travail.

J'ai été frappé, il y a plusieurs années, par les commentaires d'un de mes étudiants en recherche. Ce dernier avait soumis un travail long et globalement bon, que j'ai commenté de façon substantielle et largement positive, en prodiguant de nombreux encouragements. Et pourtant, l'étudiant a répondu que tous les commentaires lui avaient semblé négatifs, parce que je les avais écrits à l'encre rouge. Ce fut pour moi une leçon simple mais importante. Demandez-vous : quels messages involontaires transmettez-vous lorsque vous donnez des commentaires sous différentes formes ?

---

6. R. S. Caffarella et B. G. Barnett, « Teaching Doctoral Students to Become Scholarly Writers: The Importance of Giving and Receiving Critiques », *Studies in Higher Education* 25, no. 1, 2000, p. 40-43.

Écrire est un acte très personnel : c'est extérioriser vos pensées dans une forme susceptible d'évoluer. Par conséquent, les sentiments d'estime de soi des étudiants en tant que chercheurs et écrivains sont étroitement liés à ce processus de critique publique de leur travail. Les critiques peuvent être émotionnellement difficiles pour les auteurs. Elles peuvent provoquer une profonde remise en question de leur capacité d'écrire, et même de leur poursuite du doctorat.

Voici deux descriptions d'étudiants sur la réception de commentaires au sujet de leur travail telles que données dans des études publiées :

> *Ma première réaction, s'il y a beaucoup de suggestions, devrait être un soulagement profond, dans la mesure où j'ai quelqu'un dans ma vie qui sera honnête avec moi et m'aidera à produire le meilleur travail dont je suis capable. Mais ma première pensée est : « Je suis désolé, mais je ne peux plus être votre ami, parce que vous devez être une mauvaise personne pour commenter mon travail de cette manière. Et avoir mauvais caractère ».*

> *Il m'arrive de ne pas pouvoir prononcer un seul mot, tellement je suis déçu.*

Questions de réflexion

Comment vous sentiez-vous quand ce que vous aviez écrit recevait une mauvaise critique ?

Comment auriez-vous exprimé ces commentaires différemment ?

De quelle manière voulez-vous que les étudiants réagissent à vos commentaires ?

Que feriez-vous s'ils contestaient vos commentaires ?

Gérer les sessions de retours critique

Il est important de gérer la relation de directeur-doctorant lors des moments où les retours sont donnés. La majorité des étudiants savent intuitivement qu'ils devraient essayer de ne pas être sur la défensive lorsqu'ils reçoivent des retours sur leur travail et qu'il leur faut apprendre à bien recevoir les commentaires négatifs.

- En tant que directeur de thèse, réfléchissez bien au fait de donner des retours avant de commencer à en donner : quels buts voulez-vous atteindre par ces commentaires et de quelle manière souhaitez-vous que votre étudiant réagisse ?
- Lors de sa rencontre initiale avec les étudiants, le directeur devrait leur donner des instructions précises sur la façon dont il va donner ses commentaires sur leur travail, et comment ceux-ci devraient être reçus. Le directeur devra peut-être le leur rappeler à divers stades.

- Les étudiants gagneront à apprendre à gérer les commentaires contradictoires provenant de différents co-directeurs éventuels. Dans la mesure du possible, les co-directeurs devraient résoudre ces conflits entre eux avant qu'ils ne rencontrent l'étudiant plutôt qu'en sa présence, car l'étudiant pourrait trouver cela déroutant et pénible.
- Les directeurs examinent attentivement les objectifs du processus de critique et préparent à l'intention des étudiants des documents qui les aideront à intégrer ce processus dans leur pratique d'apprentissage doctoral.
- Reconnaissez qu'être critiqué est à la fois un processus rationnel et émotionnel pour la plupart des gens. Les doctorants sont jugés sur ce qu'ils écrivent. Les enjeux sont élevés et les étudiants sont profondément et émotionnellement investis dans leur travail.
- Essayez de transmettre un sentiment d'accomplissement : les retours devraient montrer ce qui a été accompli, en plus de ce qui devra être amélioré. Il ne suffit pas de dire « écrivez mieux ». Il est préférable de dire : « Voici ce que vous avez bien écrit et voici ce que vous pouvez mieux écrire. »
- Dans le processus de retours sur les travaux des étudiants, il est important de leur enseigner à réfléchir sur leur propre travail de manière critique. Il leur faudra exercer leur propre jugement professionnel indépendant quand ils travailleront dans leur futur ministère en tant qu'enseignants, chercheurs et écrivains. C'est donc une compétence à réapprendre régulièrement. C'est en faisant l'objet de critique et en critiquant le travail des autres que les étudiants apprendront. Faire cela dans un environnement favorable est très utile.

Étude de cas

Noah a présenté un travail rempli d'expressions peu claires, de fautes d'orthographe et d'erreurs grammaticales. Le travail a besoin d'une révision complète, mais la date limite de soumission est proche, et le connaissant, comme vous êtes son directeur de thèse, vous savez que si vous lui demandez de faire les corrections, cela prendra beaucoup de temps. Vous songez à faire le travail vous-même et à mettre en évidence tous les problèmes, même si vous savez que cela prendra du temps. Mais vous pensez qu'ainsi Noah pourrait présenter son travail à temps.

Questions

Que devriez-vous faire ?

Que devriez-vous ne pas faire ?

Lectures complémentaires conseillées

Ouvrages et articles en anglais

Caffarella, R. S., et B. G. Barnett, « Teaching Doctoral Students to Become Scholarly Writers: The Importance of Giving and Receiving Critiques », *Studies in Higher Education* 25, no. 1, 2000, p. 39-52.

Chicago University Press, *A Manual for Writers of Term Papers, Theses and Dissertations* (7ᵉ édition), Chicago, Chicago University Press, 2010.

Cutts, Martin, *Oxford Guide to Plain English*, Oxford, Oxford University Press, 2009.

Kamler, B., et P. Thomson, *Helping Doctoral Students Write: Pedagogies for Supervision*, Abingdon, Routledge, 2006.

Murray, R., *How to Write a Thesis,* 2ᵉ édition, Maidenhead, Open University Press, 2006.

Seely, J., *Oxford Guide to Effective Writing and Speaking*, Oxford, Oxford University Press, 2005.

Swan, Michael, *Practical English Usage*, Oxford, OUP, 1996, for English as foreign language, EFL.

Torrance, M., et G. Thomas, « The Development of Writing Skills in Doctoral Research Students », dans *Postgraduate Education and Training in the Social Sciences. Processes and Products,* sous dir. R. G. Burgess, London, Jessica Kingsley, 1994, p. 105-123.

Torrance, M., G. Thomas, et E. Robinson, « The Writing Experiences of Social Science Research Students », *Studies in Higher Education* 17, 1992, p. 155-167.

Torrance, M., G. Thomas, et E. Robinson, « Training in Thesis Writing: An Evaluation of Three Conceptual Orientations », *British Journal of Educational Psychology* 63, février 1993, p. 170-184

13

Les écoles doctorales et les tâches administratives

Les difficultés de transmission des ressources financières peuvent compromettre l'efficacité de la supervision et de l'administration, ralentir considérablement la progression de la recherche des étudiants et distraire les chercheurs de leur étude. C'est pourquoi il est fondamental que les programmes de doctorat disposent d'un processus administratif et financier qui fonctionne bien. Nous devrions en effet tendre vers l'excellence à tous les niveaux et dans toutes les dimensions de l'institution[1].

Les écoles doctorales nécessitent des processus administratifs et financiers efficaces. Et pourtant, j'ai peu de collègues qui apprécient les tâches administratives, même si certains d'entre eux ont un réel talent dans ce domaine. En fait, la plupart d'entre eux considèrent les tâches administratives comme une corvée, pendant que d'autres y voient un sujet de moindre importance. Les tâches administratives semblent se mettre en travers de la « vraie » vie académique – qui consiste à enseigner, faire de la recherche, écrire et encadrer les étudiants. Cependant, pour avoir un bon processus académique, il est vital de maintenir des registres, d'écrire des rapports, de garantir que les formulaires soient complétés dans les temps et d'assister aux réunions. Je suis régulièrement sollicité pour soutenir des doctorants très frustrés par le fait que les directeurs doctoraux ne remplissent pas les formulaires ou ne rédigent pas les rapports nécessaires. Leur propre progression, leurs examens et leur délai d'achèvement peuvent être retardés, et du temps est perdu pendant que les étudiants attendent. Je connais des doctorants qui ont attendu des mois avant d'obtenir les résultats officiels d'examens ou de nouvelles soumissions, juste parce que quelqu'un avait omis de remplir un formulaire ou de faire un rapport ou parce qu'une réunion n'avait pas eu lieu. C'est profondément stressant et injuste pour les étudiants. Cela peut causer des problèmes majeurs avec les agences de financement ou de parrainage et pourrait potentiellement conduire à une suspension ou même un refus de financement.

---

1. SHAW, *Bonnes pratiques*, p. 32.

L'excellence devrait être la marque de fabrique de la direction doctorale et l'attention portée au détail dans le processus en fait partie. Une bonne expérience est ainsi garantie, aussi bien pour le doctorant que pour le directeur de thèse.

La dimension spirituelle

L'apôtre Paul l'exprime bien dans Colossiens 3.23 : « Tout ce que vous faites, faites-le de tout votre cœur, comme pour le Seigneur et non pour des hommes. » Un travail fidèle, même dans ces tâches routinières accomplies « pour le Seigneur », constitue une façon d'adorer Dieu. Comme l'a exprimé le poète chrétien du XVIIe siècle, George Herbert :

> Enseigne-moi, mon Dieu et mon Roi,
> > À te voir en toutes choses,
> Et ce que je fais en chaque chose,
> > À le faire comme pour toi.
>
> Un serviteur avec cette clause
> > Rend le dur labeur divin :
> Qui balaie une pièce selon tes lois,
> > Fait cela et le fait bien.[2]

Pour bien des universitaires, les tâches administratives, les formulaires à compléter, les rapports à répertorier, les réunions auxquelles il faut se rendre sont des « corvées ». Pourtant, c'est l'une des manières de faire de nos vies des actes d'offrande, en tant que service fidèle offert au Seigneur. De même, dans un célèbre cantique écrit par Horace Bonar en 1866, la louange est apportée dans tous les aspects et toutes les circonstances de la vie, comme il le dit dans le troisième couplet :

> Louange aux choses ordinaires de la vie,
> > Les allées et venues ;
> Louange dans chaque devoir et chaque acte,
> > Quelque petit et vil.[3]

Nous devrions faire toutes choses comme si nous les faisions pour le Seigneur, y compris les petites tâches administratives de routine.

L'importance de l'assurance qualité

Partout dans le monde, les institutions luttent contre la surnotation (ou la sous-notation), et aussi contre l'inflation des diplômes. Les directeurs de thèse s'acquittent de leur rôle pour s'assurer qu'un doctorat demeure un doctorat, partout où il est délivré.

---

2. George HERBERT, « The Elixir », dans *The Works of George Herbert in Prose and Verse*, New York, John Wurtele Lovell, 1881, p. 288-289.
3. Horace BONAR, « Fill thou my life, O Lord my God, in every part with praise », 1866.

Il est donc nécessaire de mettre en place des mécanismes d'assurance qualité pour l'octroi et pour l'évaluation du niveau et du degré de performance des programmes doctoraux.

Dans leur quête de l'excellence, les directeurs de thèse s'efforceront d'examiner comment les dispositions et l'efficacité des programmes sont mesurées. Ils jouent un rôle phare en s'assurant que les institutions contrôlent le succès de leurs programmes doctoraux face aux indicateurs et objectifs appropriés, internes et/ou externes. Quand ces mesures n'existent pas, ils œuvrent à mettre en place des systèmes qui permettront qu'elles aient lieu.

Garantir que les normes académiques sont définies et maintenues

Les écoles doctorales définiront leurs propres normes. Les critères et les procédures utilisés pour évaluer les thèses ont besoin d'être clairs pour l'ensemble des doctorants, des directeurs de thèse et des examinateurs externes. Les travaux réussis des diplômés au cours de leur doctorat doivent être correctement enregistrés. La qualité du travail des doctorants sera également évaluée par rapport à des normes externes, en particulier par rapport à la qualité du travail des doctorants des autres programmes.

Questions de réflexion

En tant que directeur de thèse, parmi les options suivantes, notez sur dix celles que vous considérez les plus utiles pour garantir l'assurance qualité et l'analyse comparative externe :

i) Faire partie d'équipes de direction de thèse dans d'autres institutions ;

ii) Procéder à un examen de thèse en tant qu'examinateur externe ;

iii) Inviter des examinateurs externes à examiner les thèses de vos étudiants ;

iv) Lire des thèses de doctorat rédigées par des étudiants dans d'autres contextes.

Quels problèmes sont soulevés par ces questions et comment cela affecte-t-il votre pratique personnelle ?

Procédures d'évaluation, réglementations, codes de conduite

Les procédures d'évaluation, les réglementations et les codes de conduite sont élaborés par les conseils académiques *ad hoc* ou par les comités d'études et mis en œuvre par le directeur de l'école doctorale. Cependant, le directeur de thèse jouera un rôle actif dans leur application et leur maintien.

Les procédures d'évaluation devraient être claires et mises en œuvre de manière rigoureuse, équitable et systématique par l'ensemble de l'institution. Les règlements seront complétés par des directives détaillées par sujet, accessibles aussi bien au corps enseignant, à l'école ou au département.

Il devrait aussi y avoir des codes de conduite et de pratique clairs en matière de comportement des étudiants et du personnel, applicables par l'ensemble de l'institution et mis à la disposition de tous les étudiants et des personnels impliqués dans les programmes de recherche de troisième cycle. Ces codes doivent être mis en œuvre et régulièrement contrôlés.

Il est de la responsabilité de l'école doctorale de s'assurer que les étudiants reçoivent des copies de ces règlements et de ces codes de conduite et de pratique chaque année, et qu'ils les comprennent. Les directeurs de thèse devraient également, chaque année, relire et se remémorer les règlements et les directives, afin d'être en mesure de répondre aux questions des étudiants et d'offrir des conseils.

Questions de réflexion

À quand remonte la dernière fois que vous avez relu le règlement de votre institution ?

Quel genre de conseils vos étudiants vous demandent-ils le plus souvent ?

Quelles sont, dans votre établissement, les personnes clés fournissant l'information dont les étudiants ont besoin ?

Questions relatives à l'accréditation ou à la validation

La plupart des écoles doctorales travaillent avec des agences d'accréditation, qu'on appelle des validateurs. Grâce à cela, des organisations extérieures à l'institution sont impliquées dans un examen externe approfondi et garantissent des normes internationalement acceptées. L'objectif est de parvenir à l'équivalence universitaire entre les programmes, même si les styles de prestation sont différents, afin de garantir que le doctorat est crédible, acceptable et transférable dans tous les contextes universitaires internationaux. Bien qu'en tant que directeur de thèse, vous ne soyez pas directement impliqué dans ces questions, votre performance de directeur constitue une grande partie de ce qui est rapporté et évalué et de ce fait, les rapports que vous écrivez et le soutien que vous offrez sont essentiels dans ce processus. Il est donc important, dans l'intérêt de l'établissement et de vos étudiants, de contribuer efficacement et de tout cœur à ce processus.

Questions de réflexion

Comment l'institution assure-t-elle la qualité du programme doctoral offert ?

Quelles sont les normes externes utilisées ?

Quand des problèmes surgissent, quel est le mécanisme convenu pour les traiter et les résoudre ?

Maintenir le processus académique

Même si vous n'occupez pas un poste de direction ou d'administration au sein de l'établissement, il y aura quand même des moments où vous devrez avoir affaire au processus académique officiel de l'institution, généralement par l'intermédiaire d'un comité ou d'un supérieur hiérarchique qui a droit de regard sur les programmes doctoraux. Il est important que vous et vos étudiants ayez une bonne compréhension de ce processus et de la manière dont vous pouvez y contribuer. Vous devez tous savoir où se situe le siège de prise de décision dans votre institution en ce qui concerne les études doctorales.

Questions de réflexion

Qui est votre supérieur hiérarchique lorsqu'il est question de problèmes dans le cadre du programme doctoral ou de problèmes liés à l'université ou au bien-être des étudiants ?

Comment les étudiants sont-ils informés des modalités de cette structure hiérarchique ?

De quelle manière les étudiants sont-ils représentés dans cette structure ?

Dans quelle mesure les étudiants et le personnel de recherche se sentent-ils valorisés par ce processus, et si un changement est nécessaire, où aimeriez-vous qu'il soit apporté ?

Le suivi des progrès de l'étudiant

L'institution a besoin de procédures de suivi et de soutien du progrès de l'étudiant clairement définies, et ces procédures devront être communiquées aux doctorants et au personnel concerné. Le directeur de thèse s'efforce d'être à jour avec ces procédures institutionnelles de suivi. En tant que référent principal, il abordera régulièrement avec l'étudiant toutes les questions soulevées par ces procédures.

Deux préoccupations majeures quant à la formation doctorale sont soulevées dans un certain nombre de pays : il s'agit de la progression des étudiants et de leur perte de motivation. Dans bien des cas, les doctorants passent trop de temps à rédiger leur thèse, retardant la soutenance bien au-delà du délai initialement prévu. Ajoutons à cela le nombre d'étudiants qui entament la phase de rédaction de leur thèse mais qui n'achèvent pas leurs études. L'un des défis auxquels sont confrontés les directeurs d'écoles doctorales et les présidents des comités de thèse est de savoir comment encourager les étudiants à poursuivre leurs projets de recherche, en continuant sur leur lancée et en évitant de retarder la rédaction de la thèse. Amener l'étudiant à planifier des réunions régulières avec son directeur de thèse est un bon moyen pour accomplir cet objectif. Les directeurs de thèse devraient demander à leurs étudiants de se mettre en contact avec eux toutes les deux semaines pour une brève mise à jour, même si rien de substantiel n'a été accompli durant ce laps de temps. Des conversations régulières empêchent les étudiants de s'isoler dans leur travail et peuvent aider à faire avancer les choses quand elles en arrivent au statu quo. Une interaction fréquente vous permet de suivre les progrès de votre étudiant et de déterminer s'il y a des obstacles à surmonter.

Comptes rendus de la part des directeurs de thèse

En formation doctorale, les étudiants peuvent avoir du mal à mesurer les progrès de leur travail. Dans les niveaux d'études antérieurs, les tâches étaient fixées, livrées dans les délais et ils recevaient leurs notes. Soumettre des travaux qui reçoivent des commentaires détaillés mais pas de note (comme c'est généralement le cas en doctorat) est une expérience nouvelle pour eux.

> Pour les aider à se situer, le suivi d'un journal de recherche, rédigé par le thésard peut s'avérer d'une grande aide. L'institution gagne à mettre un tel procédé en place en fixant les étapes clefs de la recherche et en proposant un échéancier prévisionnel allant au-delà de la soutenance jusqu'à la valorisation de la thèse. Cela garantit l'établissement d'attentes réalistes et de normes appropriées, engageant à la fois les directeurs de thèse et les étudiants. Des conseils devraient être fournis aux étudiants, aux directeurs de thèse et aux autres personnes impliquées dans le suivi des progrès et dans le processus d'évaluation régulier. Il est important de faire des comptes rendus des réunions et des revues du travail[4].

Jouer un rôle actif dans ce domaine est une partie très importante du travail de direction doctorale, mais cela implique de remplir des formulaires ou de compléter des rapports. Beaucoup de directeurs de thèse considèrent ces tâches comme peu importantes et il faut souvent leur rappeler la nécessité de s'en acquitter. Les laisser en souffrance dans la boîte mail est injuste pour l'étudiant, pour la direction du programme et pour les organisations qui soutiennent le doctorant.

Remplir des formulaires ne devrait pas se résumer à simplement cocher une case, il faut aussi que cela fournisse un rapport officiel sur les réalisations et les progrès accomplis et sur les soucis éventuels. Dans la majorité des cas, ces rapports relatent les réalisations des étudiants, mais dans d'autres, ils constituent une « trace écrite » des préoccupations exprimées, des solutions proposées et des possibilités de recours. Ces rapports sont importants dans le cas où le résultat de l'étudiant n'est pas positif.

Le suivi formel du travail de l'étudiant

Les progrès des doctorants gagnent à être suivis de façon formelle au moins une fois tous les six mois, et une fois par an pour les doctorants à temps partiel. Ces réunions de suivi formelles du travail de l'étudiant devraient avoir lieu à des moments stratégiques de la progression des étudiants, lorsqu'il faut prendre des décisions vitales concernant la poursuite du

---

4. SHAW, *Bonnes pratiques*, p. 38.

doctorat et la progression vers la prochaine étape. Les étudiants et les professeurs tacheront d'être préparés à ces réunions.

Tenir des registres

Les registres sont essentiels au soutien du processus doctoral. Les étudiants et leur directeur de thèse consigneront en bon ordre des registres des réunions tenues, des questions discutées, des conseils donnés et du travail soumis. Des échantillons des travaux soumis peuvent également être conservés. Il faudrait conseiller les étudiants, ainsi que les directeurs de thèse et les autres personnes impliquées dans les processus de suivi des progrès, sur la façon dont les registres sont à conserver et à mettre à jour.

Ces registres devraient se rapporter aux progrès personnels et garder une trace du développement de la recherche du doctorant et de son acquisition de compétences supplémentaires.

Le suivi de la réactivité de l'équipe/du comité de direction de thèse

Parfois, ce ne sont pas les étudiants, mais les directeurs de thèse ou les membres du comité doctoral qui ne suivent pas le calendrier prévu pour leur travail de suivi et de révision du travail de l'étudiant. Si vous êtes le directeur ou le président du comité de thèse et que vos étudiants attendent les réponses tardives des membres du comité, encouragez ces derniers à vous informer des retards répétés, afin que vous puissiez vous renseigner et voir s'il y a une façon de faire avancer le processus de révision. Si vous voyez que vous avez dans votre comité de thèse des lecteurs qui ont besoin d'être gentiment rappelés à l'ordre, ne laissez pas l'étudiant se débrouiller seul. Intervenez et trouvez un moyen de discuter de la situation en tant que collègue.

Questions de réflexion

Quels registres réguliers gardez-vous des réunions avec les étudiants et comment sont-ils soumis à l'institution ?

Quels rapports rédigez-vous pour les commissions de suivi et de révision de la progression et les organismes externes ?

Quelles sont les étapes de suivi et de révision du travail dans votre école doctorale ?

Quels registres conservez-vous de ces étapes de suivi ?

Quels sont les problèmes les plus fréquents quand il s'agit d'obtenir des réponses des membres de votre comité doctoral (le cas échéant) ?

Les retours des étudiants

Les écoles doctorales gagneraient à recueillir des commentaires de la part des étudiants concernant leur expérience en doctorat. Le cas échéant, elles peuvent aussi répondre à ces commentaires. Les étudiants verront ainsi que les commentaires qu'ils donnent sont pris en compte et au sérieux. Ils devraient recevoir des informations sur les réactions à leurs commentaires et sur les mesures qui ont été prises. Toutes les procédures relatives aux retours donnés par les étudiants devraient être équitables, claires pour toutes les parties concernées et appliquées de manière cohérente.

Il est facile de supposer que tout progresse bien si l'institution ne reçoit pas de plaintes de la part des étudiants ou s'il n'y a pas de preuves que les étudiants ne sont pas satisfaits. Cependant, il peut y avoir des problèmes importants qui ne sont pas résolus ou des dysfonctionnements au sein du programme et les professeurs devront en être dûment informés. Il faut adopter des mesures pour empêcher ces problèmes de nuire au développement académique des étudiants.

Les écoles doctorales gagneraient à être dotés d'un système officiel de recueil des commentaires des étudiants au sujet de leur expérience en doctorat, au moins tous les douze mois et de préférence tous les six mois. Cela peut se faire au moyen d'un questionnaire, bien qu'il soit également possible de le faire oralement au cours d'un entretien avec un tiers indépendant. Dans l'idéal, les deux approches devraient être adoptées, ce qui permettrait une analyse quantitative des réponses mais aussi de recevoir des commentaires plus discursifs et élaborés, en réponse à des questions ouvertes. Les questions à couvrir devraient inclure la qualité de l'expérience de recherche, les installations mises à disposition (y compris la bibliothèque et le soutien en TIC), la satisfaction quant à la direction de thèse, la participation à une culture de recherche, la vie communautaire, le soin pastoral et la formation spirituelle, etc. Ces formulaires de retours sont généralement remplis de manière anonyme. Ils permettent aux étudiants d'identifier les soucis qui émergent. Dans l'institution où j'enseignais, chaque doctorant avait une réunion avec une tierce personne externe, qui occupait le poste de doyen de la Faculté des Sciences Humaines dans une université locale et qui était un chrétien évangélique. Les étudiants estimaient que les deux procédures étaient utiles, et les entretiens en tête-à-tête permettaient d'aborder les préoccupations d'une manière informelle et allaient bien plus loin que ce qui était noté sur les formulaires de retour d'expérience.

Ces retours devraient laisser aux étudiants le champ libre pour commenter la qualité de la direction de thèse qu'ils ont reçue. Ils sont utiles au développement du style de direction, et en tant que praticiens réfléchis, les directeurs devraient voir d'un bon œil cette opportunité d'apprendre et d'améliorer leur pratique.

Ce n'est pas toujours facile d'être ainsi « évalué » par vos propres étudiants. Cependant dans notre effort pour atteindre l'excellence, c'est souvent quand les choses vont moins bien et que des critiques sont émises que nous apprenons le mieux. Les directeurs de thèse devraient discuter des questions soulevées avec d'autres responsables académiques, afin de percevoir les actions à entreprendre, les approches à modifier ou celles à conserver. Des exemples de formulaire de retours annuels ou de fin de programme sont donnés en annexe I et II.

Questions de réflexion

Comment réagissez-vous aux commentaires des étudiants ?

Quelles sont les choses importantes que vous avez apprises et modifiées à la suite des retours des étudiants ?

Les rapports des sources externes

Des rapports réguliers, provenant de validateurs, d'agences d'accréditation ou d'examinateurs externes seront reçus. Ils devront être lus attentivement par les directeurs de thèse et par les cadres dirigeant le programme. Les directeurs de thèse ont un rôle à jouer dans l'élaboration des réponses apportées à ces commentaires. Ils doivent ainsi s'engager activement à faire de l'institution une communauté d'apprentissage et de croissance autoréflexive.

La représentation estudiantine

Avoir une représentation estudiantine officielle au sein des comités doctoraux fait partie d'une pratique exemplaire. Les étudiants devraient élire leur représentant qui devrait les rencontrer et communiquer avec eux régulièrement. Les représentants deviennent le canal officiel pour soulever les préoccupations des étudiants et constituent une ressource vitale pour présenter le point de vue des étudiants sur les questions relatives au programme et sur les améliorations ou changements possibles. En tant que directeur de thèse, il est important que vous encouragiez celui ou celle parmi vos étudiants que vous pensez apte à remplir ce rôle.

Les plaintes

> Les institutions formant des docteurs en théologie gagneraient à mettre en place des procédures officielles pour traiter correctement les commentaires des étudiants sur la supervision, qu'ils soient exprimés de façon formelle ou informelle. Ces processus incluent les procédures de traitement des plaintes. Pour les différends qui ne trouvent pas de solution, il faudrait prévoir un appel final à une tierce partie neutre, extérieure à l'institution, et qui comprenne le processus universitaire[5].

Si, en tant que directeur de thèse, vous vous retrouvez dans la position malheureuse de faire l'objet d'une plainte d'étudiant, il est important de la traiter avec professionnalisme, mais aussi avec grâce et maturité spirituelle. Participez pleinement au processus, écoutez la plainte et ce qui se cache derrière. Il peut y avoir une tentation pour les universitaires de « resserrer les rangs », mais si un étudiant a un problème, il devrait être entendu correctement

---

5. SHAW, *Bonnes pratiques*, p. 38.

et traité équitablement. Si des erreurs ont été commises, le directeur doctoral chrétien a la responsabilité de présenter des excuses appropriées. Œuvrez à remédier aux problèmes qui ont été identifiés. Si la plainte s'avère non fondée, cela aussi devra être traité avec la maturité spirituelle nécessaire et la volonté de pardonner. Si vous devez continuer à travailler avec l'étudiant, le processus devrait être de nature à ne pas compromettre la poursuite d'une bonne relation de travail.

Les responsabilités du directeur de thèse

L'école doctorale devrait avoir mis en place par écrit des conseils sur les responsabilités des directeurs de thèse.

Le choix du directeur de thèse

L'attribution des étudiants aux directeurs de thèse est une décision institutionnelle, mais elle devrait être prise en consultation avec l'étudiant et vous-même, si vous êtes le directeur prévu. Il est essentiel qu'il y ait un lien étroit entre le domaine de recherche de l'étudiant et votre propre domaine d'expertise en tant que directeur de thèse. Si ce n'est pas le cas, il faudra choisir un autre directeur. Le choix ne devrait pas dépendre de quel directeur a la charge de travail la plus légère et dispose donc de temps, et ne devrait pas non plus dépendre du niveau de popularité d'un directeur. Dans certaines cultures, les « anciens » de l'université en âge et en expérience choisissent pour eux-mêmes les meilleurs étudiants, mais, tout en respectant ces facteurs, l'adéquation entre les besoins de l'étudiant et les domaines de spécialité du directeur reste primordiale. Dans ces situations, selon le rôle que vous jouez, vous devrez peut-être faire preuve de patience ou de grâce.

Il est important de comprendre et de respecter le processus institutionnel d'attribution du directeur de thèse. L'étudiant gagne à identifier au plus tôt le meilleur directeur potentiel d'une recherche ou d'une thèse donnée. Il arrive que les étudiants établissent une relation avec un directeur potentiel durant la période de candidature et se retrouvent ensuite déçus lorsqu'un autre directeur leur est attribué lors de l'admission. De même, un directeur peut passer beaucoup de temps à travailler avec l'étudiant potentiel, et finalement avoir la déception de constater que l'étudiant est affecté à un autre directeur. Pour éviter cela, la clarté et la transparence du processus et de la communication sont très importantes.

Équipes de direction/comités de thèse

Souvent, un doctorant aura plus d'un directeur. Quand c'est le cas, les co-directeurs travailleront ensemble au sein d'une équipe de direction, alors que, dans les programmes de type américain, l'étudiant a affaire à un comité de thèse. Afin d'éviter toute confusion quant à ce que l'on attend des différents membres de l'équipe de direction/comité de thèse, les institutions veilleront à ce que les responsabilités des directeurs de recherche, des présidents des comités et des deuxième/troisième lecteurs soient clairement communiquées par écrit aux directeurs et aux étudiants. Ces documents devront être approuvés par tous les directeurs, et signés par eux, par le directeur du programme et par l'étudiant.

La création d'équipes de direction/comités de thèse signifie que l'étudiant a accès à la meilleure gamme d'expertise, surtout si le projet comporte des éléments interdisciplinaires. Elle assure également la continuité du soutien pour un étudiant dans le cas où un membre de l'équipe est en congé de recherche ou incapable pour un temps de fournir un soutien, par exemple pour cause de maladie. Les équipes de direction de thèse comprennent parfois des membres, comme un co-directeur ou des lecteurs, qui ne sont pas détenteurs d'un titre de docteur. Ces personnes sont des professeurs expérimentés à un niveau de master professionnel, possédant une connaissance scientifique poussée du sujet de la recherche. Leur rôle est de soutenir le travail du directeur principal.

Le directeur principal ou le président du comité de thèse devrait normalement être un membre du corps professoral de l'institution qui délivre le doctorat, mais il peut arriver que l'équipe de direction comprenne des membres provenant d'autres universités. Si vous êtes le directeur principal ou le président du comité de direction, il est important de vous assurer que l'information circule bien entre les membres de l'équipe.

J'ai déjà servi en tant que directeur principal de thèse, et à l'occasion, en tant que co-directeur. Il faut, selon le cas, des approches différentes. Opérer au sein d'une équipe de direction de thèse peut être un aspect enrichissant et mutuellement bénéfique du travail académique. Travailler étroitement avec des collègues dont certains ont été des leaders mondialement reconnus dans leur domaine et dont vous pouvez beaucoup apprendre est un réel privilège. Mais c'est une relation qui exige respect mutuel, confiance, compréhension, humilité et sensibilité. Il y a des cas où un membre de l'équipe « domine » et met à l'écart les autres membres. Parfois, des décisions sont prises et des conseils donnés, sans que les autres membres de l'équipe de direction n'en soient informés.

En faisant partie d'une équipe, certains directeurs se sentent menacés ou ébranlés, et la valeur de chaque membre de l'équipe aura donc besoin d'être régulièrement affirmée. Ceci peut être évité grâce au respect mutuel et à la compréhension. Une communication claire et un processus bien établi dans lequel tous ont confiance sont essentiels. Le directeur principal/président du comité de thèse veillera à maintenir cette communication claire et régulière entre les membres du comité.

Il est primordial que les doctorants aient une expérience positive et enrichissante de la direction de thèse. Malheureusement, ainsi qu'en témoignent les réactions des étudiants dans divers contextes, ce n'est pas toujours le cas.

Cependant, les attentes et le comportement des doctorants dirigés par une équipe ont également besoin d'être gérés. Certains étudiants essaieront d'opposer un directeur/lecteur à un autre pour obtenir les conseils qu'ils voudraient entendre ou des normes moins contraignantes. C'est pourquoi les membres des équipes de direction devraient être mis en copie de toute la correspondance entre le directeur principal et l'étudiant, et les commentaires sur le travail seront partagés de la même manière. Les décisions sur l'orientation, les méthodes clés et les recommandations sur les soucis de progression devraient être de véritables décisions d'équipe, prises ensemble grâce à la discussion et au consensus.

La direction doctorale est un privilège

Ce chapitre a abordé de nombreuses questions de routine et de procédure. Tout au long des exigences administratives qui accompagnent la direction doctorale, il ne faut jamais oublier que le fait de diriger des étudiants en recherche est un privilège. Gardez toujours votre enthousiasme, car :

- Quelqu'un a choisi d'entreprendre une recherche dans votre domaine.
- Quelqu'un a choisi d'entreprendre un travail de recherche dirigé par vous – reconnaissant ainsi que vous êtes une autorité en la matière.

En vous embarquant dans ce périple, réfléchissez à la façon dont vous allez, à travers toutes les exigences du processus, diriger de manière à ce que les étudiants deviennent aussi enthousiastes et engagés que vous l'êtes, prêts à travailler dur et désireux d'enseigner dans votre domaine. Comment allez-vous amener vos étudiants en recherche à aimer le domaine étudié autant que vous l'aimez ?

Étude de cas

L'un des membres de l'université, directeur de thèse, est notoirement connu parmi les collègues pour très mal remplir les formulaires de progression et les rapports. Ceux-ci restent inachevés sur son bureau pendant des mois, malgré les demandes insistantes de les compléter. Par ailleurs, c'est un bon enseignant et un bon collègue. Les réunions de revue du travail sont retardées parce qu'il n'a pas rempli les documents requis. Un formulaire important n'a été dûment rempli que parce que le chef du département de master professionnel le surveillait pendant qu'il le faisait. Ce problème est devenu l'objet de plaintes verbales de la part des étudiants.

Questions

Selon vous, quel est ici le cœur du problème ?

Pour améliorer l'expérience des étudiants, que pouvez-vous faire, vous et vos collègues, pour remédier à cette situation ?

Lectures complémentaires conseillées

Ouvrages en français

SHAW, I., *Bonnes pratiques pour la formation doctorale en théologie*, Carlisle, Langham Global Library, 2018.

Ouvrages en anglais

ELEY, A., et R. MURRAY, *How to Be an Effective Supervisor*, Maidenhead, Open University Press, 2009.

PHILLIPS, E. M., et D. S. PUGH, *How to Get a PhD: A Handbook for Students and Their Supervisors*, Maidenhead, Open University Press, 2010.

TAYLOR, S., et N. BEASLEY, *A Handbook for Doctoral Supervisors*, New York, Routledge, 2005.

WISKER, Gina, *The Good Supervisor: Supervising Postgraduate and Undergraduate Research for Doctoral Theses and Dissertations*, New York, Palgrave MacMillan, 2005.

14

Les problèmes courants

Parfois, la relation de supervision doctorale se passe bien et l'expérience est positive dans tous les domaines. Cependant, dans d'autres cas, des problèmes peuvent survenir et il est bon d'avoir réfléchi à une série de réponses appropriées avant que des évènements désagréables ne surviennent. Voici quelques-uns des problèmes les plus courants rencontrés dans les relations avec les doctorants.

Problème 1 : le plagiat

> Les réglementations et les directives des programmes de l'institution devraient clairement stipuler que tout le matériel-source doit être reconnu et entièrement référencé ; la forme dans laquelle ces références doivent être présentées doit également être précisée. Le plagiat reflète non seulement des faiblesses sur le plan académique, mais aussi des carences morales et spirituelles. Les mises en garde contre le plagiat doivent être soulignées dans les règlements de l'institution et les directives des programmes, tout comme doivent l'être les détails des sanctions qui seront imposées si le plagiat est détecté dans une thèse de doctorat[1].

Même au niveau du master ou du doctorat, il faut mettre en garde contre le plagiat, y faire attention et l'éviter. La thèse doctorale est « une contribution originale à la connaissance », alors lorsque le travail d'un étudiant comporte en partie, ou même en totalité, des éléments provenant d'autres sources non citées, il s'agit d'une question sérieuse. Le plagiat révèle non seulement un échec académique, mais aussi les faiblesses dans la méthode éducative et dans la formation spirituelle. Le plagiat est un vol d'idées, c'est un sujet à prendre très au sérieux.

1. Qu'est-ce que le plagiat ?

Le plagiat est l'utilisation de documents provenant d'une source écrite par quelqu'un d'autre, sans en faire connaître l'origine. Cette source peut inclure un livre, un article, une

---
1. SHAW, *Bonnes pratiques*, p. 44.

source Internet ou une autre thèse. Toutes les sources utilisées par les étudiants doivent être pleinement reconnues, même lorsqu'elles ne sont pas directement citées, et leur utilisation doit être appuyée par une référence appropriée.

Quand un étudiant cite les mots avérés d'une source, ces mots sont à mettre entre guillemets et à référencer correctement. Les guillemets entoureront l'ensemble de la citation verbatim, sinon cela donne l'impression que le reste de la citation est le propre travail de l'étudiant.

Lorsque les étudiants résument ou paraphrasent les idées d'une autre source, même si ces idées ne sont pas intégralement citées, elles devraient être clairement référencées, afin d'indiquer leur source, car il ne s'agit pas des propres pensées de l'étudiant mais d'un résumé de celles de quelqu'un d'autre.

2. Les formes de plagiat

Le plagiat peut prendre de nombreuses formes :

i) **Il peut être involontaire.** Cela peut être le résultat de la culture universitaire dans laquelle les étudiants ont été formés, et ils ne réalisent donc pas que c'est un problème sérieux. Il est important pour les étudiants de comprendre que la mention de leurs sources est un signe de bonne pratique académique. Ils devraient honorer l'ampleur de la lecture qu'ils ont faite, et la démontrer dans la synthèse, les mentions, les citations et les références qu'ils utilisent. Ils seront félicités pour l'avoir fait. Il est possible que même les universitaires expérimentés qui ont pris des notes au cours de leur lecture se retrouvent, quand ils en viennent à utiliser leurs notes pour un article ou un livre plus tard, à ne pas savoir quels étaient les termes exacts de leur source, et quelle était leur propre réflexion personnelle au sujet de cette source. Il est donc très important de faire de telles distinctions dans la collecte des sources. D'autres peuvent copier les informations d'une source, en particulier une source électronique, et oublier d'inclure une référence quant à son origine. Cependant, la prise de notes précises et l'identification de toutes les sources grâce à un bon référencement restent au cœur d'une bonne pratique académique, et tous les auteurs devraient vérifier leur travail en ce qui concerne ces questions.

ii) **Il peut être délibéré.** Malheureusement, même dans des contextes évangéliques, les étudiants peuvent être tentés d'essayer délibérément d'induire en erreur leurs directeurs de thèse et leurs examinateurs, en essayant de faire passer des parties de ce qu'ils soumettent, ou dans des cas extrêmes la totalité, comme étant leur propre travail, alors que cela provient d'autres personnes. Certaines formes de plagiat représentent des tentatives de tromperie soigneusement planifiées. Il peut s'agir d'obtenir des documents en ligne ou même de demander à des écrivains externes de rédiger le document à leur place. Ce cas est moins susceptible de se produire au niveau du doctorat, car le directeur de thèse a une interaction régulière avec le travail en cours, mais il reste néanmoins possible, et les directeurs devraient rester attentifs sur ce plan. Il faut être particulièrement vigilant lorsque le programme doctoral ne comporte pas un examen oral impliquant au moins un évaluateur externe et au cours duquel les examinateurs peuvent s'assurer que la pièce écrite qu'ils évaluent est bien le propre travail de l'étudiant.

Le plagiat du style « couper-coller » est plus commun et consiste à prendre une gamme de documents non attribués provenant de ressources électroniques, de sites Web, ou de manière plus classique, de livres et d'articles.

iii) **Il varie en degrés et en sanctions.** Des omissions occasionnelles et un référencement incorrect peuvent être contestés sans sanction sérieuse. Cependant, les occurrences répétées et à grande échelle devront être sévèrement sanctionnées. Ces sanctions devraient être précisées dans les règlements de l'institution.

3. Les causes du plagiat

Les étudiants trichent pour toutes sortes de raisons. Avec la quantité d'informations disponibles en ligne, c'est une infraction de plus en plus fréquente et les directeurs de thèse se doivent d'être constamment vigilants.

Les causes du plagiat peuvent être les suivantes :
- Le manque de temps. Un étudiant sous pression peut trouver de grandes quantités d'informations dans une autre source, et pour gagner du temps, il suffit de les recopier. Avec les ressources électroniques, c'est facile à faire.
- Une formation académique insuffisante. Certains étudiants sont issus d'arrière-plans où la question n'était pas mise en relief, et le directeur de thèse œuvrera alors à dispenser les compétences de référencement appropriées.
- Une culture différente. Pour ceux qui ont été éduqués dans les cultures d'apprentissage par cœur, où il existe un grand respect pour le professeur et une volonté de ne pas le contredire, les étudiants peuvent trouver difficile à comprendre en quoi le plagiat n'est pas une bonne chose – ils pensent certainement que copier le travail d'un professeur est une manière de lui rendre honneur. Cela aussi devra être remis en cause et rectifié.
- Une faiblesse académique, un manque de confiance en soi. Une source peut couvrir un sujet de telle manière que l'étudiant estime ne pas pouvoir l'améliorer et va donc la répéter à la lettre. Les directeurs doivent montrer aux étudiants comment trouver leur propre voix.

Dans le fond, c'est aussi un problème spirituel. C'est une fraude intellectuelle. Elle consiste à prendre ce qui ne vous appartient pas – les idées et le travail de recherche de quelqu'un d'autre – et à l'utiliser sans permission et pour votre propre avancement. C'est une forme de vol qui contrevient au huitième des Dix Commandements, car cela démontre un manquement à aimer votre prochain, à respecter sa propriété (intellectuelle). Aux plans académique et spirituel, le plagiat doit être détecté et contesté tôt et de manière systématique, et l'étudiant mis au courant des différentes sanctions possibles à son encontre.

4. Former les étudiants à l'utilisation de la paraphrase, du résumé et de la synthèse d'informations

Des études suggèrent qu'un enseignement sur la question du plagiat réduisent effectivement son occurrence. En outre, ceux qui ont la plus forte propension à plagier sont aussi les plus susceptibles d'abandonner leurs études[2].

Les étudiants tacheront d'apprendre à faire la différence entre le fait de paraphraser et de résumer, et celui de copier une section continue de texte sans guillemets ou référence. Il leur faut apprendre à alterner la paraphrase et la citation directe, et à fournir les références appropriées aux bons endroits. Mais la différence entre le style pauvre et la tricherie délibérée peut être difficile à déterminer.

Quand l'étudiant paraphrase du matériel provenant d'une source mais ne la cite pas directement et ne donne pas la référence de la citation, c'est quand même un plagiat. Les étudiants doivent créditer la source à chaque fois qu'ils utilisent du travail, des idées, du matériel de recherche, des statistiques qui ne sont pas les leurs. Certains étudiants remplacent juste un ou deux mots dans un texte qu'ils copient et pensent qu'en faisant cela ils font leur propre travail, mais cela demeure inacceptable.

5. Citer ses sources de manière appropriée

Beaucoup d'étudiants entrent en doctorat avec une compréhension inadéquate de la méthode de citation appropriée des sources et des raisons de le faire. Ils ont besoin de comprendre l'importance d'un référencement approprié, pour de nombreuses raisons relevant des « bonnes pratiques » à suivre.

- Citer ses sources montre les sources utilisées et évite donc les accusations de plagiat.
- Le lecteur peut situer facilement la source que l'auteur a utilisée, si le premier souhaite la consulter.
- L'argumentation avancée se base sur une lecture appropriée et l'auteur interagit avec les sources au niveau adéquat. Les étudiants montreront ainsi qu'ils sont à l'aise avec le langage du discours scientifique dans leur domaine. Les références et la bibliographie servent à démontrer cela.

---

[2]. M. E. Earman STETTER, « Teaching Students about Plagiarism Using a Web-Based Module », *Journal of Further and Higher Education* 37, no. 5, 2013, p. 675-693.

- Le respect pour le capital intellectuel des autres est démontré. Comme le travail universitaire est de plus en plus commercialisé en tant que propriété intellectuelle, l'étudiant doit montrer du respect à ses pairs et, en retour, s'attendre à ce que le respect pour son travail soit démontré.

6. Les bibliographies

Les bibliographies incluent tout le matériel qui a été consulté et évalué lors de la rédaction du travail et pas seulement ce qui a été cité. Insister sur ce point garantit que les étudiants montrent tout le matériel sur lequel ils ont travaillé, et aide le lecteur à retracer l'usage délibéré ou involontaire de documents non attribués et à détecter les omissions délibérées.

7. Les guides pour la rédaction et la présentation des thèses

Corriger les références de l'étudiant peut alourdir inutilement le travail de direction de thèse. Il est préférable d'amener l'étudiant à suivre correctement un guide pour la rédaction de la thèse, et lui indiquer systématiquement chaque manquement. Ce guide donne entre autres des indications détaillées sur la forme de référencement à suivre. Il est généralement fourni par l'école doctorale, mais il existe également des ouvrages à ce sujet.

8. Détecter le plagiat
i) Les logiciels de détection de plagiat

La technologie se met lentement à la page en ce qui concerne les possibilités de plagiat. Des logiciels tels que Turnitin ou Compilatio exigent que l'étudiant soumette son travail par voie électronique, et quand il passe par le logiciel, ce dernier évalue l'originalité de ce qui est écrit par rapport à d'autres travaux universitaires stockés dans sa base de données. Les étudiants peuvent ainsi identifier les endroits où leur travail est trop dépendant d'autres sources.

Le logiciel évalue :
- Le pourcentage total de matériel copié/nombre de mots copiés verbatim divisé par le nombre total de mots de l'essai.
- Le nombre de chaînes de mots séparées copiées verbatim.
- La plus longue partie continue de texte copié.

Ce système exige que tous les textes soient soumis par voie électronique. Cela peut être assez lourd quand le travail doctoral en est à ses débuts, mais lorsque des projets plus complets sont soumis, le système est utile pour mettre en évidence les sections à problème. S'il y a un problème majeur de dépendance excessive à l'égard du travail d'autrui, il vaut mieux qu'il soit détecté tôt, plutôt qu'au stade de la soumission finale, lorsqu'il est trop tard pour le contester, et que seules des sanctions sérieuses demeurent.

ii) Limites

Cependant, même ces mesures devraient être complétées par une évaluation qualitative. L'utilisation de logiciels de détection de plagiat n'élimine pas tous les plagiats. La technologie d'Internet favorise les approches d'écriture « couper-coller » et les étudiants peuvent contourner le problème du logiciel de plagiat en paraphrasant et en réarrangeant le texte pour éviter la détection. La formation et la vigilance demeurent donc vitales[3].

De même, lorsque l'étudiant cite des textes en d'autres langues, incluant des passages de thèses de master et de doctorat qui ne sont pas stockées dans la base de données du logiciel, les sources plagiées peuvent être indétectables. Des thèses et des travaux de recherche supplémentaires devront être téléchargés dans le logiciel pour élargir la gamme du matériel à comparer mais cela n'a pas toujours lieu.

Dans certaines structures universitaires, on encourage les étudiants à soumettre leur travail dans la langue locale ou régionale. Cela peut être utile si des examinateurs ayant un haut niveau de compétence dans ces langues peuvent être trouvés. Cependant, la plupart des logiciels de détection de plagiat ne fonctionnent qu'avec les principales langues du discours scientifique.

iii) Repérer le plagiat

Même avec les outils électroniques disponibles, les directeurs devront rester vigilants, surveiller les signes avant-coureurs et se familiariser avec le style d'écriture de l'étudiant. À mesure que l'étudiant interagit avec son directeur, vous devriez pouvoir détecter tout changement dans leurs compétences et leur approche.

Recherchez :
- De subits changements de style. Si vous connaissez bien le style naturel de l'étudiant et qu'un style vraiment différent apparaît soudainement dans une partie, vous devriez approfondir la question.
- L'apparition d'idées et de résultats qui semblent hors de la portée que vous attendiez de l'étudiant à ce stade.
- Des textes bien écrits mais qui ne semblent pas en lien direct avec le point discuté.
- De longues absences inexpliquées de l'étudiant suivies de l'apparition soudaine de travaux bien développés.

9. Sanctions du plagiat

Les institutions devraient indiquer ce qui constitue un plagiat et les sanctions qui seront appliquées lorsque le plagiat est détecté. Elles devraient également garantir des cours de formation appropriés pour aider les étudiants à éviter le plagiat et, si possible, pourvoir à l'utilisation de logiciels pour identifier les cas de plagiat.

---

[3]. J. WARN, « Plagiarism Software: No Magic Bullet! », *Higher Education Research and Development* 25, no. 2, 2006, p. 195-208.

Les sanctions seront adaptées à la nature de l'infraction. Elles peuvent aller de la simple demande de réécriture de certaines parties jusqu'aux avertissements officiels et peuvent même déboucher sur une possibilité d'échec pur et simple. Si des problèmes mineurs sont détectés, il faudrait rapidement les relever et les corriger. S'ils persistent à mesure que les parties de la thèse sont soumises, la chose devrait être signalée au chef du département de recherche doctorale, et si besoin, au comité de direction concerné dans l'université.

Pour les doctorats qui comprennent des cours, les sanctions pour des infractions de plagiat devraient être mises en évidence à chaque phase et systématiquement appliquées.

Si un plagiat majeur est détecté, s'il se révèle, par exemple, qu'une grande partie de la thèse n'est pas le propre travail de l'étudiant, les examinateurs ont le pouvoir de refuser carrément la thèse et l'octroi du titre de docteur.

Les problèmes principaux

De récentes études[4] mettent en évidence l'importance des éléments suivants :

i) Des discussions franches autour de la question du plagiat avec des groupes d'étudiants en recherche, pour les aider à identifier les domaines de problèmes potentiels.

ii) Une formation et des cours sur l'art de la paraphrase, amenant les étudiants à entreprendre des tests pratiques pour montrer comment ils ont utilisé la paraphrase.

iii) Des conseils sur la manière appropriée de référencer et de citer.

iv) Une orientation claire sur l'utilisation de documents disponibles en ligne.

v) Des discussions sur les questions d'éthique liées à la reconnaissance des sources – comment le plagiat est non seulement un vol intellectuel mais aussi un manquement spirituel.

---

4. Voir par exemple : F. Duggan, « Plagiarism: Prevention, Practice and Policy », *Assessment & Evaluation in Higher Education* 31, no. 2, 2006, p. 151-154 ; R. Sharma, « A Step-by-Step Guide to Students: How to Avoid Plagiarism », *Journal of Education Research* 4, no. 2, 2010, p. 143-153 ; A. L. Walker, « Preventing Unintentional Plagiarism: A Method for Strengthening Paraphrasing Skills », *Journal of Instructional Psychology* 35, no. 4, 2007, p. 387-395.

Questions de réflexion

Qu'avez-vous ressenti quand vous avez détecté du plagiat dans le travail d'un étudiant ?

Quelles méthodes avez-vous utilisées pour identifier le plagiat ? Quelles sont celles qui marchent le mieux ?

Que pouvez-vous faire pour garantir que les doctorants ne commettent pas cette erreur ?

Comment abordez-vous les problèmes culturels, pédagogiques et spirituels qui pourraient être à l'origine de cette situation ?

Problème 2 : Le degré de correction des fautes d'orthographe et de grammaire

Dans quelle mesure un directeur de thèse devrait-il corriger les fautes d'orthographe et de grammaire ? C'est une question récurrente durant les séminaires que j'ai dirigés pour la formation de directeurs de thèse. Les réponses varient considérablement d'un directeur à l'autre et d'une culture à l'autre. Une mauvaise orthographe et une mauvaise grammaire, même dans les premières soumissions de travail, peuvent rendre le travail difficile à lire et l'argumentation difficile à suivre. L'attention du directeur est constamment distraite par la façon dont le travail est présenté.

Pour évaluer dans quelle mesure un tel soutien doit être offert, il est important de garder à l'esprit les éléments suivants :

i) En fin de compte, la thèse est et doit demeurer le travail de l'étudiant.

ii) La tâche principale d'un directeur de thèse sera d'évaluer le contenu, la structure, les normes académiques et non d'être un vérificateur professionnel d'orthographe et de grammaire !

iii) La majorité des étudiants ont besoin d'aide pour développer leurs compétences rédactionnelles. Les institutions devraient fournir des cours visant à développer les compétences rédactionnelles des étudiants.

iv) La majorité des directeurs de thèse vont offrir quelques corrections basiques lors de la soumission de premiers travaux, mais si des corrections majeures sont requises dans des parties consistantes du travail, il est normal de rendre le travail à l'étudiant afin qu'il apporte les corrections requises avant l'examen.

v) Il est utile pour l'étudiant d'avoir un ami critique qui relise ses premières versions, dans la mesure où l'intervention de cet ami se limitera à l'orthographe la ponctuation, la grammaire, la clarté du texte et n'abordera pas le contenu.

vi) Passer du temps avec les doctorants à travailler avec eux les rapports de progression que l'institution demande peut s'avérer un soutien utile. Le temps passé à conseiller sur les questions de présentation à ce stade peut être un bon investissement.

Problème 3 : Qu'est-ce qu'un travail original ?

Il arrive qu'un travail original et novateur ne soit pas le bienvenu (car en avance sur son temps). Considérons les deux exemples suivants :

> Le « téléphone » a trop de défauts pour être sérieusement considéré comme un moyen de communication. L'appareil n'a intrinsèquement aucune valeur pour nous. (Mémo de Western Union, 1876)

> Mais qui va vouloir entendre les acteurs parler dans les films ? (HM Warner, Warner Brothers, 1927)

La question de l'originalité peut être une préoccupation importante pour les doctorants. Dans les « standards de Beyrouth » de l'ICETE, le travail doctoral est décrit comme « une contribution créative et originale ayant produit [...] un travail qui élargit les frontières du savoir[5] ».

Parfois, le sens du terme « original » n'est pas clair, et dans certains domaines, il est difficile d'être original, quand tous les sujets phares ont déjà fait l'objet de recherches. Les « standards de Beyrouth » élargissent la référence à « créative et originale », en poussant l'explication plus loin – « ou apporte un regard nouveau dans l'articulation et la contextualisation de la tradition chrétienne. Parmi ces contributions, certaines mériteront une publication évaluée par des pairs sur le plan national ou international[6] ».

L'originalité représente un concept assez large et peut être démontrée de diverses manières. Il peut s'agir simplement d'« écrire sur quelque chose dont personne n'a jamais parlé auparavant », mais il peut s'agir aussi d'une nouvelle synthèse ou d'une nouvelle interprétation des idées des autres. Il peut s'agir également d'appliquer une nouvelle approche dans un contexte où cette approche n'a jamais été tentée auparavant ou d'utiliser dans un nouveau domaine académique une technique déjà connue. L'étudiant peut tester les connaissances existantes de manière originale ou développer l'idée de recherche d'une autre personne, en allant plus loin et dans de nouvelles directions. Ainsi, de nouvelles preuves peuvent être apportées à un ancien problème. Et les approches interdisciplinaires peuvent ouvrir de nouveaux champs et de nouvelles perspectives.

---

5. « Les Standards de Beyrouth » dans Ian SHAW, sous dir., *Bonnes pratiques pour la formation doctorale en théologie*, Carlisle, Langham Global Library, 2018, p. 2.
6. *Ibid.*

Questions de réflexion

Quelles étaient les dimensions d'originalité de votre thèse ?

Quels aspects originaux voyez-vous dans le travail de vos doctorants actuels ?

Si le travail d'un étudiant est peu original, comment pouvez-vous augmenter le niveau d'originalité ?

Problème 4 : Soutenir les étudiants qui travaillent dans une autre langue que leur langue maternelle

Ce problème a été régulièrement mentionné et discuté au cours des séminaires que j'ai dirigés. Il implique d'importants défis pour les directeurs de thèse. Lorsqu'un étudiant a des difficultés à communiquer oralement ou par écrit dans la langue dans laquelle le programme est dispensé et la thèse rédigée, cela ajoute une lourde charge de travail et du stress au directeur.

Il devra y avoir un accord étroit sur la politique et la pratique entre ceux qui admettent les étudiants dans le programme de doctorat et ceux qui le dispensent. Parfois lorsque l'établissement admet des étudiants qui ne possèdent pas les compétences linguistiques requises, les directeurs ont un peu l'impression qu'ils doivent « recoller les morceaux ».

Les programmes de doctorat fonctionnent selon le principe d'équité : tous les étudiants doivent être traités de la même façon, même si le programme n'est pas dispensé dans la langue maternelle de l'étudiant. Si un doctorant choisit d'étudier en anglais ou en allemand ou en français ou en chinois, etc., il ne devrait pas s'attendre à recevoir des allocations spéciales ou des exigences académiques inférieures du fait que ce n'est pas sa langue maternelle.

Néanmoins, les étudiants ont besoin des compétences orales et écrites requises dans la langue du programme afin de progresser et de réussir leur examen. Leurs examinateurs seront ainsi en mesure de comprendre ce qu'ils écrivent ou ce qu'ils disent lors de la soutenance orale.

Quelques principes utiles :

i) Il devrait y avoir des normes sur le niveau de langue requis pour être admis en doctorat et ces standards devraient être systématiquement appliqués. Habituellement, elles sont fixées en fonction des scores obtenus dans les tests de langue internationalement reconnus.

ii) Le directeur saura montrer de la sympathie et de la compréhension envers ceux qui travaillent et écrivent dans une langue qui n'est pas la leur, et évitera de s'imposer des contraintes excessives pour aider l'étudiant à faire face au déficit linguistique et de faire de concessions sur les normes académiques. Lorsqu'un soutien important s'avère nécessaire, l'étudiant devrait être orienté vers des cours de langue appropriés.

iii) Quand un étudiant est accepté et qu'il a satisfait aux critères d'admission, il est de la responsabilité de l'institution de lui fournir l'aide dont il ou elle a besoin. Il est donc essentiel que la norme requise soit suffisamment rigoureuse. Les directeurs devraient également jouer un rôle important dans l'admission des étudiants qu'ils dirigeront, en s'assurant que dès le départ, l'étudiant possède les compétences linguistiques pour réussir.

iv) Les directeurs déterminent quelles sont les formes de communication culturellement admises et adaptent leur style afin d'en tenir compte.

v) Aider les étudiants issus d'autres origines linguistiques ou d'autres cultures éducatives à comprendre la culture d'apprentissage attendue au niveau du doctorat signifie que le directeur ne peut apporter qu'un soutien limité.

vi) Lorsque vous dirigez des étudiants dont la langue première n'est pas celle du doctorat, encouragez-les à vous poser des questions. Parfois, il vous faudra leur demander de répéter vos instructions pour vous assurer qu'ils ont compris ce qui leur est demandé. Si l'étudiant est silencieux ou pose peu de questions, cela signifie qu'il ne comprend peut-être pas tout ce que vous lui dites.

vii) Encouragez les étudiants dont la langue première est autre à débattre et à dialoguer avec d'autres étudiants dans la langue principale de l'institution et à présenter un travail oral chaque fois qu'ils le peuvent. Essayez de donner votre avis sur ces occasions – en soulignant l'importance de la clarté et de l'audibilité – 500 mots audibles valent mieux que 1 000 mots inaudibles ou incompréhensibles. Les étudiants apprendront combien de mots d'un document écrit ils peuvent prononcer dans le temps alloué et s'emploieront à perfectionner leur performance orale.

Problème 5 : Les finances

Comme nous l'avons vu au chapitre 6, faire un doctorat est une affaire très coûteuse. L'une des principales causes d'abandon en cours de route est le manque de financement pour terminer le projet. Parfois, un sponsor se retire, ou la période de financement prévue arrive à son terme avant que le projet ne soit terminé. De nombreux étudiants ne sont pas réalistes dans leurs attentes quant au coût des études de doctorat et n'aboutissent jamais au financement requis pour commencer, ce qui rend le chapitre de ce livre sur la planification et la révision du budget d'autant plus important.

Il est également difficile de déterminer à l'avance combien de temps il faudra pour mener à bien la recherche et la rédaction d'une thèse, en particulier dans les matières où de vastes recherches sur le terrain ou dans les archives sont nécessaires. Le manque de fonds engendre un stress important et peut amener les étudiants à accepter un travail rémunéré supplémentaire pour combler le déficit, ce qui leur laisse encore moins de temps pour étudier.

Les directeurs de thèse réagissent à ces problèmes de différentes manières. J'en ai connu qui faisaient de grands efforts pour obtenir des fonds supplémentaires pour les doctorants, et même des cas où ils réglaient des factures d'électricité avec leurs propres fonds pour aider les étudiants. Ceci est bien sûr une question de choix personnel et ne fait bien évidement pas partie des obligations d'un directeur de thèse !

Questions de réflexion

Quelles sont les mesures prises par l'institution pour aider les doctorants qui ont des difficultés financières ?

Dans quelle mesure le fait de travailler avec un étudiant qui fait face à des préoccupations financières affecte-t-il le type de direction offerte ?

Quelles mesures préventives pouvez-vous mettre en place, vous et votre établissement, pour éviter que les étudiants ne rencontrent de sérieux problèmes financiers ?

Problème 6 : La famille et les questions de santé

Sachant qu'un doctorat dure en moyenne trois à quatre ans, de nombreux événements peuvent se produire dans la vie de l'étudiant et le directeur fera bien de se préparer à ces éventualités.

Les doctorants et leur famille sont majoritairement jeunes, de sorte que la famille peut s'agrandir avec de nouveau-nés durant les études doctorales. À tout le moins, cela signifiera des nuits sans sommeil et un financement supplémentaire pour la nourriture, les vêtements et la scolarité, et la naissance d'un enfant peut être une source de stress majeur, qui peut perturber considérablement les études doctorales. Pour les femmes en particulier, il sera nécessaire de suspendre les études pendant la dernière période de la grossesse et après la naissance d'un enfant. L'impact sur les études peut être assez considérable. Certaines femmes s'adaptent très bien à ces défis supplémentaires, mais dans d'autres cas, il peut s'ensuivre de longues pauses dans les études ou même l'abandon de la thèse. Dans le cadre du soin pastoral, il peut être utile de parler franchement de ces questions au début du programme de l'étudiant, et la question du meilleur moment pour planifier l'agrandissement de la famille peut être abordée avec délicatesse.

La garde des enfants peut être un défi considérable pour les doctorants qui étudient loin de chez eux et dans d'autres cultures. Sans les structures de soutien habituelles de la famille, il peut être très difficile de prendre des dispositions appropriées pour s'occuper des enfants qui ne sont pas scolarisés ou pour emmener à l'école ceux qui le sont. C'est d'autant plus difficile quand le conjoint de l'étudiant travaille. Les étudiants ont besoin d'aide pour atteindre un bon équilibre de vie. Le fait qu'ils n'aient pas d'emploi rémunéré ne veut pas dire qu'ils peuvent pour autant garder leurs enfants à temps plein tout en poursuivant leur doctorat – en fait, le doctorat devrait être considéré comme un emploi à plein temps. D'autres étudiants sont si occupés à étudier qu'ils ont peu de temps à consacrer à leurs familles, et ces dernières le ressentent comme une négligence en comparaison avec le temps consacré aux études et en éprouvent du ressentiment. Pour un directeur de thèse, parler de ces problèmes de temps en temps peut se révéler très utile.

La plupart des doctorants auront des parents âgés. Dans certaines cultures, s'occuper personnellement d'eux est une vraie question de devoir. Il y a aussi des défis à relever quand les proches tombent gravement malades, et il peut même y avoir des deuils à affronter. Le directeur s'efforcera d'être prêt à ce que des événements de vie aient lieu tout au long des études doctorales, et il lui faudra apporter les ajustements appropriés et donner des conseils.

Entreprendre un doctorat peut être extrêmement stressant et il faut parfois conseiller aux étudiants de consulter un médecin à ce sujet. Le stress augmente les pressions physiques sur le corps. Beaucoup d'étudiants connaîtront une période de maladie pendant leurs études. Les régimes de direction doctorale resteront suffisamment souples pour tenir compte des interruptions périodiques de maladie et pour mettre en place des processus appropriés lorsque cela se produit.

Questions de réflexion

Quelles sont les dispositions institutionnelles mises en place pour soutenir les étudiants confrontés aux « problèmes de vie » décrits ci-dessus ?

Connaissez-vous les processus requis pour suspendre les études en raison de problèmes de santé, d'accouchement, de deuils, etc. ?

Comment le fait de faire face à ces événements affecte-t-il le type de direction doctorale à offrir ?

Étude de cas

Samuel a été très difficile à « coincer » pour se rendre à des réunions de direction régulières pour sa thèse de doctorat. Quand vous lui demandez ce qu'il fait, il parle de sa recherche en général mais ne donne pas de détails. Il a produit une courte introduction, qui n'était pas vraiment excellente, et un aperçu d'un autre chapitre. La date limite de soumission approche à grands pas et les autres chapitres ne sont toujours pas là. Quand vous parvenez à le rencontrer, Samuel murmure quelque chose sur la façon dont il aura bientôt quelque chose de prêt, mais le contact avec vous s'interrompt pendant plusieurs semaines. Ses amis ne savent pas où il est, juste qu'il n'est pas en ville. Le jour de la date limite, il apparaît avec une thèse complète, qui semble bien présentée, mais le titre a changé quelque peu par rapport à ce que vous aviez discuté et l'introduction a été modifiée. Trois nouveaux chapitres ont été produits et sont bien meilleurs que l'introduction originale, mais le style dans lequel ils sont écrits semble différent de celui que Samuel a utilisé dans l'introduction, et la ligne de l'argumentation ne s'accorde pas bien tout au long de la thèse. Quand vous lui demandez où il était ces derniers temps, il vous répond qu'il a trouvé de bonnes idées dans la bibliothèque d'un séminaire à quelque distance de là, et qu'à partir de là, la thèse s'est rapidement construite.

Quand vous repensez à l'ensemble de la situation, quelque chose sonne faux.

Questions

Analysez les indices que vous avez devant vous dans ce cas.

Que devriez-vous faire en tant que directeur de thèse ?

Que devrait faire votre institution dans un tel cas ?

Que devriez-vous dire à Samuel ?

Lectures complémentaires conseillées

Ouvrages en français

Beaud, Michel, *L'art de la thèse : Comment préparer et rédiger un mémoire de master, une thèse de doctorat ou tout autre travail universitaire à l'ère du Net*, Paris, La Découverte, 2006, p. 39, 88, 129-130.

Ouvrages et articles en anglais

Duggan, F., « Plagiarism: Prevention, Practice and Policy », *Assessment & Evaluation in Higher Education* 31, no. 2, 2006, p. 151-154.

Embleton, K., et D. S. Helfer, « The Plague of Plagiarism and Academic Dishonesty », *Searcher* 15, no. 6, 2007, http://search.ebscohost.com.ezproxy.

Lancaster, T., et F. Culwin, « Preserving Academic Integrity – Fighting Against Non-Originality Agencies », *British Journal of Educational Technology* 38, no. 1, 2007, p. 153-157.

Nitterhouse, D., « Plagiarism – Not Just an 'Academic' Problem », *Teaching Business Ethics* 7, no. 3, 2003, p. 215-227.

Sharma, R., « A Step-by-Step Guide to Students: How to Avoid Plagiarism », *Journal of Education Research* 4, no. 2, 2010, p. 143-153.

Walker, A. L., « Preventing Unintentional Plagiarism: A Method for Strengthening Paraphrasing Skills », *Journal of Instructional Psychology* 35, no. 4, 2007, p. 387-395.

Warn, J., « Plagiarism Software: No Magic Bullet! », *Higher Education Research and Development* 25, no. 2, 2006, p. 195-208.

15

Le soutien et le développement holistiques des étudiants

Les évangéliques ont un engagement fermement établi envers la personne et l'œuvre du Christ, et ils accordent une importance particulière aux enseignements clés à son sujet et à la révélation de Dieu dans la Bible. L'espoir du directeur de thèse évangélique est qu'à travers les études doctorales, l'engagement des étudiants envers cette foi soit renforcé, approfondi et enrichi.

John Stott exhortait les étudiants évangéliques qui entreprenaient des études doctorales à se consacrer à croître en « excellence dans l'érudition en même temps qu'en piété personnelle ». Il mettait en garde contre le danger de rentrer chez soi, à l'église ou au séminaire après trois ou quatre ans « de réussite académique, mais d'échec spirituel, assorti du titre de "docteur" (qualifié pour enseigner), mais n'étant plus un "disciple", n'ayant pas de vision nouvelle, de puissance ou de sainteté[1] ». Il aimait citer l'aphorisme de l'évêque Handley Moule : « Méfiez-vous d'une piété non théologique et d'une théologie non pieuse[2]. » Stott a également montré aux étudiants que T. F. Torrance comprenait l'étude théologique comme une forme de « communion intellectuelle intense avec Dieu, dans laquelle nos esprits sont capturés par son amour et dans laquelle nous finissons par connaître Dieu de plus en plus à travers lui-même[3] ». Il exhortait les doctorants évangéliques à devenir non seulement des professeurs de théologie compétents mais aussi des personnes qui « connaîtront et loueront vraiment le Dieu dont ils parlent[4] ».

Malheureusement, certains de ceux qui ont la possibilité de faire des recherches plus approfondies sur les Écritures ou d'explorer des questions théologiques clés se sont retrouvés ébranlés dans leur foi profonde par ce qu'ils lisaient. Certains ont abandonné les convictions

---
1. Timothy DUDLEY-SMITH, *John Stott: A Global Ministry*, Downers Grove, InterVarsity Press, 2001, p. 371.
2. « An Admonition from John Stott », *Fellowship of Langham Scholars Newsletter*, no. 2, avril 1996. Voir également les notes personnelles de l'auteur du parcours d'intégration des boursiers Langham, Oxford Centre for Mission Studies, septembre 1993, auquel l'auteur a participé en tant que bénéficiaire de l'institut Whitefield.
3. *Ibid.*
4. *Ibid.*

théologiques évangéliques auxquelles ils tenaient jadis et ont embrassé une théologie libérale, ou ont échoué à maintenir un style de vie et de moralité clairement évangélique.

Il est donc nécessaire pour le directeur doctoral évangélique d'être un enseignant sage, un conseiller et un ami, afin que les défis de la théologie pratiquée au niveau universitaire ne résultent pas en une déconstruction de la foi personnelle du doctorant.

Liberté académique et engagement personnel dans la foi

La relation entre la liberté académique de faire de la recherche et d'explorer des domaines clés sans contrainte ni limite, qui réside au cœur de l'exercice de recherche au niveau doctoral, peut créer des défis pour ceux qui sont personnellement engagés dans une position d'orthodoxie confessionnelle, ou qui travaillent dans un contexte où l'orthodoxie confessionnelle est soigneusement définie. Il est important que chaque institution déclare clairement sa position sur la liberté de recherche, et que les directeurs de thèse comprennent cette position et travaillent dans ce sens.

La « liberté » académique est la disposition à soumettre toute idée à une enquête objective. La capacité de mener une enquête intellectuelle authentique et la liberté d'expression dans la communication des résultats de cette enquête sont essentielles dans un établissement d'enseignement supérieur. Créer un contexte de « liberté académique » signifie créer un environnement dans lequel toutes les idées, même les plus chères dans la tradition théologique, sont ouvertes à la discussion. Dans une institution offrant des études de doctorat et favorisant une culture de recherche, il faut encourager et soutenir le plus large éventail possible d'érudition. Les étudiants en recherche et les professeurs qui s'engagent dans la recherche sont libres de le faire selon leur propre conscience et leurs convictions. La liberté d'enquêter et d'exercer un jugement critique personnel selon les préceptes de sa conscience devant Dieu, celle-là même qui était une valeur essentielle durant la Réforme, demeure importante pour la croissance spirituelle et la responsabilité personnelles.

Si cet exercice de jugement individuel produit des opinions nouvelles ou en désaccord avec les points de vue traditionnels, ces opinions ne devraient pas être « censurées » ou pénalisées, mais plutôt testées pour voir si elles sont présentées avec rigueur intellectuelle, avec une argumentation solide et suffisamment étayée par des preuves, et si elles sont basées sur une interprétation fidèle de l'Écriture. Si ces opinions échouent à de tels tests, elles seront remises en question avec équité et bienveillance dans un réel engagement à comprendre plus clairement la pensée de Dieu sur une question donnée. Autrement dit, on peut faire voler les cerfs-volants théologiques pour voir jusqu'où ils iront, mais les étudiants devraient le faire avec une disposition d'esprit telle qu'on puisse leur montrer si l'argumentation ou les preuves présentent des failles ou si les Écritures n'ont pas été bien interprétées. En effet, lorsqu'on lui montre des faiblesses dans son travail, l'étudiant devrait être en mesure de bien les accueillir.

Dans le même temps, il devrait être admis que l'enquête académique ne devrait pas être entreprise isolément. Pour l'étudiant comme pour le directeur, l'activité de recherche devra être exercée de manière responsable, parallèlement aux devoirs d'attention professionnelle et de soin pastoral accordés aux autres étudiants, ainsi qu'aux compétences dans l'enseignement supérieur et dans la recherche et à la volonté de soumettre son propre travail à l'examen des pairs. Dès lors que l'étudiant entreprend des recherches dans une institution dont le but est la formation de personnes pour le ministère chrétien, la nécessité de maintenir l'éthique de l'institution et ses valeurs ne saurait pas être ignorée. Par conséquent, dans les institutions ayant des fondements confessionnels, la liberté académique ira de pair avec la responsabilité confessionnelle. Cette liberté académique peut créer des tensions avec l'engagement personnel – aucun chercheur n'est absolument neutre. Pourtant, les érudits ayant des motivations confessionnelles ou apologétiques peuvent toujours entreprendre des recherches académiques et construire une thèse en utilisant une argumentation scientifique appropriée, tout comme les avocats qui peuvent avoir leurs propres opinions sur une question, qui enquêtent constamment sur les cas en utilisant un processus juridique approprié pour prouver leur argumentation. Nos engagements théologiques devraient être ouverts à un examen intègre et à une évaluation par rapport à la norme de l'Écriture elle-même. La recherche académique devrait être autorisée à suivre son cours.

Pour autant, ceux qui ont l'intention d'entreprendre des recherches qui sont directement en désaccord avec le but et les engagements théologiques de l'institution dans laquelle ils travaillent pourraient le faire plus librement dans un autre cadre. L'équipe des admissions et le directeur éventuel devraient identifier ces types de problèmes lors de l'entretien avec un candidat potentiel qui s'engage dans un dialogue avant l'admission, afin d'assurer une bonne adéquation entre les antécédents et les attentes. Dans certains cas, un directeur doctoral peut conseiller à un étudiant potentiel de chercher une autre structure, dans laquelle un sujet ou une approche donnés fonctionneraient plus naturellement[5].

Le contexte approprié pour les études théologiques – L'Église au sens large

John Stott n'a pas fait de doctorat de recherche, mais le haut niveau d'érudition de ses études bibliques et théologiques lui a valu le titre de Docteur en Théologie de Lambeth Palace (siège de l'archevêché de Cantorbéry). Il a joint la capacité d'érudition à l'engagement évangélique ardent et sincère pour le Christ, la Bible, et une intégrité profonde de la foi personnelle. Il connaissait les défis des études doctorales en théologie pour la foi personnelle et a longuement parlé de la tension entre « l'ouverture et l'engagement ».

> Il nous faut encourager les érudits chrétiens à dépasser les frontières et à s'engager dans le débat, tout en conservant leur participation active à la communauté des croyants. Je sais que c'est une question délicate, et il n'est pas facile de définir des relations justes entre la liberté d'enquête et la foi établie. Cependant, j'ai souvent été soucieux de la grande solitude de certains

---

5. Ce résumé est basé sur la déclaration de Moore College, un collège de formation anglican à Sydney, en Australie.

savants chrétiens. Que ce soient eux qui se sont éloignés de la communauté, ou la communauté qui leur a permis de dériver loin d'elle, leur isolement n'en demeure pas moins une condition nuisible et dangereuse pour leur foi. De par leur intégrité même, les érudits chrétiens devraient à la fois préserver la tension entre l'ouverture à de nouvelles idées et la consécration au Christ, et accepter de se rendre mutuellement des comptes et d'être responsables les uns envers les autres dans le corps du Christ. Dans une telle fraternité, je pense que nous pourrions d'une part, avoir moins de pertes et de l'autre, obtenir plus de créativité théologique[6].

Les directeurs évangéliques et leurs doctorants s'efforceront donc de trouver des moyens de vivre dans cette tension d'être aux « frontières » du débat universitaire et de « participer activement à la communauté de foi ». Les doctorants bénéficieront de la liberté de discuter de ces questions, tout comme ils auront besoin de bons exemples à suivre. Les mots de John Stott mettent en évidence le danger, pour un savant, de s'éloigner de la communauté de l'Église. Malheureusement, cela s'est produit pour certains étudiants évangéliques en recherche. Je suis convaincu que Stott a raison quand il affirme que l'enracinement dans la communauté de l'Église se traduira par plus de créativité théologique et moins de pertes. Cette question mérite d'être abordée par les directeurs avec sérieux. Le « cavalier solitaire » savant est en danger sans le soutien mutuel et la responsabilité qu'assure une église locale.

J'ai récemment été encouragé par la réponse résolue d'un doctorant qui étudiait au département de théologie d'une université sud-africaine à prédominance libérale, lorsque je l'ai interrogé au sujet de cette question : « J'ai dans mon pays des gens pieux qui ont sacrifié de l'argent et du temps pour investir en moi, et je leur dois de revenir ancré dans la foi sans avoir cédé à ce libéralisme. »

Voici un problème encore plus inquiétant : voir des directeurs de thèse, qui sont des modèles pour les doctorants, dériver de leur engagement dans l'église locale, et qui ont même peut-être cessé d'y aller. Ils parlent ouvertement de la façon dont ils sont totalement désillusionnés par l'Église. C'est un problème plus courant qu'on ne l'imagine.

Voir certains directeurs de thèse choisir de se retirer de la vie de l'église locale est une anomalie, mais je me réjouis d'avoir aussi vu le contraire se produire. Je connais des érudits de renom dans les institutions théologiques les plus prestigieuses qui servent fidèlement comme anciens et diacres, prenant leur tour de prédication, animant des groupes d'étude biblique, et s'engageant avec enthousiasme à partager l'Évangile avec les enfants et les jeunes.

Pour des théologiens doués sur le plan académique, il peut être difficile d'écouter la prédication de ministres qui en savent bien moins qu'eux, et dont les sermons ne sont pas théologiquement bien développés, ou qui n'expliquent pas le texte biblique aussi complètement qu'ils le souhaiteraient. Cela peut être éprouvant pour eux de se mêler aux croyants dont la compréhension de la foi est très simple, sinon simpliste. Dans son adresse à des étudiants

---

6. J. Stott, *I Believe in Preaching*, Londres, Hodder & Stoughton, 1982, p. 87.

en théologie, Warfield cite Luther qui répondait aux plaintes d'étudiants selon lesquelles la vie d'église était ordinaire :

> « Les gens ne peuvent espérer avoir des ministres tout à fait conformes à leurs souhaits, [Luther] déclare encore, ils devraient plutôt remercier Dieu pour sa parole pure », et ne pas exiger Saint Augustin ou Saint Ambroise pour la leur prêcher. Si un pasteur plaît au Seigneur Jésus et lui est fidèle, il n'y a personne d'autre de plus important et de plus puissant à qui il devrait plaire[7].

L'église locale n'est peut-être pas le lieu où le directeur doctoral recevra l'enseignement profond que nous désirons tous, mais l'Écriture reste claire à ce sujet et s'applique aussi bien à un professeur de séminaire chrétien qu'à tout autre chrétien : « N'abandonnons pas notre assemblée, comme certains en ont l'habitude, mais encourageons-nous mutuellement. Faites cela d'autant plus que vous voyez s'approcher le jour » (Hé 10.25). Comme le souligne l'auteur de l'Épître aux Hébreux, appartenir à l'église locale représente bien plus que recevoir un enseignement profond et stimulant, même si cet enseignement est souhaitable. L'église locale apporte le soutien mutuel par la prière, l'amour, l'encouragement et la bonté des autres croyants. Mais en plus, elle offre aussi des opportunités de service et d'« encouragement » envers les autres. Les pasteurs de l'église locale peuvent être mal à l'aise à l'idée d'avoir des professeurs de théologie dans leurs congrégations et ont besoin d'encouragement. Les malades ont besoin qu'on leur rende visite, le visiteur a besoin d'hospitalité. Le directeur doctoral ou l'étudiant chercheur ne s'estimeront pas être au-dessus des tâches simples telles que diriger un groupe de maison, enseigner un cours de l'école du dimanche, prendre la relève au service du café ou se joindre à la journée de nettoyage de l'église. Notre modèle est le Christ qui a débattu avec les scribes instruits dans le temple, mais qui a aussi lavé les pieds de ses disciples.

Questions de réflexion

Comment évalueriez-vous votre engagement dans l'église locale ?

Avez-vous des opportunités de servir dans cette communauté locale ? Lesquelles ?

Quand vous étiez étudiant en doctorat, dans quelle mesure aviez-vous du mal à vous identifier à votre communauté ecclésiale ?

En quoi votre implication dans une église locale vous a-t-elle aidé dans votre vie académique et chrétienne ?

Qu'est-ce que vous aimeriez le plus changer ?

---

7. WARFIELD, *The Religious Life of Theological Students*, p. 190.

Aborder les questions théologiques à problème

Il est important pour les directeurs de thèse d'être ouverts à la perspective d'aborder avec leurs étudiants les questions à problème de leur discipline. Parfois, un étrange silence de la part du directeur conduit les étudiants à se demander si les problèmes devraient être abordés, s'il est même permis de le faire. Cette réticence empêche les doctorants de gérer ces problèmes à l'avenir, car ils ne disposent pas du langage discursif approprié pour les aborder.

Être clair quant aux Écritures

Nombre de doctorants évangéliques étudiant les Écritures n'ont pas une doctrine claire de l'Écriture. Tout en travaillant de près sur le texte, ils gardent cet aspect de l'étude tout à fait distinct de leurs points de vue doctrinaux. Cela semble étrange.

Questions de réflexion

Quelle est votre propre doctrine au sujet des Écritures ?

Comment est-elle façonnée par votre contexte institutionnel, et quelles tensions ce contexte crée-t-il ?

Comment pourriez-vous expliquer cela à des doctorants explorant leurs propres points de vue sur les Écritures ?

S'attaquer aux problèmes difficiles

John Stott a ouvertement réfléchi aux défis auxquels il a été confronté lorsqu'il étudiait la théologie dans l'atmosphère à prédominance libérale théologique de l'Université de Cambridge dans les années 1940. Stott se retrouvait souvent le seul évangélique de toute la classe, tandis que les conférenciers exposaient leurs approches libérales avec confiance et assurance. Pour lui, cela a provoqué de réelles « souffrances intellectuelles » alors qu'il cherchait à trouver des réponses à ces arguments, à maintenir sa position évangélique avec rigueur intellectuelle et à démontrer, avec satisfaction, qu'elle était fondée. Si quelqu'un étudiait la théologie dans un tel contexte et gardait ses convictions évangéliques fondamentales intactes, c'était considéré comme un « miracle » – et Stott en était un ! Ce qui le préservait était sa conviction inébranlable que, pour défier ceux qui saperaient la compréhension évangélique de l'Évangile, il lui fallait dialoguer avec eux à un niveau d'érudition égal au leur. Chaque fois qu'il rencontrait un problème qui le rendait perplexe ou mettait sa foi au défi, il travaillait et priait sans relâche sur le sujet jusqu'à ce qu'il trouve ce qu'il croyait être une solution satisfaisante. Il a également été soutenu par un ami proche avec qui il partageait et discutait des problèmes qu'il rencontrait – Douglas Johnson, qui est devenu un leader clé dans InterVarsity

Fellowship, devenue plus tard Universities and Colleges Christian Fellowship, une association chrétienne anglaise qui vise notamment à soutenir les étudiants dans leur foi[8].

Ne pas laisser les petits problèmes renverser les grandes convictions

Une étude théologique de haut niveau soulèvera, à un moment donné, de profondes remises en cause. La façon dont le doctorant chercheur réagit à ces points est cruciale. S'exprimant lors de la Consultation des Langham Scholars à l'Université de Cambridge en 2011, un érudit biblique bien connu a parlé des défis auxquels il a dû faire face en faisant sa recherche et en écrivant dans sa propre discipline :

> Il y a des moments où je rencontre un problème dans l'étude des Écritures qui remet en question mes convictions évangéliques. Dans ces moments-là, j'ai le choix. Vais-je poursuivre cette question et lui permettre d'ébranler mes convictions les plus profondes, ou vais-je décider consciemment que ma foi et ma position doctrinale sont plus grandes que cela et que je me dois de laisser la question sans réponse jusqu'à ce que je puisse la comprendre ? Une préoccupation persistante à l'égard de ce petit problème peut me pousser à l'amplifier au-delà de son importance, et finalement à me faire du mal sur le plan spirituel. Alors que si j'ai le courage de mettre la question de côté pour un moment, souvent, en temps voulu, et grâce à une pensée et une étude mûries, je trouve que le Seigneur a effectivement une nouvelle lumière à apporter, et une solution satisfaisante se fait jour pour moi.

Connaître les conséquences quand on franchit les limites

Une autre image que j'ai parfois entendue pour expliquer l'équilibre entre la liberté académique et les convictions religieuses personnelles, est celle de la piscine. Les convictions chrétiennes et les déclarations personnelles de confession sur la doctrine et le style de vie créent des limites sûres au sein desquelles on peut naviguer. À l'intérieur de ces limites, c'est comme une piscine dans laquelle nous avons la liberté de nous déplacer dans plusieurs directions et d'explorer de nombreuses options. Cependant, lorsque le bord de la piscine est atteint, que ce soit sur une question doctrinale ou même morale ou de style de vie, les chercheurs ont le choix. Ils peuvent utiliser leur liberté pour se retourner et aller dans une autre direction, ou pour sortir de la piscine. Nombre d'entre eux choisissent de nager dans une autre direction et par la suite de revenir au point qui les avait auparavant troublés, et avec de nouvelles pensées, ils ne voient plus le problème – leur compréhension a changé et ils peuvent le voir d'une manière différente ou plus mature. Parfois, certains choisissent de sortir du bassin. Beaucoup de ceux qui le font s'éloignent des valeurs fondamentales de la foi. L'un des pionniers des études critiques modernes du Nouveau Testament, David F.

---

8. T. D. Smith, *John Stott, The Making of a Leader*, Downers Grove, InterVarsity Press, 1999, p. 180-203.

Strauss, a fait ce choix et a complètement perdu sa foi personnelle ; il est mort en refusant un enterrement chrétien. Les rangs des savants libéraux sont régulièrement complétés par des évangéliques qui ont abandonné leurs croyances fondamentales. Parfois, en arrivant au « bord de la piscine », dans les moments où l'on parvient aux limites, de nouvelles perspectives peuvent venir et mener à de nouvelles compréhensions de l'ensemble du bassin, comme lorsque Martin Luther s'est libéré des limites confessionnelles du catholicisme médiéval, précipitant la Réforme.

Soutenir les étudiants dans les moments critiques

L'une des tâches que le directeur doctoral évangélique devrait prendre à cœur consiste à soutenir les chercheurs dans ces moments critiques. En l'absence d'un partenaire de dialogue pour les aider, beaucoup d'évangéliques ont fait des choix potentiellement significatifs ou dévastateurs. Dans un esprit d'ouverture à l'enquête et à la recherche, la discussion de sujets complexes qui remettent la foi en cause ne devrait pas être interdite comme dans certaines traditions d'église, mais accompagnée avec sagesse et discernement. Les chercheurs devraient avoir la possibilité de réfléchir aux implications de tout choix qu'ils pourraient faire, et il peut être vital pour eux d'avoir une perspective externe sur les résultats qui les troublent profondément. Cette démarche implique non seulement de soutenir le cheminement intellectuel, mais aussi d'explorer comment ces questionnements affecteront la foi personnelle, les relations avec la communauté ecclésiale locale, et même avec la famille et les amis. Et à travers ce processus, le directeur évangélique priera bien sûr pour que la foi de l'étudiant ne soit pas affaiblie par ce périple, mais au contraire renforcée.

Questions de réflexion

Quel espace créez-vous dans les sessions de direction pour discuter des domaines à problèmes dans la discipline étudiée ?

Dans quelle mesure êtes-vous à l'aise de partager avec les étudiants les problèmes posés à votre foi par ces questions ?

Si vous éprouvez de l'hésitation à ce sujet, quelles en sont les raisons ?

Qu'avez-vous besoin de changer dans ce domaine ?

Quand cela fonctionne... ou pas

Il y a bien sûr du danger dans l'engagement du directeur évangélique et du doctorant à vivre dans la tension entre « ouverture et engagement ». Il est possible que, malgré votre soutien, malgré la prière, un étudiant fasse des choix qui l'amènent à abandonner ses convictions évangéliques fondamentales. Mais le refus de soulever des questions difficiles et d'en parler avec franchise est également dangereux – conduisant potentiellement à une foi obscurantiste, ou à une foi présentant une sérieuse dichotomie entre l'intellect et les questions de conviction. Les étudiants peuvent être dépassés par l'anxiété profondément troublante causée par de grandes questions laissées en suspens et non résolues, et qui peuvent en elles-mêmes ébranler la foi. Dans ce type de situation, le directeur est un point de référence majeur, il lui faut donc être préparé et avoir des réponses. Cela signifie que vous devez avoir réfléchi vous-mêmes aux problèmes potentiels. Il en va de même pour le théologien. En étant soumis à la tension et à l'épreuve dans les zones à problèmes, on devrait y gagner un niveau plus profond de compréhension et d'engagement dans la foi.

Cela fait de l'encadrement des doctorants l'un des plus grands privilèges et défis du travail universitaire. D'une certaine manière, l'interaction étroite requise avec l'étudiant et les compétences qu'il acquiert en font l'approche pédagogique la plus proche du modèle que Jésus a employé pour former ses disciples. Suivre l'exemple de Jésus peut produire des résultats parmi les plus satisfaisants et les plus durables.

Questions de réflexion

Dressez la liste des livres et des articles que vous recommanderiez à un étudiant qui se bat pour concilier ses convictions évangéliques avec des questionnements bibliques ou théologiques spécifiques.

Quelle personne (autre que vous-même) recommanderiez-vous aux étudiants comme mentor et partenaire de dialogue lorsqu'ils sont confrontés à des problèmes dans ces domaines ?

Si votre institution a un aumônier, quel rôle pourrait-il/elle jouer dans la résolution des problèmes abordés dans ce chapitre ?

Comment les directeurs peuvent-ils s'entraider pour répondre aux préoccupations des étudiants en matière de foi personnelle ?

Mesurer et évaluer le développement holistique des doctorants

Le directeur évangélique mesurera le « succès » des doctorants autrement qu'en termes purement académiques.

Questions de réflexion

Quel est votre plus grand espoir pour vos doctorants ?

Comment pourriez-vous mesurer votre succès, ou votre échec, autrement que par le succès ou l'échec de la soutenance de thèse des doctorants ?

Évaluer les compétences clés, les réalisations et les progrès

L'une des visions fondamentales pour le directeur doctoral dans une institution évangélique est de produire des doctorants motivés et habilités grâce à une appréciation plus profonde de la tradition chrétienne évangélique, et qui ont une plus grande compréhension et application de la pensée et des pratiques d'un disciplulat fidèle ; une base de connaissances plus étendue ; des compétences d'enseignement et de recherche améliorées ; et une plus grande capacité à penser de manière nouvelle. Si nos doctorants deviennent des enseignants, nous voulons qu'ils aient la capacité de communiquer efficacement ce qu'ils ont découvert dans les salles de classe et les milieux professionnels, et qu'ils travaillent à l'avant-garde de la pensée chrétienne. Dès lors qu'ils ont terminé leur doctorat, nous voulons qu'ils puissent continuer à servir fidèlement le Christ et à grandir sur le plan professionnel.

Chaque étudiant est différent et dispose d'un ensemble unique de points forts et de centres d'intérêts.

L'annexe III de ce livre comprend une liste des compétences et traits de caractère qui peut être utilisée comme un « journal d'apprentissage », discutée et annotée tous les douze mois pour suivre les progrès à mesure que l'étudiant atteint chaque étape[9]. Les étudiants devraient être informés que cette liste sera utilisée pour évaluer leur progression générale.

Étude de cas

Aurore est une étudiante très douée qui réfléchit en profondeur. Sa thèse de doctorat intègre des domaines d'étude du Nouveau Testament et de philosophie. En approfondissant le côté philosophique de son étude, qu'elle apprécie énormément, elle se concentre de plus en plus sur les approches philosophiques et commence à soulever des questions majeures sur son approche de l'Écriture. Par la suite, elle vous confie qu'elle a cessé de lire sa Bible pendant son culte personnel parce qu'elle n'en éprouve pas le besoin, et sa fréquentation de l'église devient de plus en plus irrégulière. Des tensions apparaissent entre elle et son mari qui souhaite maintenir des cultes en famille réguliers. Vous commencez à sentir que même si elle réussit bien sur le plan académique, elle ne progresse pas dans sa foi personnelle et cela vous préoccupe de plus en plus.

Questions

Quels problèmes ce cas soulève-t-il ?

Que pouvez-vous faire pour aider Aurore, en tant que directeur de thèse ?

Que devrait faire l'institution dans un tel cas ?

---

9. Un très bon exemple d'une telle liste est celle de *McMaster Divinity School, PhD Mastery Checklist* qui a été aimablement envoyée à l'auteur par leur corps professoral.

16

Préparer les doctorants à la soutenance

L'aboutissement du processus de direction doctorale intervient lorsque le travail du doctorant est présenté à une commission plus large d'experts pour examen et soutenance. Cette étape peut être stimulante, mais aussi stressante, tant pour l'étudiant que pour le directeur. Ce dernier se rappelera que c'est le travail du candidat qui est en cours d'examen, et non le sien. Pourtant, d'une certaine manière, pour que l'étudiant réussisse, le directeur devrait avoir effectué un bon travail. Si l'étudiant échoue, son directeur en viendra à se poser des questions sur la qualité de sa direction. Le fait que la plupart des examens de doctorat permettent une révision et une réécriture après le processus de soutenance et d'examen va sans doute permettre de corriger certains problèmes, mais vous souhaitez néanmoins que cela se passe bien du premier coup.

Soumettre la thèse au bon moment

Dans le domaine de l'encadrement, il est important de déterminer le moment où la thèse sera probablement prête. À mesure que le programme doctoral se rapproche de la fin, l'étudiant commencera à demander : « Pensez-vous que la thèse est prête à être déposée ? » Les derniers mois et semaines de direction d'un étudiant en recherche peuvent être très intenses pour le directeur de thèse. Ce dernier devra lire attentivement le projet final et faire des suggestions pour une révision ultérieure avant de le soumettre. Pour le doctorant, c'est le moment de peaufiner, de revoir et de réécrire sa thèse. L'étudiant ne devrait pas se dire : « Peut-être que les examinateurs ne remarqueront pas » s'il y a des lacunes ou des divergences. Ils remarqueront – c'est leur travail !

Pour répondre à la question de l'étudiant sur le meilleur moment pour soumettre la thèse, la bonne réponse est « quand elle sera prête ». Cependant, la réalité peut être plus compliquée. La soumission peut être déterminée par le calendrier officiel du programme – il y aura une date limite à laquelle la thèse doit être soumise. L'étudiant peut avoir un travail auquel il lui faut retourner, ou un visa qui expire, ce qui pourrait avancer la date limite. Son financement sera probablement en voie d'épuisement ; la soumission ne doit donc pas être retardée. Le directeur devrait régulièrement discuter de ces questions avec l'étudiant, afin que toute date limite et ses implications sur le plan pratique ne soient pas perdues de vue.

Si vous n'avez pas une grande expérience dans la direction de thèse, il serait bon de consulter les autres membres de l'équipe de direction, ou un collègue plus âgé qui serait un directeur expérimenté, afin d'obtenir leur avis pour savoir si la thèse est prête pour être soutenue. Les bilans annuels de la progression du travail devraient vous permettre de voir dans le détail les concepts de base, la méthodologie et l'intention de la recherche, afin de vous assurer que tout concorde et va dans la bonne direction, et en cas de problèmes ou soucis majeurs, ils ont déjà dû être identifiés auparavant. Cependant, une évaluation finale avant la soumission est importante. À ce stade, certaines institutions demandent un examen blanc ou *pre-viva*, une « confirmation de statut », au cours de laquelle d'autres membres de la communauté universitaire peuvent se pencher sur la version complète de la thèse et identifier les éventuelles questions clés à réviser.

Le processus varie selon les institutions, mais habituellement, le directeur est tenu de donner une forme d'approbation pour la soumission, qui sera confirmée par la personne ou le comité qui supervise le programme de recherche. Lorsque le directeur donne son assentiment à une soumission de thèse, cela signifie que :

- Un travail de recherche substantiel et original a été réalisé.
- L'étudiant a suivi toutes les conventions de présentation et de formatage requises.
- Une thèse répondant aux normes est maintenant prête à être soumise aux examinateurs.
- L'étudiant est prêt pour cette soutenance, en termes de développement personnel et académique.

La soutenance orale devant le comité/jury de thèse

Dans un programme de type américain, le processus de préparation de la soutenance finale d'une thèse est similaire en bien des façons au processus de proposition initiale du projet. Le directeur/président du comité de thèse aura fait usage des commentaires émis lors de la proposition du projet pour guider l'étudiant dans le développement et la rédaction de la thèse, fournissant un retour sur les ébauches initiales des chapitres ou parties de chapitres et décidant du moment où il semble approprié de soumettre la version plus complète aux membres du comité pour leur relecture. Quand les commentaires de tous les membres du comité ont été reçus et abordés dans le document de soutenance, il est alors temps pour l'étudiant et le président de décider ensemble si la thèse est éventuellement prête pour la soutenance finale. Cette dernière ne devrait pas être envisagée tant que l'un des membres du comité estime qu'un travail supplémentaire important est nécessaire pour les ébauches de sections qu'il a examinées.

La soutenance de thèse selon le processus en vigueur en France[1]

En France, la décision de lancer la procédure de soutenance est déclenchée par le directeur de thèse, en accord avec le thésard, lorsque la thèse arrive à maturité. Les modalités pour la formation doctorale sont régies par l'Arrêté du 25 mai 2016[2]. Contrairement au modèle américain, lorsque l'étudiant est habilité à soutenir sa thèse, suite à l'avis favorable de son directeur de thèse et des deux rapporteurs externes validés par l'école doctorale, l'obtention du grade de Docteur est potentiellement acquise.

Le choix des deux rapporteurs est fait par le directeur de thèse en concertation avec le doctorant parmi les professeurs en activité concernés par le champ disciplinaire de la recherche, intéressés par l'objet de la recherche et susceptibles de faciliter la professionnalisation du jeune docteur. Un professeur honoraire ou retraité ne peut donc pas être choisi comme rapporteur, ni les deux membres de la Commission de suivi de thèse (CST). En outre, la constitution du jury doit respecter la parité externe/interne à l'université et souvent la parité homme/femme. Aujourd'hui, les mentions (honorable, très honorable, etc.) n'existent plus pour les thèses, ce sont les rapports du jury que reçoit le docteur qui précisent l'appréciation de l'originalité et de la qualité du travail.

Lors de la soutenance, à tour de rôle, chaque membre du jury présente son rapport en une quinzaine de minutes, et pose des questions au doctorant. Lorsque tous les membres du jury se sont exprimés, le jury se retire pour délibérer, puis avec la solennité que revêt le moment, l'assistance, le doctorant et les membres du jury se tiennent debout et écoutent le président du jury prononçant une formule qui confère au doctorant le grade de docteur de la discipline et de l'université de soutenance. Elle peut être, par exemple : après avoir examiné les travaux qui lui ont été soumis, le jury, unanime, estime que « XXX », est digne de recevoir le grade de docteur de l'Université XXX ».

Être absolument sûr

Une fois la thèse soumise, il n'y a pas de retour en arrière, l'étudiant et le directeur/comité de thèse/membres du jury devraient donc autant que possible être confiants sur le fait que la thèse est prête.

Dans certains systèmes, il est possible pour l'étudiant de soumettre sa thèse même si cela va à l'encontre de l'avis de son/ses directeur/s. C'est un scénario à éviter, mais dans quelques cas exceptionnels, lorsque les relations avec le directeur sont rompues (voir le chapitre 3), l'étudiant peut revendiquer le droit de soutenir sa thèse. Dans ces cas-là, l'examen devrait être mené de manière aussi juste et rigoureuse que dans toute autre situation. Si cela est possible, les examinateurs ne devraient pas être informés avant ou pendant l'examen que

---

1. N.D.E. : Section ajoutée à l'original en anglais.
2. N.D.E. : Pour en savoir plus sur le système en vigueur en France, voir l'« Arrêté du 25 mai 2016 fixant le cadre national de la formation et les modalités conduisant à la délivrance du diplôme national de doctorat », en particulier les articles 17 à 19, disponible en ligne sur https://www.legifrance.gouv.fr/affichTexte.do?cidTexte=JORFTEXT000032587086 [site consulté le 10/06/2019]

la thèse a été soumise sans l'approbation du directeur, afin que le travail soit effectivement examiné selon son mérite.

L'examen sans soutenance[3]

Les programmes doctoraux n'incluent pas tous une soutenance, et dans certains d'entre eux, l'examen se base uniquement sur la thèse écrite. Lorsque c'est le cas, le processus devrait être expliqué aux étudiants en détail. Ils ont besoin de savoir avec certitude qui va lire la thèse et combien de temps le processus prendra. Si les examinateurs demandent des corrections ou des révisions, il leur faudra expliquer comment celles-ci doivent être faites et dans quels délais. Il faudrait préciser à l'étudiant le stade précis auquel la thèse sera considérée comme soutenue. Même en l'absence de soutenance orale, les examinateurs devraient néanmoins considérer la même gamme de questions qu'ils auraient abordées lors d'une soutenance pour se considérer satisfaits du résultat.

La soutenance

Pour les programmes de doctorat qui comportent une soutenance, cette dernière est une partie très importante du processus et elle devra être soigneusement préparée. Les raisons de la tenue d'une soutenance sont essentiellement :
- S'assurer que la thèse est bien le produit du propre travail du candidat – celui-ci est capable d'en parler en connaissance de cause et en personne. La soutenance de thèse tient donc lieu de garde-fou contre le plagiat.
- Le candidat démontre sa capacité à discuter de son travail de recherche et à le « défendre », ce qui est une dimension essentielle du discours scientifique.
- C'est l'occasion d'expliquer et de développer des idées en allant plus loin que ce qui est écrit dans la thèse.
- Le candidat peut expliquer et justifier l'approche adoptée, ou toute autre question éventuellement soulevée.
- Les membres du jury peuvent s'appuyer sur d'autres choses que le simple texte pour prendre leurs décisions.
- Des idées de publication ou d'emploi futur peuvent s'ensuivre.
- Cela tourne en général à l'avantage des candidats – une thèse « limite » peut être aidée par une bonne soutenance orale alors qu'une thèse médiocre ne le peut pas, les étudiants peuvent bénéficier de nouvelles options de révisions s'ils la soutiennent bien.

---

3. L'ICETE et l'auteur recommandent que la soutenance orale fasse partie intégrante de l'examen de la thèse chaque fois que cela est possible.

La composition du comité/jury de soutenance

La composition du comité/jury de soutenance variera d'une institution à l'autre en fonction du programme. Le directeur de thèse devrait expliquer à l'étudiant qui sont les personnes concernées et en quoi consiste ici son propre rôle de directeur. Normalement, le jury comprendra un examinateur externe dont le rôle consiste à apporter une évaluation objective, permettant que le travail soit jugé selon des normes comparables à celles d'autres institutions majeures.

Dans certains programmes, l'étudiant est consulté sur le choix des membres du jury. Le directeur de thèse devrait aussi jouer un rôle en recommandant les personnes les plus appropriées, bien que la nomination finale soit généralement faite par l'institution elle-même. Les chercheurs réputés dans le domaine, ceux avec lesquels le candidat a interagi en travaillant sa thèse, ceux qui comprennent le contexte, sont des personnes clés. Ils devraient être bien reconnus dans le domaine académique en question.

Fixer la date de soutenance

Normalement, c'est l'institution qui finalise la date de l'examen, mais le directeur de thèse peut préparer la voie en assurant la liaison entre les membres du comité/jury et les candidats pour obtenir une série de dates qui conviennent à tous. Ce n'est pas toujours facile durant les périodes surchargées de l'année académique. Mais l'étudiant ne devrait pas attendre plusieurs mois pour que la soutenance ait lieu.

Dans les programmes de style américain, la difficulté de programmer les séances de soutenance augmente à mesure que la taille du comité de thèse grandit. Il est important que le président du comité conseille à l'étudiant de bien planifier son programme et de ne pas attendre la dernière minute pour explorer les dates de soutenance possibles. En général, les membres du comité seront très accommodants, mais leurs agendas peuvent être chargés, rendant difficile la planification d'une date de soutenance. Un assistant pourrait contacter les différents membres du comité, explorer les options de dates de soutenance, et coordonner la planification de l'événement et son annonce au sein de l'institution.

En France, la date est fixée pragmatiquement par le directeur de thèse en concertation avec le doctorant et les membres du jury et est validée par l'école doctorale. Il faut aussi veiller qu'une salle soit disponible et accessible ce jour-là à l'université.

Préparer les étudiants à la soutenance

Pour beaucoup d'étudiants, la soutenance de leur thèse doctorale relève du cauchemar. Ils la voient comme un déluge incessant de questions, imaginent peut-être des projecteurs aveuglants fixés sur eux, avec des examinateurs qui les attendent au tournant à la moindre de leurs erreurs. La défense en public qui, dans certains contextes, est au centre de la soutenance, avec un comité d'experts débattant de la thèse devant ce qui peut être un large public de professeurs, d'autres étudiants et même de grand public, peut être une épreuve majeure. J'ai pu assister à un certain nombre de soutenances, parfois en tant qu'examinateur, parfois en tant qu'observateur présent dans la pièce mais ne participant pas, parfois encore pour accompagner les étudiants jusqu'au moment où la soutenance débute. La réalité est tout autre que le mythe, mais les étudiants devront s'y être préparés de manière adéquate, avec une bonne compréhension de ce qui est susceptible de se passer et des raisons qui font que la soutenance de thèse est une partie essentielle du processus dans la majorité des programmes doctoraux.

Un directeur devrait toujours encourager ses doctorants à voir la soutenance d'un œil positif :

- C'est l'occasion de parler longuement et en détail du sujet qui a été au centre de leur vie durant les quelques années écoulées.
- D'autres chercheurs auront lu leur thèse et s'y intéressent beaucoup !
- C'est une chance pour les étudiants de montrer l'étendue de leurs connaissances – il peut y avoir bien plus de matériel consulté que ce qu'ils ont cité sur le papier et cela leur donnera l'opportunité de parler de leur expertise plus large.
- C'est une chance de montrer qu'ils maîtrisent leur sujet et qu'ils peuvent éventuellement mieux connaître le domaine précis traité par leur thèse que les examinateurs.
- La thèse sera lue par d'autres experts qui peuvent apporter des recommandations de correction ou de révision améliorant le travail avant sa publication.
- Les examinateurs pourraient émettre des recommandations pour publier tout ou une partie de la thèse. D'importantes révisions peuvent être suggérées et effectuées avant que le document final ne soit envoyé à l'impression. La soutenance ne virera au cauchemar que si la thèse est vraiment médiocre et que le candidat n'est pas bien préparé.

Se préparer pour le jour « J »

Le travail ne s'arrête pas une fois la thèse soumise. Il est essentiel pour les étudiants de continuer à lire et d'améliorer leur réflexion, car de nouveaux articles ou livres peuvent paraître après qu'ils aient soumis leur thèse et ils peuvent être interrogés à ce sujet.

Les étudiants apprendront à se préparer à la soutenance orale tout comme ils se seraient préparés à tout autre examen.

Exercices utiles pour se préparer

Pour se préparer aux questions auxquelles ils seront confrontés, les étudiants peuvent être invités à :

- Résumer le thème principal de la thèse en une seule phrase – c'est souvent l'une des premières questions qu'un examinateur pose.
- Résumer en quelques phrases les principaux points de la problématique de la thèse, et comment chaque point de l'argumentaire découle du précédent et forme une structure logique.

- Résumer en quelques phrases quelle est la contribution unique au savoir qu'ils estiment que la thèse apporte.

Les doctorants apprendront également au fur et à mesure à évaluer de façon critique leur propre travail et à en connaître les points forts et les points faibles. Avant la soutenance, il est utile de tenir une réunion de direction pour discuter des éléments qui pourraient être soulevées lors de la soutenance, tels que :
- Les limites de la thèse ;
- Les domaines qui nécessitent des travaux supplémentaires à l'avenir ;
- Les points où la recherche ne s'est pas développée ou déroulée comme prévu.

Avant la soutenance, les étudiants devraient :
- Relire attentivement la thèse. Ils devraient revoir chaque partie et chaque chapitre, et réfléchir aux questions susceptibles de leur être posées.
- Apprendre à être leur propre examinateur :

    i) Le sujet de la recherche est-il clairement stipulé ?

    ii) L'argumentation montre-t-elle que la littérature pertinente a été consultée ?

    iii) Les sources sont-elles citées de manière appropriée ?

    iv) La problématique est-elle cohérente, logique et bien formulée ?

    v) Le développement de la thèse est-il clair dans chaque paragraphe, partie et chapitre ?

    vi) Quels sont les points faibles de la thèse ? Les examinateurs remarqueront les parties où l'argumentation est faible.

    vii) La conclusion est-elle en accord avec les preuves recueillies ?

Les étudiants peuvent préparer des notes résumées de la thèse dans lesquelles ils identifient les questions clés qu'ils anticipent et ensuite, ils peuvent :
- Réduire le contenu essentiel à quelques pages de notes ;
- Fournir des explications concernant la partie la plus complexe de la thèse ;
- Apprendre de courtes définitions des termes clés et des concepts utilisés, afin qu'ils puissent en parler avec assurance et en connaissance de cause ;
- Montrer qu'ils sont experts dans leur propre recherche ;
- Être confiants dans leurs résultats.

Expliquer le processus

Le déroulement de la soutenance devra être clairement expliqué à l'étudiant – souvent le processus de soutenance est entouré de mystère – les rumeurs les plus fantaisistes peuvent circuler parmi les étudiants ! Ceux-ci ont le droit de savoir ce qui va vraiment se passer et être en mesure d'exercer à l'avance les compétences dont ils vont avoir besoin.

Quand les soutenances sont publiques, permettant à d'autres étudiants d'y assister, les doctorants devraient être encouragés ou invités à assister à au moins une des autres soutenances de thèse précédant la leur.

Le jour « J »

Les étudiants feront en sorte d'être en forme pour le jour de la soutenance – c'est un processus très exigeant. Si les mesures préparatoires décrites ci-dessus ont été prises, la meilleure chose à faire est d'avoir une bonne nuit de sommeil plutôt que de passer une grande partie de la nuit à relire fiévreusement la thèse.

La durée de la soutenance peut varier : une heure serait une soutenance courte, deux heures sembleraient normales, trois heures ou plus sont une durée inhabituelle.

Le nombre de membres du jury varie – de deux examinateurs à un nombre plus large de professeurs et d'examinateurs externes. Les questions peuvent donc être très diverses et les étudiants devront être prêts pour les divers angles éventuellement adoptés.

La plupart des programmes doctoraux autorisent l'étudiant à prendre avec lui une copie de sa thèse et à s'y référer durant la soutenance. Pour en faciliter l'utilisation, l'étudiant peut insérer des marques-pages ou des post-it, afin de localiser les chapitres plus facilement. Ainsi, il ne perd pas de temps à feuilleter sa thèse pour trouver les sections. Cependant, il ne lui est pas permis d'apporter d'autres livres ou papiers que sa thèse. Une liste d'errata (erreurs orthographiques et typographiques, questions grammaticales, erreurs factuelles) qu'un étudiant a identifiées après la soumission peut être produite et montrée aux membres du comité en fin de soutenance, si l'étudiant souhaite demander la permission de les inclure dans la version finale révisée, mais cela ne devrait pas inclure de nouvelles sections de texte.

Se préparer à rencontrer les membres du jury

Le directeur devrait aider à préparer l'étudiant pour le moment où il rencontrera les membres du jury lors de la soutenance. Les étudiants ont peut-être participé à des discussions sur le choix des examinateurs, mais ils devraient aussi être préparés aux approches méthodologiques et scientifiques que les examinateurs peuvent adopter et aux questions qu'ils peuvent poser.

Les doctorants devraient se renseigner sur les travaux de leurs examinateurs. Si ces derniers ont écrit dans le domaine de la thèse, les étudiants devraient lire ces travaux ou les relire. Cela leur permettra de connaître les différences en termes d'approches et de résultats entre leur travail et celui des examinateurs – et être capables d'expliquer et de justifier ces différences.

Si le travail de l'étudiant est transdisciplinaire, il devra être capable d'orienter les examinateurs qui ne sont pas des spécialistes de son sujet.

Préparer à bien parler de la thèse

Certaines institutions fournissent une « répétition générale », également appelée « examen blanc », ou encore « simulation ». Cela peut être utile pour préparer les étudiants à ce qui les attend, leur donner la possibilité de répondre à des questions qu'ils ne connaissent pas à l'avance et de s'entendre eux-mêmes apporter des réponses. Cela prend du temps, et certains étudiants pensent que cela double le niveau de stress ! Si le directeur fait partie du jury d'examen, il ne devrait pas faire partie d'un examen simulé, mais sinon, il peut se rendre utile en faisant des suggestions à d'autres personnes qui pourraient aider.

Les étudiants gagneront à apprendre à parler avec justesse et succinctement, et à donner des exemples appropriés. Ils auront besoin de répondre sans se déconcerter ou « être désorienté » en s'éloignant du sujet ou en introduisant beaucoup de documents qui n'aident pas à répondre à la question. Les membres du jury éprouvent une grande frustration lorsqu'un étudiant prend trop de temps pour répondre à une question simple. Tant de questions peuvent être posées dans le temps alloué à la soutenance, il est donc bon que ce temps soit bien utilisé. Si un étudiant ne connaît pas la réponse à une question, il est préférable pour lui de le dire plutôt que de tourner longuement autour du sujet sans y répondre.

Aidez l'étudiant à paraître intéressé, détendu, enthousiaste (mais sans en faire trop !), prêt à être ouvert et autocritique à propos de son travail, et prêt pour une discussion mûre au niveau d'érudition des confrères.

Le code vestimentaire attendu devrait être expliqué à l'étudiant, afin qu'il ou elle n'ait pas l'embarras d'arriver mal habillé ou trop bien habillé.

Préparer l'étudiant aux questions du jury

Si en tant que directeur de thèse vous ne faites pas partie du jury, en fonction de votre expérience, vous pouvez toutefois passer du temps à réfléchir à certaines des questions que les membres du jury pourraient poser.

La première question est souvent un moyen de briser la glace pour détendre le candidat. Cette question pourrait être par exemple : « Pourquoi avez-vous choisi de faire des recherches sur ce sujet ? » L'étudiant peut ainsi parler de sa motivation personnelle, mais devra également répondre avec la rigueur académique appropriée – il doit y avoir une question clé dans le domaine qui a besoin d'une réponse et qui justifie la recherche.

Les étudiants réfléchiront sur les questions susceptibles d'être posées et sur comment « interpréter » la question afin de comprendre le genre de réponses attendues de leur part. Voici quelques exemples :

i) En deux ou trois phrases, quelle est votre thèse ? (L'étudiant ne peut pas répondre : « Oh, vous ne l'avez donc pas lue ! »).

ii) Quelle est l'importance/la contribution originale de la thèse ? (Il s'agit d'aller au cœur de la définition classique de la recherche).

iii) Pensez-vous avoir couvert toutes les questions indiquées par votre titre ? (Ce qui évalue le contenu).

iv) Quelles étaient vos questions/hypothèses de recherche ? (Cela ouvre la question des méthodes de recherche utilisées).

v) Quelles autres méthodes de recherche avez-vous considérées ? Pourquoi avoir choisi celle-ci ? (À nouveau, cela ouvre la question des méthodes de recherche utilisées).

vi) Si vous deviez refaire cette recherche, que feriez-vous différemment ?

vii) Faites-nous découvrir votre méthode en utilisant l'une des sections de la thèse. Pensez-vous que vos conclusions sont justifiées ? (L'étudiant doit être précis).

viii) Comment avez-vous vérifié vos résultats ? De quelle manière la conclusion tient-elle la route ?

ix) De quelles manières le savoir sera-t-il impacté par votre thèse ? (Encore sur la contribution originale).

x) Lequel de vos résultats vous a le plus surpris ?

xi) Lequel de vos résultats pensez-vous être le plus important ? (Importance de la recherche).

xii) Quelle est la pertinence ou quels sont les implications pour … ? (Importance de la recherche).

xiii) Quelles autres questions de recherche découlent de votre travail ?

xiv) Comment votre thèse se compare-t-elle au travail de … ? (Ce qui vous oblige à être à jour sur les recherches similaires et la littérature secondaire pertinente).

xv) Quel est le plus grand point faible dans votre approche ? (L'autocritique sera équilibrée avec une défense appropriée).

xvi) Dans quelle mesure êtes-vous satisfait de votre recherche ?

xvii) Quel sera l'objet de votre prochaine recherche ? (Où mène votre thèse ?).

Les étudiants apprendront également à répondre en utilisant des arguments appropriés, et dans le cas où ils n'ont pas de réponse claire, ils doivent le dire. Lorsque les membres du jury soulignent des insuffisances dans la thèse, un étudiant devrait défendre son travail, le cas échéant, mais lorsque les examinateurs démontrent clairement que des lacunes ou des erreurs ont été faites, il est nécessaire de faire marche arrière et d'accepter que des révisions soient nécessaires. Le discours et le débat académiques sont appropriés, mais avoir une discussion animée avec les examinateurs ne l'est pas. Défendre l'indéfendable ne l'est pas non plus ! Les bons chercheurs accueillent favorablement la critique, veulent en tirer des leçons et leur travail s'en trouve amélioré.

Encouragez les étudiants à profiter de l'expérience autant que possible. C'est un aspect du rite de passage dans leur carrière de chercheurs, dans lequel ils échangent leurs idées avec leurs pairs en tant que confrères de niveau équivalent.

Après la soutenance

Le directeur de thèse passera en revue les résultats potentiels de la soutenance, afin que l'étudiant sache exactement quelles sont les possibilités et ce qui peut être requis. Si les examinateurs demandent des révisions ou des corrections, la nature de ces dernières devrait être discutée afin que le candidat soit bien préparé.

Ma politique est d'être là le jour où mes étudiants passent l'examen. C'est un moment stressant pour eux et ils ont besoin de soutien avant et après. Certains seront ravis du résultat, d'autres profondément déçus. Il peut être difficile pour eux de prendre en compte les réactions ou les instructions qui leur sont données dans le feu de l'action. Certains sont émotionnellement très vulnérables. Généralement, préparer une célébration à l'avance n'est pas la meilleure chose à faire. C'est difficile de faire face aux amis et à la famille qui attendent avec des fleurs, des chocolats et une fête prévue à l'avance quand les choses ne se sont pas vraiment bien passées. Rien n'est certain ou prévisible jusqu'à ce que les examinateurs aient terminé leur travail, sinon il n'y aurait pas besoin d'examen. Mieux vaut encourager les doctorants à attendre que le succès soit confirmé avant d'organiser une fête !

Étude de cas

Lydia est une étudiante très brillante qui écrit bien et qui fait preuve d'un réel talent dans la recherche. Vous tenez pour sûr que la thèse qu'elle écrit sera aussitôt couronnée de succès. Cependant, elle a beaucoup de mal à parler en public. L'une de ses présentations de recherche a vraiment mal tourné : elle était si stressée qu'elle parlait très rapidement et très bas, de sorte qu'elle était presque inaudible pour le public. Elle a dépassé le temps imparti, sa présentation a dû être interrompue par la personne présidant la réunion, et Lydia a fini en larmes. Elle vous a dit que lorsqu'elle était stressée, sa nervosité pouvait la rendre physiquement malade.

Questions

Comment pouvez-vous préparer Lydia pour la soutenance de sa thèse ?

Comment pouvez-vous l'aider à faire des présentations orales, qui seront essentielles à la future carrière académique qu'elle envisage ?

Lectures complémentaires conseillées

Ouvrages en français

BEAUD, Michel, *L'art de la thèse : Comment préparer et rédiger un mémoire de master, une thèse de doctorat ou tout autre travail universitaire à l'ère du Net*, Paris, La Découverte, 2006, p. 168-17€.

Ouvrages et articles en anglais

LOVITTS, B. E., « Making the Implicit Explicit », dans *The Assessment of Doctoral Education: Emerging Criteria and New Models for Improving Outcomes*, sous dir. P. L. Maki et N. A. Borkowski, Sterling, VA, Stylus, 2006, p. 163-187.

MURRAY, R., *How to Survive Your Viva: Defending a Thesis in an Oral Examination*, 2ᵉ édition, Maidenhead, Open University Press, 2009.

PEARCE, L., *How to Examine a Thesis*, Maidenhead, Open University Press, 2005.

PHILLIPS, E. M., et D. S. PUGH, *How to Get a PhD: A Handbook for Students and Their Supervisors*, Maidenhead, Open University Press, 2010.

TINKLER, P., et C. JACKSON, *The Doctoral Examination Process: A Handbook for Students, Examiners and Supervisors*, Maidenhead, Open University Press, 2004 – basé sur le système du Royaume-Uni, mais avec des principes importants.

17

Évaluer une thèse doctorale : Les préparations avant la soutenance

Être invité à évaluer une thèse de doctorat est un grand honneur. Cela signifie la reconnaissance de votre statut de « gardien de la discipline ». L'évaluation d'une thèse représente également une grande responsabilité et une très grande quantité de travail. La façon dont un examen de doctorat est effectué et les rôles que jouent les examinateurs varient selon l'école. Les bonnes pratiques de l'ICETE insistent sur le fait que les examinateurs doivent être bien au fait de la nature de leur travail avant de commencer le processus d'examen :

> Les examinateurs doivent comprendre la nature de leur rôle au cours du processus d'examen doctoral, ainsi que la manière dont les décisions finales concernant l'octroi du titre universitaire sont prises. L'établissement dispose de lignes directrices et de procédures claires en cas de désaccord entre les examinateurs quant au résultat d'un examen de thèse[1].

Questions de réflexion

Quelle a été votre propre expérience de soutenance de thèse ?

Quel en était l'aspect le plus positif ?

Quel en était l'aspect le moins positif ?

Quelles sont les trois choses que vous considérez comme les plus importantes dans l'évaluation d'une thèse de doctorat ?

---

1. Shaw, *Bonnes pratiques*, p. 47.

Les membres du jury de thèse

Les institutions établissent des procédures décrivant la composition, le choix et les responsabilités des jurys de thèses. Elles veillent à ce qu'ils ne soient composés que de membres aux compétences garantissant une équivalence de normes universitaires nationales et internationales. Pour cette raison, les institutions instaurent des processus d'examen doctoral qui incluent normalement la présence d'un examinateur externe[2].

Les examinateurs seront dûment qualifiés et eux-mêmes titulaires d'un doctorat et seront en mesure de démontrer leur valeur académique et leur activité de recherche. Ils devraient être choisis pour leur expertise dans le domaine, pour une récompense doctorale obtenue selon les normes et les repères reconnus, et devraient être actifs dans la recherche et la direction de thèse doctorale.

Il y a toujours un élément de subjectivité qui intervient dans l'évaluation d'un travail écrit, et travailler avec un jury d'examen aide à contrer cet élément, mais les critères académiques appropriés et l'évaluation devraient être utilisés par toutes les personnes impliquées dans le processus d'examen.

Les examinateurs externes désignés doivent avoir l'expertise requise en relation avec le sujet, être des savants de niveau international, être toujours actifs dans la recherche et disposer de publications importantes et courantes dans le domaine examiné[3].

Il est important de s'assurer que le jury d'examen est composé non seulement d'experts académiques, mais aussi de spécialistes en la matière et de personnes qui comprennent les approches que peut adopter un étudiant dans un contexte évangélique. Les membres du jury se doivent d'être scrupuleusement équitables et noter favorablement un bon travail de niveau universitaire, même s'ils sont en désaccord avec certains de ses contenus théologiques. Cependant, il ne faudrait pas entraver le cheminement du candidat par des obstacles non nécessaires, en nommant des examinateurs connus pour leur hostilité à une certaine méthodologie ou à une approche théologique donnée. De même, il ne faudrait pas non plus accorder un avantage particulier aux étudiants en choisissant des examinateurs qui pourraient être trop bienveillants à l'égard de la position du candidat. Il devrait y avoir parmi les examinateurs une rigueur académique et un équilibre appropriés.

Ainsi que l'indiquent les *Bonnes pratiques pour la formation doctorale* : « Pour les soutenances menées dans des contextes académiques évangéliques, l'institution veillera scrupuleusement à la qualité scientifique du travail présenté[4]. »

---

2. *Ibid.*, p. 48. Un examinateur externe est une personne qui n'est pas régulièrement employée par l'établissement où la recherche doctorale se déroule et qui n'a pas été impliquée dans la supervision de l'étudiant en recherche.

3. *Ibid.*

4. *Ibid.*

Lorsqu'il nous est demandé d'évaluer une thèse, le principe d'intégrité et d'équité académiques signifie la nécessité de mettre de côté les préférences personnelles et de se concentrer sur la qualité du travail d'érudition présenté.

Une autre question importante est la nécessité de faire preuve d'éthique académique appropriée en déclarant tout intérêt personnel que vous auriez dans le candidat. Si vous envisagez d'embaucher le candidat ou si vous envisagez de publier conjointement avec lui, ou si vous avez ou avez eu une relation personnelle ou familiale étroite avec le candidat, vous ne devriez normalement pas faire partie du jury d'examen.

Questions de réflexion

Dans votre institution, quel est le processus de sélection des membres du jury d'examen ?

Qui les choisit ?

Quel matériel leur fournit-on ?

Que reçoivent-ils comme formation ou initiation ?

L'examinateur externe

Être invité à remplir le rôle d'examinateur externe est un honneur et aussi une grande responsabilité. L'examinateur externe (rapporteur dans le système francophone, ou lecteur dans le système anglophone) est quelqu'un de l'extérieur de l'institution qui est sélectionné pour apporter une mesure extérieure de qualité et d'objectivité. Sa tâche est de s'assurer qu'une thèse de doctorat obtiendrait un résultat similaire si elle était présentée au niveau doctoral dans une autre institution. Son rôle particulier est d'agir en tant que partie désintéressée et gardien de la discipline. Dans certaines institutions, les rapporteurs externes agissent en tant que conseillers des examinateurs internes en offrant des commentaires spécifiques à la thèse, sans agir officiellement en tant qu'examinateurs. Habituellement, les examinateurs/lecteurs/rapporteurs externes font partie d'un jury d'examen et leur rôle est de s'assurer qu'un candidat examiné n'est pas, selon des comparaisons externes, sur-récompensé ou sous-noté. L'examinateur externe devrait normalement recevoir une rémunération de la part de l'institution conduisant l'examen doctoral. Toutes les dispositions relatives à la nomination et à la rétribution des examinateurs devraient être prises par l'institution.

Le directeur doctoral en tant que membre du jury d'examen

Lorsque le programme de doctorat permet au directeur de thèse de faire partie du jury d'examen, cela lui permet d'expliquer aux autres jurés une partie du travail qui sous-tend la thèse et les raisons justifiant les approches adoptées. Cependant, il existe un besoin égal d'équilibre et d'objectivité. Le travail doit être évalué selon ses mérites académiques, pas selon vos sentiments personnels envers le candidat. Il peut y avoir une tentation de « faire réussir votre étudiant » après plusieurs années de dur labeur ensemble, mais si la thèse n'est pas d'un mérite suffisant, elle ne devrait pas passer. De même, il y a la tentation d'être sur la défensive si le travail est critiqué. Il s'agit cependant d'une évaluation du travail du candidat et non du travail du directeur doctoral qui l'a encadré.

Questions de réflexion

Que ressentez-vous à l'idée d'être sollicité comme examinateur ?

Comment avez-vous assuré l'impartialité et le jugement indépendant lors de l'évaluation d'un travail ?

Si vous êtes choisi en tant qu'examinateur externe (rapporteur/lecteur), comment pouvez-vous vous informer le mieux possible sur l'institution où vous examinerez une thèse et sur le sujet du candidat ?

Se préparer à examiner une thèse

Avant de procéder à la soutenance, un processus détaillé sera suivi. Les examinateurs à nommer devraient déjà être envisagés lorsque l'étudiant donne à l'établissement un avis formel de soumission de thèse. Cela permettra de gagner du temps après le dépôt de la thèse pour décider du choix des examinateurs et pour déterminer leur disponibilité. Lorsque la thèse est soumise, ils seront officiellement approchés et nommés.

Lorsque vous décidez d'accepter ou non une invitation à examiner une thèse, tenez compte des points suivants :

   i) Le sujet de la thèse est-il au cœur de votre expertise de chercheur ? Si ce n'est pas le cas, le candidat ne recevra pas la meilleure évaluation et les meilleurs commentaires. Examiner une thèse en dehors de votre domaine de connaissances ne relève pas d'une bonne pratique.

   ii) Avez-vous le temps d'entreprendre la tâche ? Si on le fait dans les règles de l'art, un examen de thèse prend beaucoup de temps – au moins trois ou quatre jours de votre temps de travail. Ensuite, il se peut qu'il vous faille assister à une soutenance orale qui peut avoir lieu à une certaine distance de votre domicile. C'est certes un grand honneur et un service à rendre à la communauté académique en général, mais cela prend du temps. Il vous faudra compter jusqu'à une semaine de votre temps de travail.

   iii) Pouvez-vous procéder à l'évaluation dans un délai raisonnable ? Il serait injuste que les candidats attendent plusieurs mois avant que vous ne puissiez trouver une date convenable. Dans un domaine d'érudition en mutation rapide, la recherche peut être rapidement dépassée. En outre, la période d'attente peut être extrêmement stressante pour les candidats, et un retard dans la tenue d'un examen peut signifier qu'ils ne peuvent entretemps accéder à un poste dans l'enseignement supérieur ou retourner dans leur pays d'origine.

iv) Y a-t-il des raisons personnelles pour lesquelles vous ne devriez pas examiner une thèse – comme, par exemple, une relation étroite avec l'étudiant ?

Les choses à faire avant la soutenance

Il est vital de lire la thèse très attentivement ! Cela peut sembler évident, mais j'ai assisté à des soutenances où les membres du jury ne semblaient pas avoir une connaissance approfondie et détaillée de la thèse, ce qui relève d'un professionnalisme médiocre. C'est injuste et irrespectueux envers l'étudiant.

Il faut au moins un ou deux jours complets pour lire et évaluer de manière exhaustive une thèse de 80 000 mots (350 pages), et il faudrait normalement la lire au moins deux fois.

L'examinateur prendra des notes, fera des commentaires détaillés et préparera une liste de questions possibles. Il lui faudra peut-être consulter des documents pertinents ou d'autres thèses dans ce domaine. Il lui faudra vérifier l'exactitude d'une bonne quantité de références à d'autres sources dans la thèse. Ensuite, il devra produire un rapport et recommander un certain nombre de corrections. Faire un tel travail de contrôle et d'évaluation prend du temps, tout comme l'examen lui-même.

Normalement, le rapport initial est produit indépendamment des autres examinateurs et soumis avant de rencontrer les autres jurés, afin d'assurer un élément d'impartialité.

Les programmes sans soutenance orale

Les programmes de doctorat qui n'examinent que la thèse écrite ne permettent pas aux examinateurs de rencontrer les candidats, et de ce fait, la discussion et l'interaction personnelles avec eux ne sont pas possibles. Cela présente un certain nombre d'avantages pour l'examinateur. Cela réduit les coûts et a tendance à accélérer le processus. L'évaluation se concentre sur la thèse, qui est le produit final du processus doctoral, et n'est pas distraite par une évaluation personnelle des candidats, elle concerne uniquement le travail qu'ils ont produit.

Cependant, cette méthode ne permet pas aux examinateurs de demander aux candidats de discuter de manière significative afin de déterminer si la thèse est vraiment le produit de leur propre travail. Elle ne permet pas non plus aux examinateurs de creuser plus profondément ni de poser des questions sur ce qui n'a pas été écrit. Elle ne permet pas aux candidats de « défendre » ou d'expliquer davantage leur réflexion dans la thèse, ni de s'engager dans une discussion avec des collègues à un niveau de pairs. Les bonnes pratiques de l'ICETE recommandent que, dans la mesure du possible, un examen oral / une soutenance de thèse soit organisé.

Les programmes comportant une soutenance orale

La soutenance orale permet aux examinateurs de déterminer si la thèse est le produit du travail des candidats en leur demandant de répondre à des questions à ce sujet et de parler de manière significative de ce qu'ils ont écrit. Les examinateurs peuvent également explorer en profondeur ce qui a motivé le travail, le choix des méthodes et le fonctionnement du processus, y compris les défis rencontrés au cours du processus de recherche et les changements d'approche qui se sont avérés nécessaires. Les candidats peuvent « défendre » ou expliquer davantage leur réflexion dans la thèse, clarifier certains points et justifier leur approche et leurs conclusions.

La soutenance permet aux examinateurs de prendre une décision basée sur une assise plus large que le simple texte écrit. Il permet aux doctorants d'échanger avec des collègues à un niveau de pairs, ce qui est un attribut important du doctorat et marque leur entrée dans la communauté savante des experts du domaine.

Il y a quelques inconvénients à l'examen oral. Il peut pénaliser ceux qui ont du mal à parler en public. Les candidats qui sont examinés dans une langue qui n'est pas leur langue maternelle peuvent aussi être désavantagés. Cela apporte à l'examen un élément personnel, et donc plus subjectif, qui peut parfois jouer en faveur du candidat et parfois contre eux. Ces facteurs peuvent conduire à ce que l'évaluation ne soit pas uniquement basée sur le travail lui-même, et il faut en tenir compte.

Lorsque la distance est un facteur important pour les examinateurs ou les candidats, il est possible qu'un examen soit effectué par téléphone ou par des moyens électroniques, vidéo, à condition que la performance du candidat ne soit pas compromise par l'utilisation de ces moyens. Cet outil est certainement moins satisfaisant qu'une rencontre en face-à-face mais les aspects pratiques dictent parfois sa nécessité.

Questions de réflexion

Quel type d'examen votre programme doctoral utilise-t-il ?

Quels sont ses points forts et ses points faibles ?

La suite de ce chapitre se concentre sur la partie orale de l'examen, la soutenance, qui est la forme la plus courante et qui est encouragée dans les bonnes pratiques de l'ICETE. Néanmoins, les principes qui sous-tendent l'approche à adopter peuvent être appliqués aux programmes sans examen oral.

Types d'examens oraux

À huis clos ou public ?

Même dans les examens oraux, il existe une grande diversité dans les différents programmes de doctorat. Dans certaines situations, l'examen est privé, seuls l'étudiant, les examinateurs et un président y assistent. Parfois, le directeur de thèse participe à l'examen, parfois, il ne peut y assister qu'en tant qu'observateur. Dans un certain nombre de contextes, l'examen est un événement public auquel assistent d'autres universitaires, parfois d'autres étudiants, la famille, des amis, le grand public.

Si vous êtes invité à examiner une thèse, il est important de comprendre quel type de format l'examen prendra.

Célébration ou inquisition ? – Le but de l'examen oral

Encore une fois, il existe une grande diversité à travers les programmes. Dans certains cas, le travail de l'examinateur a été largement accompli avant l'examen oral. La soutenance devient alors une présentation publique du travail entrepris et une célébration de la réussite. Le résultat ne fait aucun doute.

Dans d'autres contextes, bien qu'il y ait eu beaucoup de travail effectué par les examinateurs avant la soutenance, la décision des examinateurs n'a pas été prise avant la fin de l'oral. C'est justement en cela qu'elle consiste : que les examinateurs soient convaincus que la thèse écrite est de niveau doctoral, que c'est le travail du candidat, et qu'elle mérite la récompense du titre doctoral. Ils ne devraient pas annoncer leurs résultats tant que tout ce qui précède n'a pas été démontré.

Préparer le lieu de soutenance

Si une soutenance fait partie du processus d'examen de la thèse, il convient de réfléchir soigneusement à l'emplacement et à la taille du lieu. Si la soutenance est publique, un amphithéâtre, une salle de conférence ou une grande salle de réunion sont nécessaires. Cela devrait ménager de l'espace pour le public, et les examinateurs et les candidats peuvent être vus et entendus clairement, sans être encombrés par les spectateurs. Les microphones et l'équipement audio devraient être disponibles et en bon état de fonctionnement.

Si la soutenance n'est pas un événement public, une salle plus petite est une meilleure option – une salle de tutorat, une salle de classe ou un bureau. Les sièges devraient être aménagés de façon à faciliter la communication, et des tables devraient être prévues pour que l'étudiant et les examinateurs puissent poser leurs papiers et leurs copies de thèse.

Quel que soit le lieu, il devrait y avoir du matériel de prime nécessité – une horloge, de l'eau pour l'étudiant/e et les jurés, une ventilation adéquate et un minimum d'isolation acoustique contre le bruit extérieur. Tous les participants devraient être invités à éteindre leurs téléphones portables. Une affiche telle que « Ne pas déranger » sur la porte est un ajout essentiel, pour faire obstacle aux interruptions inutiles.

> ### Étude de cas
>
> Esther a donné des conférences pendant quelques années depuis la fin de son doctorat, et a encadré quelques thèses d'étudiants en master et les a notées. Son doyen d'université l'approche pour voir si elle est prête à travailler au sein du jury d'examen de l'un des doctorants du département. Le sujet concerne le domaine dans lequel elle a publié deux articles, et elle y a quelque expertise. Esther connaît bien l'étudiant et ils ont pris un café ensemble à plusieurs reprises. Au cours des discussions, le sujet de la thèse de l'étudiant a été soulevé et Esther a fait quelques suggestions sur les choses à lire. Elle est honorée d'être approchée, mais se demande si elle peut être vraiment impartiale puisqu'elle connaît déjà l'étudiant. De plus, elle est très consciente du fait qu'elle était elle-même récemment doctorante et ne se sent pas très à l'aise pour évaluer d'autres étudiants.
>
> ### Questions
>
> Esther devrait-elle accepter l'offre ?
>
> Est-elle suffisamment neutre et objective dans cette situation pour assumer son rôle dans le jury, du fait qu'elle connaît l'étudiant ?
>
> Comment la conseilleriez-vous sur son sentiment d'infériorité pour assumer cette tâche ?

Lectures complémentaires conseillées

Ouvrages en français

BEAUD, Michel, *L'art de la thèse : Comment préparer et rédiger un mémoire de master, une thèse de doctorat ou tout autre travail universitaire à l'ère du Net*, Paris, La Découverte, 2006, p. 168-170.

Ouvrages et articles en anglais

LOVITTS, B. E., « Making the Implicit Explicit », dans *The Assessment of Doctoral Education: Emerging Criteria and New Models for Improving Outcomes*, sous dir. P. L. Maki et N. A. Borkowski, Sterling, VA, Stylus, 2006, p. 163-187.

MURRAY, R., *How to Survive Your Viva: Defending a Thesis in an Oral Examination*, 2e édition, Maidenhead, Open University Press, 2009.

PEARCE, L., *How to Examine a Thesis*, Maidenhead, Open University Press, 2005.

TINKLER, P., et C. JACKSON, *The Doctoral Examination Process: A Handbook for Students, Examiners and Supervisors*, Maidenhead, Open University Press, 2004 – basé sur le système du Royaume-Uni, mais avec des principes importants.

18

Évaluer la thèse : La soutenance en elle-même

En effet, il nous faudra tous comparaître devant le tribunal de Christ afin que chacun reçoive le salaire de ce qu'il aura fait, bien ou mal, alors qu'il était dans son corps. (2 Co 5.10).

Examinez-vous vous-mêmes […] mettez-vous vous-mêmes à l'épreuve. […] Mais j'espère bien que vous reconnaîtrez que nous, nous ne sommes pas disqualifiés. (2 Co 13.5-6)

Tout chrétien est conscient du principe de faire face à un examen et à une évaluation. En effet, les Écritures indiquent clairement que nous serons tenus responsables de la façon dont nous avons vécu et de ce que nous avons fait. Nous savons aussi que le juge de toute la terre rendra justice et sera absolument équitable dans son examen, et que dans le jugement, la justice sera rendue avec grâce. Les examinateurs de thèses appliqueront les mêmes principes. Qu'il s'agisse de l'évaluation de la thèse uniquement ou de la thèse avec sa soutenance orale, la tâche des examinateurs reste la même. Ils décident si la thèse répond aux critères d'évaluation ou non. L'examen est à mener avec rigueur, équité, justice, et avec grâce – une thèse ne sera jamais parfaite.

Conduire la soutenance

Les examinateurs devraient dès le départ expliquer à l'étudiant exactement le déroulement de la soutenance afin qu'il sache à quoi s'attendre. Les procédures d'évaluation devraient être clairement définies au préalable et appliquées de manière rigoureuse, équitable et systématique. Les membres externes d'un jury d'examen devraient également connaître exactement quelles sont les procédures dans l'établissement. Souvent, un membre indépendant du corps enseignant de l'institution préside l'examen pour assurer une procédure officielle.

La durée

Il n'y a pas de durée fixe pour un examen oral. Un examen de moins d'une heure ne donne pas beaucoup de temps pour une analyse approfondie. Si la durée est supérieure à trois heures, cela peut devenir une épreuve importante pour l'étudiant, et la plupart des questions auraient dû être couvertes avant la fin de cette période. Une durée d'environ deux heures est plus habituelle.

Un examinateur constatera qu'avec la réunion préparatoire, l'examen lui-même, les discussions et la rédaction du rapport par la suite, l'ensemble du processus prend au moins une demi-journée. Ceci s'ajoute aux quelques jours passés à lire et à évaluer la thèse au préalable.

Les questions

Les examinateurs se rencontrent avant le début de l'examen pour discuter de la liste des questions auxquelles ils aimeraient que le candidat réponde et pour les répartir entre les différents membres du jury. Il devrait y avoir une variété de questions couvrant l'ensemble des clarifications requises à travers la thèse, et aucun examinateur ne devrait dominer l'interrogation, bien que l'examinateur externe doive jouer le rôle de premier plan.

Questions de réflexion

Donnez un exemple de question propice à briser la glace au début d'un examen de soutenance.

Quel genre de questions peut-on utiliser pour déterminer si le candidat a correctement identifié une question ou un problème étayant la thèse ?

Comment amèneriez-vous un candidat à parler de sa méthodologie ?

Que faites-vous si un candidat ne peut pas répondre à une question que vous lui posez et à laquelle vous pensez qu'il devrait pouvoir répondre ?

Quel genre de questions pouvez-vous poser pour vous assurer que le travail est bien celui du candidat ?

Quelles questions pouvez-vous utiliser pour voir si une thèse est une « contribution originale à la connaissance » ?

Points importants pour le temps de questions

- Il est important de permettre aux candidats d'exprimer avec leurs propres mots l'essentiel de la thèse. Cependant, il est aussi important de les garder concentrés sur la réponse à la question.

- Si un étudiant parle longuement sans répondre à la question, il devrait être rappelé à l'ordre.
- Les étudiants devraient avoir l'occasion de « défendre » la thèse.
- Les questions devraient être affûtées et clairement exprimées, mais elles ne devraient pas être hostiles. Le but est de développer avec les confrères une discussion respectueuse et de niveau académique.
- Les étudiants devraient être amenés à réfléchir, et les questions devraient être difficiles, mais il n'est pas nécessaire non plus de les soumettre à une multitude de questions incessantes.
- Le rôle du président du jury est important et il devrait intervenir s'il estime que le ton n'est pas adéquat ou que le candidat est traité injustement.

Évaluer la thèse

La question clé à se poser est la suivante : quelles sont les qualités que les examinateurs estiment avoir été démontrées dans la thèse à un niveau doctoral pour la considérer comme soutenue et réussie ?

Cette question s'applique dans tous les cas, que la thèse soit examinée uniquement par son texte seul ou par la soutenance orale. Dans le cadre d'un examen doctoral dans une institution théologique évangélique, les standards de Beyrouth de l'ICETE[1] définissent les qualités qu'un candidat est appelé à démontrer. Il sera utile de les utiliser comme une sorte d'aide-mémoire pour évaluer les réalisations du candidat. Nous allons maintenant les énumérer et les commenter.

Ces qualités sont :

> **Standard de Beyrouth 1 : Des connaissances globales** mettant en évidence une maîtrise large et systématique d'un champ d'étude pertinent pour la communauté chrétienne, ainsi qu'une expertise dans les compétences et les méthodes de recherche appropriées à ce domaine.

Les examinateurs devraient être convaincus que l'étudiant fait preuve d'une compréhension profonde et systématique. Quelles questions peuvent être utilisées pour permettre à un étudiant de démontrer que sa compréhension de son domaine de recherche correspond à ce critère ?

Dans une thèse, que recherche un examinateur pour démontrer qu'un étudiant a acquis « une expertise dans les compétences et les méthodes de recherche appropriées à ce domaine » ?

Dans un contexte évangélique, il convient d'explorer la pertinence de la recherche et ses conclusions pour la communauté chrétienne. Quelles sont les questions que l'examinateur peut poser pour atteindre cet objectif ?

---

1. SHAW, « Les standards de Beyrouth », p. 1-2.

> **Standard de Beyrouth 2 : Des compétences critiques exercées dans la fidélité à la foi,** démontrées par une capacité à faire une analyse critique, à mener une évaluation indépendante de sources primaires et secondaires et à synthétiser des idées nouvelles et interdépendantes. Cette démarche requiert un engagement à exercer ces compétences sur le fondement de la fidélité biblique à Jésus-Christ et à son Église.

De quelle manière pouvez-vous évaluer des compétences académiques de haut niveau en analyse critique, en évaluation indépendante, en synthèse et en argumentation cohérente ?

Quelles qualités du travail d'un doctorant indiquent qu'il est capable d'écrire avec intégrité et rigueur à un bon niveau d'érudition et de démontrer qu'il le fait dans la perspective de sa foi ?

> **Standard de Beyrouth 3 : Une démarche de recherche rigoureuse et intègre,** ayant démontré la capacité de concevoir, de réaliser et de mener à bien un projet conséquent de recherche ayant pour résultat une thèse complète et cohérente, et de le faire avec une intégrité chrétienne et universitaire.

Cela emmène l'examinateur au cœur de l'évaluation des capacités de recherche des candidats et des méthodes qu'ils ont utilisées. La capacité de « concevoir » un projet, puis de le mener à terme, est essentielle pour leur vie future de professeur et de chercheur. L'examinateur jugera dans quelle mesure cela a bien été réalisé.

Les méthodes de recherche sont-elles appropriées et systématiquement appliquées ? L'étudiant devrait faire preuve de sa capacité à émettre des jugements éclairés dans des domaines complexes. Dans l'absolu, la thèse doit démontrer que les doctorants sont devenus des experts reconnus dans leur domaine. Après avoir obtenu le titre de docteur, ils devraient être en mesure d'entreprendre leur propre recherche de manière indépendante, autogérée et autosuffisante sans le soutien d'un directeur. La capacité de développer et d'adapter la recherche pour traiter les preuves ou les résultats inattendus est la marque de fabrique d'une recherche savante.

Le terme « intégrité » souligne la nécessité de cohérence entre l'érudition et la profession de foi chrétienne. Si une telle cohérence fait défaut, par exemple lorsque le plagiat est détecté ou que les sources n'ont pas été traitées équitablement ou honnêtement, c'est un double échec de l'intégrité chrétienne et savante. Les examinateurs exploreront attentivement ce domaine dans tous les cas de figures.

Quelles questions permettront d'explorer tous ces domaines lors de la soutenance ?

> **Standard de Beyrouth 4 : Une contribution créative et originale** ayant produit, comme résultat de la démarche rigoureuse décrite ci-dessus, un travail qui élargit les frontières de la connaissance ou qui apporte un regard nouveau dans l'articulation et la contextualisation de la tradition chrétienne. Parmi ces contributions, certaines mériteront une publication évaluée par des pairs sur le plan national ou international.

La thèse devra démontrer que le candidat possède de fortes capacités de « création et d'interprétation » des connaissances – ce qui nous amène à « l'originalité » qui est la marque de qualité de la thèse doctorale.

Les résultats de la recherche sont-ils le produit du travail personnel de l'étudiant ?
Les standards de Beyrouth parlent à la fois d'élargir « les frontières de la connaissance » et d'apporter « un regard nouveau ». Le domaine de recherche n'a pas besoin d'être entièrement nouveau - en effet dans les domaines des études bibliques et de la théologie, une grande partie du sujet aura déjà été bien étudiée, mais « un regard nouveau » permet de voir de nouvelles perspectives, de nouvelles interprétations des documents existants et c'est cela même qui apporte l'originalité.

Un point de repère externe est également noté – le travail devrait mériter « une publication évaluée par des pairs sur le plan national ou international ». Si la thèse marque le passage du chercheur dans la communauté savante, c'est la norme d'entrée acceptée et le niveau auquel il ou elle devrait être jugé/e capable de travailler à l'avenir. Les examinateurs recommandent souvent à la fin de l'examen la publication totale ou partielle d'une thèse.

Les examinateurs évalueront le travail comme étant au niveau universitaire doctoral et à la « pointe de la discipline académique ». C'est la raison pour laquelle un jury d'examen inclura des examinateurs qualifiés qui sont eux-mêmes actifs dans la recherche. Grâce à l'examen, les gardiens de la discipline peuvent déterminer si le doctorant a atteint le niveau approprié pour mener des recherches de façon indépendante pour superviser d'autres doctorants.

> **Standard de Beyrouth 5 : Une pertinence contextuelle,** par laquelle le doctorant montre, au cours de son travail et par une juste évaluation du potentiel futur de ce dernier, une capacité à mener une réflexion critique informée par l'Écriture et en dialogue avec les réalités de son contexte culturel.

C'est particulièrement important pour la recherche entreprise dans un contexte théologique évangélique. Le candidat devrait être en mesure d'expliquer les raisons pour lesquelles il a entrepris cette recherche, ainsi que sa potentielle pertinence au contexte qu'elle aborde ou dans lequel le candidat va travailler.

Nous le répétons ici, les examinateurs des institutions évangéliques recherchent l'intégration de la capacité académique et des fondements bibliques dans « une réflexion critique informée par l'Écriture et en dialogue avec les réalités de son contexte culturel ».

> **Standard de Beyrouth 6 : Une capacité à communiquer**, par laquelle le doctorant se montre capable de présenter son travail à un public universitaire, et, lorsque cela est approprié, à un public plus large dans la communauté chrétienne et au-delà de celle-ci. Cette compétence devrait pouvoir être exercée dans la langue maternelle du doctorant, et d'une manière culturellement appropriée, par l'enseignement, la prédication ou l'écriture.

Les examinateurs s'assurent au préalable que le candidat est bien « capable de présenter son travail à un public universitaire et à un public plus large ». Le public universitaire est bien évidemment constitué des examinateurs eux-mêmes, mais le candidat peut aussi souhaiter poursuivre une carrière d'enseignant et dans ce cas, il devra démontrer des capacités de communication propres à l'enseignement.

Quant à l'exigence du « public plus large », elle sert à diffuser les résultats de la recherche le plus largement possible, plutôt que dans le seul cadre étroit de la communauté académique. Comment ces idées impacteront-elles ou confirmeront-elles la façon de penser dans un contexte plus large, dans les églises, chez les responsables chrétiens comme chez les experts du domaine ? Demander à un étudiant de décrire comment il expliquerait son travail à un membre non-spécialiste de son église ou à une personne assise dans un bus est l'une des façons de tester cette compétence. Il ne s'agit pas seulement de tester des capacités de communication de base, mais de révéler quelque chose de beaucoup plus profond. Ainsi qu'est supposé l'avoir dit Albert Einstein : « Si vous ne pouvez pas l'expliquer de manière simple, c'est que vous ne le comprenez pas assez bien. » Pour pouvoir expliquer avec simplicité, il faut comprendre en profondeur.

Il est évidemment difficile d'évaluer la capacité d'enseigner ou de prêcher pendant un examen de deux ou trois heures, et ces aspects du développement d'un étudiant devraient, le cas échéant, être évalués tout au long de son parcours doctoral par d'autres moyens et devenir partie intégrante du développement holistique des compétences que le programme vise – comme indiqué au chapitre 15.

> **Standard de Beyrouth 7 : Un impact sur la mission**, qui se caractérise par un engagement sincère à faire fructifier son travail doctoral, les compétences et les opportunités acquises au cours de ce dernier, pour promouvoir le royaume de Dieu et contribuer à l'avancement de la mission de l'Église (sur le plan local et mondial). Ceci s'exprimera par un esprit de service et une détermination à faire le bien à l'image de Jésus-Christ, à la gloire de Dieu.

Cela ouvre la voie aux résultats à long terme de l'étude doctorale et aux questions sur le type de compétences que l'étudiant a développées au cours de l'étude.

- Les étudiants semblent-ils avoir acquis la capacité de relier les compétences académiques qu'ils ont développées à un but missionnel, pour promouvoir le royaume de Dieu ?
- Le projet est-il publiable ? Le candidat a-t-il réfléchi à la façon dont son travail peut faire avancer la mission de l'Église ?
- Les travaux produits sont-ils de nature à engager une discussion plus large sur des sujets différents mais en corrélation ?
- Est-ce que l'étudiant comprend les implications pour sa recherche, dans son domaine, dans d'autres domaines connexes et dans leur contexte ecclésial ?
- Quelles autres recherches découleront du projet et comment cela pourrait-il promouvoir le royaume de Dieu ? Lors de la soutenance, il est bon que les examinateurs explorent « la partie cachée de l'iceberg ». Le candidat a-t-il des informations supplémentaires qu'il n'a pas utilisées et, si oui, comment les utilisera-t-il dans d'autres projets de recherche ou d'écriture ?
- Quel est le potentiel du candidat en tant que futur chercheur ?

- Le candidat démontre-t-il des compétences en enseignement ? Avec le temps, l'étudiant peut devenir enseignant ou diriger d'autres doctorants, grâce aux compétences qu'il ou elle a acquises. Les examinateurs sont parfois invités à agir en tant qu'arbitres lorsque les étudiants qu'ils ont examinés postulent pour un emploi ou à les recommander à des postes appropriés, il est donc bon d'évaluer comment les candidats communiquent les concepts clés et les informations pendant le processus d'examen.

Le résultat de la soutenance

Les standards de Beyrouth couvrent l'ensemble des réalisations à démontrer dans la thèse de doctorat et dans son examen. À travers ces points de référence clés, il y aura une certaine variation dans les capacités démontrées par les étudiants, et ce que les examinateurs recherchent, c'est un bon score global. Ainsi, une thèse peut démontrer l'excellence au plan de tous les standards, mais manquer d'une bonne communication orale durant la soutenance. Un tel candidat ne sera sans doute pas recalé. Par contre, si une thèse est brillamment communiquée mais présente des faiblesses au plan des autres standards, elle ne passerait pas et des révisions majeures seraient requises.

Alors, quels sont les résultats potentiels ?

En général, les examinateurs ont le choix entre plusieurs notations, mais cela varie selon l'institution. Certains systèmes se contentent d'un simple : « A réussi » et « A échoué », alors que d'autres offrent des mentions de niveau au sein du « A réussi » telles que mention honorable ou mention très honorable.

Selon le système de l'institution, voici certains des résultats possibles :
- Attribution directe du titre doctoral (parfois avec une mention).
- Attribution sous réserve de corrections mineures.
- Attribution sous réserve d'importantes révisions et d'une réécriture (sans réexamen).
- Révision majeure et nouvelle soumission de la thèse avec une deuxième soutenance.
- Attribution d'un diplôme inférieur (par exemple, master en France ou MPhil aux États-Unis).
- Aucun diplôme décerné.

Les résultats devraient être clairement communiqués à l'étudiant, avec les explications appropriées.

Lorsque les résultats sont confirmés par un comité des grades supérieurs au sein de l'établissement, toute décision communiquée par le jury d'examen n'est normalement que provisoire. Habituellement, les examinateurs peuvent seulement indiquer qu'ils recommandent le candidat pour une certaine récompense. Le diplôme est en général formellement conféré par le plus haut corps académique dans l'institution ou par un organisme de validation externe.

Les institutions établiront une politique claire concernant la relation entre le jury d'examen et l'organe supérieur qui confirme le diplôme, ainsi que les règlements de résolution des litiges. Les institutions veillent à ce que ces processus se déroulent sans heurt et que les décisions finales d'attribution soient rapidement communiquées au candidat.

La communication des résultats à l'étudiant et au directeur doctoral

En raison de l'important apport d'énergie intellectuelle et émotionnelle fourni par le candidat lors d'une soutenance, les élèves peuvent avoir de la difficulté à bien entendre et à comprendre le résultat qui leur est communiqué à la fin de l'examen. Le résultat obtenu et ce qu'il signifie (en particulier si d'autres révisions ou corrections sont nécessaires) seront soigneusement expliqués à l'étudiant.

Les commentaires donnés lors de la soutenance devraient être suivis d'un rapport écrit et d'instructions détaillées envoyés au candidat dans les quelques jours suivant l'examen afin que les révisions puissent être effectuées rapidement.

Les étudiants devraient être encouragés à comprendre que les corrections et les modifications qui ont été requises servent à s'assurer que le travail correspond au niveau et aux critères académiques. La thèse devra prendre place dans la littérature de recherche à un bon niveau, et il convient de souligner que la copie définitive et permanente de la thèse soumise après révision devra être disponible pour inspection. Les étudiants voudront garantir que le document final est de la plus haute qualité possible.

Habituellement, le directeur/président du comité de thèse du candidat contribue à soutenir ce dernier dans les révisions requises. Il est important que toutes les corrections et les révisions stipulées par les examinateurs soient réalisées avant l'octroi éventuel du titre de docteur. Habituellement, un membre du jury d'examen de l'institution du candidat est chargé de cette inspection, mais si l'examinateur externe fait des recommandations spéciales, il peut avoir la responsabilité de s'assurer qu'elles ont été réalisées. De plus, si une thèse est amenée à être publiée, il faudra procéder à une vérification minutieuse de l'orthographe et de la grammaire avant de la rendre disponible pour la publication.

Liste des questions clés à considérer

i) La thèse apporte-t-elle une contribution distincte et originale au savoir ?
    - Le candidat est-il maintenant capable de mener des recherches indépendantes ?

ii) Le candidat a-t-il acquis une bonne connaissance du domaine ?
    - La bibliographie et les références reflètent-elles l'état actuel des connaissances ?
    - Le candidat comprend-il la portée et les limites de sa contribution ?
    - Le candidat a-t-il vraiment montré une maîtrise de la littérature clé et a-t-il montré comment sa propre contribution s'insère dans cette littérature ?

- Le candidat a-t-il établi des liens entre la revue de littérature et le reste de son étude – montrant comment son étude découle de problèmes ou de lacunes dans le débat universitaire plus large ?
- Le candidat établit-il des liens entre ses résultats de recherche et la littérature scientifique clé tout au long de sa thèse, afin de montrer comment son travail fait avancer le débat ou impacte le domaine ?

iii) La thèse constitue-t-elle le fruit d'un travail personnel ?
- L'étudiant a-t-il clairement démontré que le travail est bien le sien ?
- Est-ce le candidat qui a rédigé l'ensemble de la thèse ?
- Que ferez-vous si vous suspectez du plagiat dans certaines parties ?
- Le candidat est-il conscient de son propre positionnement par rapport au sujet de recherche ?
- En quoi le contenu, les méthodes, les résultats et les propositions pour l'avenir, sont-ils « originaux » ?

iv) Les méthodes appropriées sont-elles utilisées et comprises ?
- Les procédures appropriées en éthique de la recherche sont-elles suivies ?
- L'étudiant est-il conscient des limites de la fiabilité de ces méthodes ?
- Les méthodes sont-elles valides pour cette étude ?
- Quelle est la logique justifiant le choix des textes et des sources utilisés ?
- Ces méthodes permettent-elles d'extrapoler des conclusions appropriées ?

v) Y a-t-il un fil conducteur logique et clair dans l'argumentation de la thèse ?
- Les principaux chapitres découlent-ils de l'introduction et sont-ils bien reliés à la revue de littérature ?
- Les chapitres se suivent-ils dans une séquence fluide et logique ?
- Les orientations principales de chaque chapitre sont-elles définies dès le départ, et les conclusions données à la fin ?
- Est-ce que la conclusion découle du contenu de la thèse et réunit les différents aspects de la problématique des chapitres en un seul endroit ? Répond-elle aux questions de recherche posées dans l'introduction ?
- Tout ce qui se trouve dans la conclusion est-il vraiment à sa place ?

vi) Le style littéraire et le niveau de présentation conviennent-ils à une potentielle publication universitaire sur le plan international ?

vii) Est-ce que l'ensemble de la thèse mérite d'être publié ?

viii) Le candidat a-t-il su expliquer et présenter la thèse lors de la soutenance ?
- Est-il capable de défendre son travail avec confiance lors des discussions avec ses confrères ?

Les zones à problèmes

Les résultats de la soutenance doivent être confirmés par un comité des diplômes supérieurs au sein de l'établissement. Toute décision communiquée par le jury d'examen n'est normalement que provisoire. Les critères d'éventuelle non validation du diplôme sont toujours justifiés auprès du candidat[2].

Les décisions partagées

Du fait que les examinateurs apportent un élément de subjectivité au processus d'examen, ils ne sont pas toujours d'accord sur le résultat. Lorsque les opinions des examinateurs sont partagées, les règlements institutionnels devraient décrire la procédure à suivre.

Peut-on obtenir un verdict de majorité ? Que se passe-t-il si l'examinateur externe est en minorité ? A-t-il un vote prépondérant ?

Dans certaines institutions, si les examinateurs sont incapables de s'entendre sur une décision, il est prévu de constituer un nouveau jury d'examen et de réexaminer la thèse.

L'étudiant se plaint du résultat

Encore une fois, les règlements institutionnels devraient avoir des directives claires sur les motifs pouvant justifier qu'un étudiant fasse appel et sur le processus approprié qui devrait être systématiquement suivi.

La présence d'un président indépendant lors de la soutenance peut aider à atténuer les motifs de certaines plaintes potentielles. Il est du devoir du président de s'assurer que le candidat est traité équitablement et que le processus approprié est suivi. Il ou elle devrait également veiller à la création et au traitement de registres et de rapports appropriés, initialement créés de manière indépendante par les examinateurs.

En général, l'étudiant ne peut pas se plaindre d'une direction inadéquate comme cause de son échec scolaire après l'examen de la thèse. Toutes ces plaintes auront été déposées avant l'examen et les actions et les mesures appropriées doivent avoir déjà été prises. Cela sera régulièrement communiqué à l'étudiant par l'institution. Certains étudiants peuvent hésiter à se plaindre par crainte des conséquences néfastes pour leur poursuite du programme et pour l'obtention de leur diplôme. C'est une question importante qui nécessite une attention particulière et qui devrait être clairement expliquée aux étudiants. Il est important qu'ils aient la meilleure expérience possible pendant toute la durée de leur programme, et non des problèmes qui surgissent en fin d'étude, lorsqu'il est trop tard pour y remédier et que ces problèmes ont déjà affecté le résultat. Si l'on dispose de mécanismes de rétroaction réguliers et robustes qui fonctionnent bien, ils devraient également empêcher que des problèmes persistent sans être remarqués.

---

2. SHAW, *Bonnes pratiques*, p. 49.

L'avenir

Il est courant que les examinateurs soient invités à soutenir l'étudiant dans le développement de leur future carrière de chercheur. Ils pourraient être invités à fournir des références pour un emploi potentiel. Les examinateurs recommandent souvent des moyens de publier une thèse. Tout cela est normal une fois l'examen terminé et la réussite de la thèse confirmée. En un sens, le travail des examinateurs n'est jamais complètement terminé dans ces circonstances, mais c'est un grand privilège d'accueillir et d'aider les titulaires d'un doctorat nouvellement décerné à s'intégrer dans la communauté savante, et d'observer avec intérêt leur développement en tant que chercheurs. Un jour, ils peuvent même vous demander d'examiner la thèse de l'un de leurs propres doctorants !

Questions de réflexion

Si vous êtes débutant en tant qu'examinateur de thèse, quelles sont les trois informations les plus importantes que vous devez requérir de l'institution avant d'examiner une thèse doctorale ?

Qui pouvez-vous consulter à ce sujet ?

Si vous êtes un examinateur expérimenté, quelles sont les trois leçons au sujet du processus d'examen doctoral que vous voudriez partager avec vos collègues moins expérimentés ?

Étude de cas

Jean est novice en matière d'évaluation de thèse. La première thèse pour laquelle il est membre du jury l'intéresse, et il a travaillé dans ce domaine. Cependant, il pense que la thèse est plutôt faible dans les aspects majeurs de connaissance et de méthode, et s'attend à ce que les autres examinateurs soient du même avis. Il est surpris d'entendre que la plupart des commentaires des autres jurés sont positifs et qu'ils ne voient aucun problème à accorder le titre de docteur. L'examinateur externe est également favorable, même si Jean se rend compte que la thèse ne se situe pas vraiment dans le domaine d'expertise de l'examinateur externe.

Questions

Quelles questions institutionnelles ce cas soulève-t-il ?

Que devrait faire Jean ?

Que faites-vous vous-même, lorsque vous êtes en profond désaccord avec les autres membres du jury d'examen ?

Lectures complémentaires conseillées
Ouvrages en français
BEAUD, Michel, *L'art de la thèse : Comment préparer et rédiger un mémoire de master, une thèse de doctorat ou tout autre travail universitaire à l'ère du Net*, Paris, La Découverte, 2006, p. 171-172.

Ouvrages et articles en anglais
LOVITTS, B. E., « Making the Implicit Explicit », dans *The Assessment of Doctoral Education: Emerging Criteria and New Models for Improving Outcomes*, sous dir. P. L. Maki et N. A. Borkowski, Sterling, VA, Stylus, 2006, p. 163-187.
PEARCE, L., *How to Examine a Thesis*, Maidenhead, Open University Press, 2005.
TINKLER, P., et C. JACKSON, *The Doctoral Examination Process: A Handbook for Students, Examiners and Supervisors*, Maidenhead, Open University Press, 2004.

Conclusion

Ce guide a cherché à démontrer que diriger des doctorants est un grand privilège, une grande responsabilité et aussi une opportunité significative de s'investir dans la formation de responsables chrétiens actuels et futurs. C'est certainement un processus d'apprentissage. Certains candidats au doctorat se révèlent être une bénédiction extraordinaire, d'autres peuvent nous décevoir et n'accompliront pas tout ce que nous espérions. Cependant, il est préférable de ne pas juger la valeur de l'investissement de temps sur l'expérience de direction d'un ou de deux étudiants, mais d'adopter une vision à plus long terme.

Tout doctorant que l'on dirige va nous occasionner, en tant que directeurs, des centaines d'heures de travail, mais l'encadrement de doctorants est très enrichissant. La direction doctorale implique de faciliter l'extension des connaissances et de la sensibilisation bibliques et théologiques, et de travailler pour développer des réponses de pointe à certains des problèmes les plus importants auxquels l'Église est confrontée aujourd'hui. Elle permet également aux étudiants de développer des compétences en recherche et en rédaction conformes aux normes les plus élevées, ce qui profitera à l'Église pour de nombreuses années. Les candidats au doctorat deviennent souvent des professeurs de théologie, et investir du temps dans leur formation implique donc de travailler avec ceux qui formeront les futurs prédicateurs, enseignants et responsables chrétiens.

L'encadrement de doctorants a également des implications bien au-delà du contexte local. Dans l'environnement mondialisé d'aujourd'hui, le doctorat ne peut jamais être un programme académique isolé et local. En travaillant avec des doctorants, le directeur de thèse contribue à la promotion de la coopération et de l'entraide internationales, ce qui peut faire tomber les barrières et renforcer le partenariat dans le cadre de la formation théologique mondiale. De ce fait, cela représente une ressource vitale pour l'Église locale et mondiale.

Le but de ce guide était d'encourager la réflexion sur la pratique de l'encadrement doctoral, en améliorant le bon travail déjà accompli et en favorisant le changement là où le besoin s'en fait ressentir. Le directeur de thèse devrait toujours être ouvert à de nouveaux apprentissages et à des approches différentes, afin de répondre aux besoins des étudiants et de s'adapter à l'évolution des circonstances et des opportunités. Ce guide a cherché à appliquer au travail des directeurs doctoraux évangéliques une série de principes phares[1].

- La direction doctorale dans des contextes théologiques évangéliques implique bien plus que le développement de compétences d'érudition, elle nécessite également d'investir dans la formation spirituelle des doctorants dirigés. Dans la façon dont la direction doctorale est dispensée, il devrait y avoir un lien entre la formation

---

1. Ces principes sont également cités dans Ian SHAW, *Bonnes pratiques pour la formation doctorale en théologie*, Carlisle, Langham Global Library, 2018.

académique et spirituelle et ce qui est attendu de l'étudiant. La formation spirituelle désirée repose sur la conviction que la Bible est fondamentale à la croyance et à la pratique. Les directeurs de thèse favorisent l'intégration bibliquement informée de l'apprentissage et de la vie. Tous les aspects de la relation de direction doctorale devraient refléter les normes les plus élevées d'intégrité morale et éthique et démontrer une recherche constante de l'excellence académique et spirituelle.

- Les directeurs de thèse dans les disciplines théologiques adoptent une approche « missionnelle » de leur tâche. Les doctorants sont dotés d'une vaste gamme de connaissances, de compréhension et de capacités de pensée critique pour leur permettre d'être à l'avenir les responsables de la formation théologique, et de le faire en ayant à l'esprit une perspective mondiale. Les compétences acquises grâce à la formation doctorale devraient également être celles qui aideront à soutenir un futur ministère dans l'enseignement, la recherche et l'écriture dans le cadre de la formation théologique et de la conduite des ministères chrétiens.
- Les directeurs de thèse œuvrent à éviter la séparation entre l'institution théologique et l'église locale, surtout quand cette séparation se produit au niveau des études supérieures. En étant eux-mêmes engagés dans une église locale, ils encouragent un engagement similaire de la part des étudiants.
- Les études doctorales devraient être faites en communauté. Le directeur et l'étudiant jouent tous deux un rôle actif et complet dans les dimensions spirituelles et académiques de ce travail en communauté. La formation offerte devrait également faciliter la collaboration avec les frères et sœurs en Christ dans la communauté de chercheurs mondiale, en construisant des réseaux et des partenariats internationaux dans le travail de formation théologique, en tant qu'aspect de la mission de Dieu.
- Les directeurs de thèse encouragent la recherche pertinente au contexte. Ils s'engagent à servir l'Église en soutenant les doctorants qui sont non seulement excellents sur le plan de la science, mais qui disposent aussi des compétences dont leur contexte a le plus besoin, et qui abordent des sujets conçus pour résoudre les principaux défis théologiques, sociaux et missiologiques auxquels l'Église fait face.
- Les directeurs de thèse s'assurent que les étudiants sont pleinement capables de s'impliquer aussi bien dans le discours théologique international que dans l'Église sur le plan mondial. Les étudiants sont encouragés à jouer pleinement leur rôle dans l'entreprise théologique mondiale et, si possible, à passer une partie de leur période d'études dans un autre contexte ou une autre culture. Quant aux directeurs, ils font aussi leur part pour promouvoir et servir la formation théologique dans différents contextes et cultures. Ils s'engagent donc à former des « théologiens du monde », – qui apportent leur contribution à l'Église tout en comprenant les dynamiques mondiales et l'interaction de leur sujet avec leur contexte local. Ils apportent également les richesses de ce contexte local dans le discours théologique mondial. Ce partenariat devrait fonctionner de manière à réduire la « fuite des

cerveaux » des meilleurs penseurs théologiques des pays émergents vers l'Occident, et devrait œuvrer à combattre l'inégalité dans la distribution mondiale des ressources théologiques. Cela implique un engagement personnel à partager l'information, les données et les ressources. Les directeurs de thèse jouent pleinement leur rôle dans la création d'une culture de recherche, entraînant la création d'un environnement institutionnel favorable dans lequel les doctorants peuvent s'épanouir. Cela implique de faciliter l'accès des étudiants à des ressources utiles pour la recherche et aussi de créer une culture d'idées où la pensée créative peut être entretenue de manière pieuse, articulée clairement, testée par les Écritures, évaluée par l'élite de l'érudition contemporaine et appliquée de manière pertinente.

- Les directeurs de thèse personnifient dans leur direction doctorale les bonnes pratiques en matière de travail d'équipe et de collaboration. Tout en continuant à mettre l'accent sur leurs disciplines de base, ils font preuve d'ouverture envers les approches interdisciplinaires quand cela sert le projet de l'étudiant.
- Les directeurs de thèse évangéliques s'engagent à appliquer les normes internationales d'assurance qualité et d'excellence dans l'enseignement doctoral. Ils participent pleinement aux débats sur l'éducation théologique en vue de parvenir à un consensus international sur ce qu'est l'enseignement doctoral, sur les compétences requises et sur les résultats attendus. Le directeur doctoral fait preuve d'excellence académique et l'inculque à ceux qu'il dirige.
- Les directeurs de thèse promeuvent le bon fonctionnement des structures académiques. Ils s'engagent à atteindre de solides indicateurs d'efficacité – tels que des taux d'achèvement élevés, un court délai d'obtention du diplôme, des niveaux élevés d'employabilité, un engagement à servir l'Église.
- Lorsqu'ils travaillent comme examinateurs, les directeurs veillent à ce que l'évaluation et l'examen des thèses doctorales soient rigoureux et conformes au plus haut niveau de travail universitaire.

Je prie pour que la formation théologique évangélique dans le monde soit améliorée grâce à ceux qui, parmi les lecteurs de ce guide, s'engageront à appliquer ces principes et toute la gamme des autres conseils et suggestions qu'il contient.

Je suis impatient de lire dans les prochaines années les contributions clés au discours théologique évangélique mondial que produiront vos étudiants !

Annexe I

Formulaire annuel de commentaires de la part du doctorant

Date_____

1. Les réunions de direction avec mon directeur de thèse principal étaient assez fréquentes.

1	2	3	4	5

Entièrement d'accord   Pas du tout d'accord

À quelle fréquence avez-vous rencontré votre directeur de thèse ou avez-vous eu des contacts avec lui ?

Faites des commentaires sur la pertinence de cette fréquence :

2. Mon directeur principal/président de thèse a été disponible pour des contacts informels en plus des réunions formelles de direction.

1	2	3	4	5

Entièrement d'accord   Pas du tout d'accord

Commentaires :

3. Les conseils et le soutien que m'a fournis mon directeur principal/président ont été satisfaisants.

1	2	3	4	5

Entièrement d'accord   Pas du tout d'accord

Commentaires :

3. Les conseils et le soutien que m'a fournis mon co-directeur/rapporteur/lecteur ont été satisfaisants.

1	2	3	4	5

Entièrement d'accord   Pas du tout d'accord

À quelle fréquence avez-vous rencontré ou eu des contacts avec votre co-directeur de thèse/ rapporteur/lecteur ?

Faites des commentaires sur la pertinence de cette fréquence :

Autres commentaires :

4. Le programme d'initiation et de formation continue pour la recherche de troisième cycle a été satisfaisant.

1	2	3	4	5

Entièrement d'accord   Pas du tout d'accord

Quelles opportunités vous ont été offertes ?

Quelles sont celles dont vous avez profité ?

Commentaires :

5. L'aide administrative et le soutien dans le processus de candidature, d'inscription et dans les exigences financières ont été satisfaisants.

1	2	3	4	5

Entièrement d'accord   Pas du tout d'accord

Commentaires :

6. La bibliothèque a fourni des ressources appropriées pour la recherche doctorale, y compris l'accès à d'autres institutions, le cas échéant.

1	2	3	4	5

Entièrement d'accord   Pas du tout d'accord

Commentaires :

7. Les séminaires de recherche se sont avérés utiles pour favoriser une communauté de recherche et pour stimuler la réflexion.

1	2	3	4	5

Entièrement d'accord   Pas du tout d'accord

Commentaires :

8. Si vous avez présenté un article lors du séminaire de recherche, en quoi cela vous a-t-il aidé à développer votre réflexion et vos compétences en recherche ? (Si ce n'est pas le cas, écrivez « sans objet »).

1	2	3	4	5

Entièrement d'accord   Pas du tout d'accord

Commentaires :

9. Le programme de doctorat a fourni des opportunités d'intégration à la vie communautaire.

1	2	3	4	5

Entièrement d'accord   Pas du tout d'accord

Commentaires :

10. Mes directeurs et l'institution ont apporté un soutien approprié en termes de soins pastoraux et de formation spirituelle.

1	2	3	4	5

Entièrement d'accord   Pas du tout d'accord

Commentaires :

11. L'institution a fourni un environnement d'apprentissage approprié pour la recherche et pour le développement des compétences futures pour le ministère à venir dans l'enseignement académique et l'écriture.

1	2	3	4	5

Entièrement d'accord   Pas du tout d'accord

Commentaires :

12. Dans l'ensemble, je suis satisfait(e) de l'expérience de recherche qui m'a été offerte.

1	2	3	4	5

Entièrement d'accord   Pas du tout d'accord

Commentaires :

Annexe II

Formulaire de retour d'expérience du doctorant lors de l'achèvement du doctorat

Instructions : Veuillez répondre aux questions suivantes et partager avec nous dans la mesure du possible votre retour d'expérience en tant que « thésard » dans notre école doctorale. Vos réponses à ces questions seront anonymes ; n'incluez donc aucune information qui pourrait identifier votre personne ou votre sujet de thèse. Merci de votre aide dans cette enquête.

La disponibilité des directeurs et des rapporteurs/lecteurs

Au vu des nombreuses tâches dont les membres du corps professoral devront s'acquitter dans le cadre de leurs responsabilités au sein du programme doctoral (par exemple, direction de la thèse, enseignement, notation, conseil, administration, recherche et écriture) :

1. En général, dans quelle mesure pensez-vous que votre directeur principal/président de thèse s'est rendu disponible pour discuter de vos plans de thèse et de votre travail ? (Entourez d'un cercle)

5	4	3	2	1
Toujours	Presque toujours	Généralement	Quelques fois	Rarement

Avez-vous rencontré un problème dans ce domaine et si oui, quel était-il ?

2. En général, dans quelle mesure pensez-vous que votre deuxième et troisième directeurs/rapporteurs/lecteurs se sont rendus disponibles pour discuter de vos plans de thèse et de votre travail ? (Entourez d'un cercle)

5	4	3	2	1
Toujours	Presque toujours	Généralement	Quelques fois	Rarement

Avez-vous rencontré un problème dans ce domaine et si oui, quel était-il ?

Gestion du temps lors de la réunion

3. Lors de vos rencontres avec votre directeur, avez-vous trouvé que les échanges vous ont aidé à comprendre comment aborder les aspects de votre travail que vous étiez en train de discuter ? (Entourez d'un cercle).

5	4	3	2	1
Toujours	Presque toujours	Généralement	Quelques fois	Rarement

Avez-vous rencontré un problème dans ce domaine et si oui, quel était-il ?

4. Lors de vos rencontres avec votre deuxième et troisième directeurs/rapporteurs/lecteurs, avez-vous trouvé que l'échange vous a aidé à comprendre comment aborder les aspects de votre travail que vous étiez en train de discuter ? (Entourez d'un cercle).

5	4	3	2	1
Toujours	Presque toujours	Généralement	Quelques fois	Rarement

Avez-vous rencontré un problème dans ce domaine et si oui, quel était-il ?

Conseils Pratiques

5. Comme vous le savez, la thèse doctorale nécessite différents types de travaux à chacune des étapes du processus. En revisitant votre expérience passée avec les membres de votre jury de thèse, veuillez évaluer comment ils vous ont été utiles par leurs commentaires et leurs conseils pour franchir avec succès ces dimensions de la thèse. Utilisez cette échelle dans vos réponses :

	Très utiles	Utiles pour la plupart	Utiles en quelque sorte	Pas très utiles
Sujet bien cerné	4	3	2	1
Revue de littérature	4	3	2	1
Travail théologique intégré	4	3	2	1
Planification de l'approche et des méthodes de recherche	4	3	2	1

Analyse des données	4	3	2	1
Conclusions, conséquences	4	3	2	1
Documents de soutien (annexes, etc.)	4	3	2	1

Avez-vous rencontré un problème dans l'un de ces domaines et si oui, quel était-il ?

Commentaires reçus en temps et en heure

Dans notre institution, nous disons aux étudiants que lorsqu'ils soumettent un document à un membre du comité, ils devraient prévoir jusqu'à deux semaines pour que le membre du corps professoral passe en revue le travail et envoie ses commentaires.

6. Qu'est-ce qui a caractérisé votre expérience du délai de réception des commentaires de votre directeur/président de thèse ? (Entourez d'un cercle)

5	4	3	2	1
Toujours dans les délais	Presque toujours dans les délais	Généralement dans les délais	Parfois dans les délais	Rarement dans les délais

7. Dans le même ordre d'idées, qu'est-ce qui a caractérisé votre expérience du délai de réception des commentaires de votre deuxième et troisième directeur/rapporteur/lecteur ? (Entourez d'un cercle).

5	4	3	2	1
Toujours dans les délais	Presque toujours dans les délais	Généralement dans les délais	Parfois dans les délais	Rarement dans les délais

Encouragement et soutien

8. Comment décririez-vous la qualité de l'encouragement et du soutien que vous avez reçus de la part de votre directeur/président de thèse tout au long du processus de rédaction ? (Entourez d'un cercle).

5	4	3	2	1
Excellente	Bonne	Moyenne	Pas très bonne	Médiocre

Avez-vous rencontré un problème dans ce domaine et si oui, quel était-il ?

9. Comment décririez-vous la qualité de l'encouragement et du soutien que vous avez reçus de la part des deuxième et troisième directeurs/rapporteurs/lecteurs tout au long du processus de rédaction ? (Entourez d'un cercle).

5	4	3	2	1
Excellente	Bonne	Moyenne	Pas très bonne	Médiocre

Avez-vous rencontré un problème dans ce domaine et si oui, quel était-il ?

Préparation à la soutenance

10. Quand le temps est venu de vous préparer à la soutenance de votre projet et/ou à la soutenance de votre thèse, avez-vous reçu une direction adéquate de votre directeur/président de thèse sur la préparation de la soutenance ? (Entourez d'un cercle).

5	4	3	2	1
Excellente	Bonne	Moyenne	Pas très bonne	Médiocre

Avez-vous rencontré un problème dans ce domaine et si oui, quel était-il ?

Le suivi après la soutenance finale

À la suite de la soutenance finale de la thèse, il y a en général des révisions à faire.

11. Avez-vous reçu de votre directeur/président de thèse l'orientation appropriée sur la réalisation des révisions finales nécessaires pour que la version finale de la thèse puisse être approuvée ? (Entourez d'un cercle).

5	4	3	2	1
Excellente	Bonne	Moyenne	Pas très bonne	Médiocre

Avez-vous rencontré un problème dans ce domaine et si oui, quel était-il ?

Questions finales

12. Compte tenu de votre propre vécu du travail de recherche, si vous étiez en train de débuter votre rédaction de thèse aujourd'hui, voudriez-vous travailler avec le même directeur/président du jury de thèse et les mêmes membres de l'équipe/du comité de direction ? (Entourez d'un cercle)

3	2	1
Oui	Non	Je ne suis pas sûr(e)

Si vous avez répondu « Oui », quelles sont les principales raisons justifiant que vous voudriez avoir les mêmes directeur/membres du jury ?

Si vous avez répondu « Non », quelles sont les principales raisons justifiant que vous voudriez avoir quelques membres différents au comité de thèse ?

Si vous avez répondu « Je ne suis pas sûr(e) », quels sont les principaux problèmes qui vous rendent incertains à ce sujet ?

13. Sachant que les étudiants peuvent répondre différemment aux approches et aux processus de direction d'une thèse de doctorat, quel type d'étudiant pourrait, d'après vous, bénéficier le plus des approches que votre président de thèse a adoptées avec vous ?

Merci d'avoir pris le temps de répondre à ces questions, en nous aidant à faire de notre mieux dans le processus de recherche et de rédaction de thèse.

Annexe III

Liste de contrôle de la progression du doctorant

1. Formation aux méthodes et compétences de recherche

Type de formation _____
Sujets couverts _____
Méthode d'évaluation _____
Domaine nécessitant une formation supplémentaire dans les douze prochains mois _____
_____
Stade auquel les compétences clés sont considérées acquises _____

2. Proposition/projet de thèse

Ébauche initiale _____
Version intégrale _____
Formellement approuvée le _____

3. Exigences linguistiques spécifiques

Formation suivie _____
Formations supplémentaires requises _____
Formations supplémentaires souhaitables _____
Compétence linguistique appropriée confirmée _____

4. Opportunités en ministères chrétiens

De quelle manière le doctorant a-t-il maintenu sa participation dans différentes dimensions du ministère et du service chrétiens au cours des douze derniers mois ?

De quelle manière le doctorant a-t-il maintenu sa participation dans différentes dimensions du ministère et du service chrétiens tout au long de ses études doctorales ?

De quelle manière l'étudiant et le directeur ont-ils réfléchi à ces questions et au moyen de les intégrer dans le profil de l'étude ?

Quelles sont les préoccupations majeures que cela a soulevées ?

Est-ce que l'étudiant et le directeur sont satisfaits du niveau académique atteint actuellement et sont convaincus que ces ministères n'empiètent pas sur le temps d'étude ?

5. La participation à la vie d'une Église locale

L'étudiant a-t-il démontré un engagement régulier dans la vie et le témoignage d'une Église locale ?

Lieu : _____

Niveau d'engagement : _____

Ce qui a été appris en combinant foi et études :

6. La participation aux événements de culte communautaire au sein de l'institution

L'étudiant a-t-il participé régulièrement aux occasions auxquelles l'institution d'études se réunit pour un culte communautaire ?

Notez les problèmes ou les défis qui se sont posés.

Quels changements et développements ont été convenus pour les douze prochains mois ?

7. L'engagement avec la communauté institutionnelle d'apprentissage

L'étudiant a-t-il fait preuve d'un engagement actif dans la communauté d'apprentissage de l'institution ? À savoir :

Une participation régulière à des séminaires de recherche et à des conférences officielles, y compris celles données par des savants invités de l'extérieur.

La participation aux discussions et débats lors des séminaires, l'écoute engagée, le questionnement éclairé, la bonne gestion des désaccords, le travail en équipe.

8. La présentation de travaux lors de séminaires

L'étudiant a-t-il présenté des travaux lors d'un séminaire de recherche au cours de la dernière année ?

A-t-il démontré les compétences suivantes ?

- i) L'aptitude à communiquer de la matière et des concepts complexes de manière intéressante et accessible.
- ii) La capacité de répondre aux questions de manière éclairée et pertinente.
- iii) L'aptitude à maintenir des opinions justifiées face aux questions et aux défis, mais aussi à changer de point de vue, le cas échéant.
- iv) La capacité à recevoir des critiques avec grâce.

Des commentaires officiels ont-ils été donnés à l'étudiant lors de la présentation de son séminaire, et si oui, quels en étaient les points clés ?

Quels sont les plans pour les douze prochains mois ?

9. La prise de conscience théologique

Quelles questions théologiques ont été discutées au cours de l'année écoulée en tant que domaines clés nécessitant une attention et une croissance accrues ?

Quels autres domaines seront à prendre en compte ?

Des « domaines à problèmes » spécifiques ont-ils été soulevés et ont-ils été traités de manière satisfaisante par l'étudiant et le directeur ?

L'étudiant peut-il expliquer comment son programme de doctorat a façonné ses perspectives théologiques au cours de l'année écoulée ?

10. La pratique pédagogique

Quelles opportunités ont été saisies pour acquérir de l'expérience dans l'enseignement ?

Conférences _____

Séminaires _____

Travaux dirigés _____

Cours en ligne _____

Quelles possibilités l'étudiant a-t-il eues pour concevoir et noter différents formats d'évaluation des étudiants ?

Le retour du directeur sur l'expérience d'enseignement

Dans quelle mesure l'étudiant a-t-il pu communiquer efficacement la matière principale du cours à un niveau adapté aux étudiants ?

Dans quelle mesure l'étudiant a-t-il démontré son efficacité dans l'utilisation des diverses méthodes et technologies de communication ?

Les retours donnés à l'apprentissage des étudiants étaient-ils pertinents ?

Quels sont les objectifs pour les douze prochains mois ?

11. L'intégration à une communauté académique plus large

Participations aux conférences durant l'année écoulée_____

Présentation de la recherche lors d'une conférence académique ou d'une réunion de la société professionnelle

Réunion : _____

Titre de la présentation : _____

Matériel de recherche (note de lecture d'un ouvrage, d'un article, etc.) admis à la publication _____

Quels sont les plans pour les douze prochains mois ?

12. L'examen doctoral

Discussion au sujet des examinateurs potentiels, y compris un expert externe _____

Nomination d'un jury d'examen _____

Examen de la thèse doctorale _____

Révisions de thèse complétées _____

Recommandations pour la publication _____

13. Développement professionnel continu

L'étudiant et le directeur ont-ils discuté des moyens d'assurer un plan de développement professionnel post-doctorat pour l'étudiant, et de la poursuite des activités de recherche ?

Grandes lignes du plan pour les années 1-2 _____

Grandes lignes du plan pour les années 3-4 _____

Grandes lignes du plan pour les années 5-6 _____

14. Plan de carrière

Le candidat doctorant a-t-il préparé un C.V. ?

Des conseils ont-ils été donnés sur la rédaction de lettres de candidature et sur les entretiens d'embauche ?

Noms des personnes désireuses de fournir des références pastorales et académiques :

Nom, titre, institution

1.

2.

3.

Bibliographie

« An Admonition from John Stott », *Fellowship of Langham Scholars Newsletter,* no. 2, avril 1996.

Accrediting Council for Theological Education in Africa, *Standards and Procedures for Accreditation at Post-secondary level,* 5ᵉ edition, Kaduna, Nigeria, ACTEA Continental Office, 1992.

AMIRTHAM, S., et R. PRYOR, sous dir., *The Invitation to the Feast of Life; Resources for Spiritual Formation in Theological Education,* Genève, World Council of Churches, 1991.

« Arrêté du 25 mai 2016 fixant le cadre national de la formation et les modalités conduisant à la délivrance du diplôme national de doctorat », https://www.legifrance.gouv.fr/affichTexte.do?cidTexte=JORFTEXT000032587086.

Article 13 de l'« Arrêté du 25 mai 2016 fixant le cadre national de la formation et les modalités conduisant à la délivrance du diplôme national de doctorat », https://www.legifrance.gouv.fr/affichTexte.do?cidTexte=JORFTEXT000032587086.

BABIN, D., et al., *Voyage-Vision-Venture: A Report by the Task Force on Spiritual Development,* Dayton, American Association of Theological Schools, 1972.

BEAUD, Michel, *L'art de la thèse : Comment préparer et rédiger un mémoire de master, une thèse de doctorat ou tout autre travail universitaire à l'ère du Net*, Paris, La Découverte, 2006.

BEBBINGTON, D., *Evangelicalism in Modern Britain: A History from the 1730s to the 1980s,* London, Unwin Hyman, 1989.

BONAR, Horace, « Fill thou my life, O Lord my God, in every part with praise », 1866.

BONHOEFFER, D., *De la vie communautaire*, trad. Bernard Lauret, Paris, Labor et Fides, 2007.

BRUCE, F. F., D. JOHNSTON et L. STEPHEN-HODGE, « General Principles Governing the Research Activity Tyndale House, 1944 », dans *Research for the Academy and the Church: Tyndale House and Fellowship: The First Sixty Years*, sous dir. T. A. NOBLE, Leicester, IVP, 2006, p. 50-51.

BUZAN, A., *The Mind Map*, London, BBC Active, 2009.

CAFFARELLA, R. S., et B. G. BARNETT, « Teaching Doctoral Students to Become Scholarly Writers: The Importance of Giving and Receiving Critiques », *Studies in Higher Education* 25, no. 1, 2000, p. 39-52.

CALVIN, J., « Ecclesiastical Ordinances », dans *Theological Treatises*, sous dir. J. K. S. REID, Library of Christian Classics, Philadelphia, The Westminster Press, 1954.

COTTRELL, S., *Critical Thinking Skills: Developing Effective Analysis and Argument*, 2ᵉ édition, Basingstoke, Palgrave, Macmillan, 2011.

COTTRELL, S., *The Study Skills Handbook*, 4ᵉ édition, Basingstoke, Palgrave, Macmillan, 2013.

DUDLEY-SMITH, Timothy, *John Stott: A Global Ministry*, Downers Grove, InterVarsity Press, 2001.

DUGGAN, F., « Plagiarism: Prevention, Practice and Policy », *Assessment & Evaluation in Higher Education* 31, no. 2, 2006, p. 151-154.

FACIONE, P. A., « Critical Thinking: What It Is and Why It Counts », www.insightassessment.com, mise à jour de 2015.

FACIONE, P. A., *Critical Thinking: A Statement of Expert Consensus for Purposes of Educational Assessment and Instruction, Executive Summary*, 'The Delphi Report', Millbrae, California Academic Press, 1990.

HERBERT, George, « The Elixir », dans *The Works of George Herbert in Prose and Verse*, New York, John Wurtele Lovell, 1881, p. 288-289.

HEYWOOD, David, « A New Paradigm for Theological Education? », *Anvil* 17, no. 1, 2000.

http://www.qaa.ac.uk/en/Publications/Documents/Masters-degree-characteristics.pdf, « Appendix 2a: Descriptor for a higher education qualification at level 7: Master's degree », p. 16.

HUISMAN, Jeroen, et Rajani NAIDOO, « Le doctorat professionnel : quand les défis anglo-saxons deviennent des défis européens », *Politiques et gestion de l'enseignement supérieur*, vol. 18, no. 2, 2006, p. 64-79, https://www.cairn.info/revue-politiques-et-gestion-de-l-enseignementsuperieur-2006-2-page-64.htm.

KEMPIS, T. A., *L'imitation de Jésus-Christ*, trad. M. L'Abbé F. de Lamennais, Paris, Sagnier et Bray éditeurs, 1853.

LUBLIN, Jackie, « Deep, Surface and Strategic Approaches to Learning », dans *Good Practice in Teaching and Learning*, Document de formation du Centre d'enseignement et d'apprentissage, University College, Dublin, 2003 ; et « *Surface and Deep learning*–University of Birmingham », https://intranet.birmingham.ac.uk/as/cladls/edudev/documents/public/ebl/journey/surface-and-deep-learning.pdf.

MARTIN, W. J., « A Later Statement of the Aims of Tyndale House, 1941 », dans *Research for the Academy and the Church: Tyndale House and Fellowship: The First Sixty Years*, sous dir. T. A. NOBLE, Leicester, IVP, 2006.

Ministère de l'Éducation nationale, de l'enseignement supérieur et de la recherche, « Guide pour la rédaction et la présentation des thèses à l'usage des doctorants », 2007.

MULLEN, Mike, « Navy Admiral », 11 juin 2009, cité dans FACIONE, *Critical Thinking: A Statement of Expert Consensus for Purposes of Educational Assessment and Instruction, Executive Summary*, 'The Delphi Report', Millbrae, California Academic Press, 1990.

NESBIT, J. C., et O. O. ADESOPE, « Learning with Concept and Knowledge Maps: A Aeta-Analysis », *Review of Educational Research* 76, no. 3, 2006.

NEWMAN, J. H., *Letters and Diaries of John Henry Newman*, Vol. VI, Oxford, Clarendon Press, 1961.

NICHOLLS, B. J., « The Role of Spiritual Development in Theological Education », *Evangelical Review of Theology* 19, no. 3, 1995.

NOBLE, T. A., *Research for the Academy and the Church: Tyndale House and Fellowship: The First Sixty Years*, Leicester, IVP, 2006.

PAUL, R., et L. ELDER, *The Miniature Guide for Those Who Teach on How to Improve Student Learning: 30 Practical Ideas*, Dillon Beach, CA, Foundation for Critical Thinking Press, 2003.

PAUL, R., et L. ELDER, *The Miniature Guide to Critical Thinking Concepts and Tools*, Dillon Beach, CA, Foundation for Critical Thinking Press, 2009.

PAUL, R., et L. ELDER, *The Miniature Guide to the Art of Asking Essential Questions*, Dillon Beach, CA, Foundation for Critical Thinking Press, 2005.

RUDD, E., *A New Look at Postgraduate Failure*, Guildford, Surrey, Society for Research into Higher Education, 1985.

SHARMA, R., « A Step-by-Step Guide to Students: How to Avoid Plagiarism », *Journal of Education Research* 4, no. 2, 2010, p. 143-153.

SHAW, Ian, *Bonnes pratiques pour la formation doctorale en théologie*, Carlisle, Langham Global Library, 2018.

SMITH, T. D., *John Stott, The Making of a Leader*, Downers Grove, InterVarsity Press, 1999, p. 180-203.

Sokol, Daniel K., « Is a PhD the right option for you? », theguardian.com, mercredi 12 septembre 2012.
Stephenson, J., « Managing Their Own Program », *Studies in Continuing Education* 28, no. 1, 2006, p. 17-32.
Stetter, M. E. Earman, « Teaching Students about Plagiarism Using a Web-Based Module », *Journal of Further and Higher Education* 37, no. 5, 2013, p. 675-693.
Stott, J., *I Believe in Preaching*, Londres, Hodder & Stoughton, 1982.
Stott, John, *The Authentic Jesus*, London, Marshalls, 1985.
The APA Delphi Report, Critical Thinking: A Statement of Expert Consensus for Purposes of Educational Assessment and Instruction, 1990 ERIC Doc. No: ED.
The Chicago Manual of Style, 16ᵉ édition, Université de Chicago, Chicago, 2010.
Torrance, M. S., et G. V. Thomas, « The Development of Writing Skills in Doctoral Research Students », dans *Postgraduate Education and Training in the Social Sciences. Processes and Products*, sous dir. R. G. Burgess, Londres, Jessica Kingsley, 1994, p. 105-123.
Walker, A. L., « Preventing Unintentional Plagiarism: A Method for Strengthening Paraphrasing Skills », *Journal of Instructional Psychology* 35, no. 4, 2007, p. 387-395.
Walls, A., « World Christianity, Theological Education and Scholarship », *Transformation* 28, no. 4, octobre 2011, p. 235-240.
Warfield, B. B., *The Religious Life of Theological Students, Lecture given at Autumn Conference at Princeton Theological Seminary, October 4, 1911,* réimprimé, New Jersey, Presbyterian and Reformed, s.d.
Warn, J., « Plagiarism Software: No Magic Bullet! », *Higher Education Research and Development* 25, no. 2, 2006, p. 195-208.

Table des matières

Avant-propos ix
1 Fonctions et qualifications d'un directeur de thèse................................. 1
2 Aider les étudiants à mieux comprendre la nature de la recherche................. 13
3 À suivre ou à éviter ? Leçons tirées de votre propre expérience en doctorat........ 21
4 Développer la pensée critique : poser les fondements pour le doctorat 29
5 Développer la pensée critique au niveau du master 41
6 Aider les étudiants à planifier et à organiser leur recherche 53
7 Aider les doctorants à démarrer leur recherche................................... 65
8 Formuler les questions et le projet de recherche 77
9 Gérer les sessions de direction doctorale 89
10 L'excellence dans la direction de thèse et dans la formation spirituelle............. 103
11 La direction de thèse et le développement d'une culture de recherche............. 117
12 Amener les doctorants à écrire 129
13 Les écoles doctorales et les tâches administratives............................... 143
14 Les problèmes courants 157
15 Le soutien et le développement holistiques des étudiants 171
16 Préparer les doctorants à la soutenance 181
17 Évaluer une thèse doctorale : Les préparations avant la soutenance 193
18 Évaluer la thèse : La soutenance en elle-même.................................. 201
Conclusion 213
Annexe I : Formulaire annuel de commentaires de la part du doctorant................217
Annexe II : Formulaire de retour d'expérience du doctorant lors de l'achèvement
    du doctorat 221
Annexe III : Liste de contrôle de la progression du doctorant 227
Bibliographie 233

Conseil International pour l'Enseignement Théologique Évangélique

L'ICETE est une communauté mondiale, parrainée par neuf réseaux régionaux d'écoles théologiques, pour permettre l'interaction et la collaboration internationales entre toutes les personnes engagées dans le renforcement et le développement de l'enseignement théologique évangélique et du leadership chrétien dans le monde.

Le but de l'ICETE est de :

1. Promouvoir l'amélioration de la formation théologique évangélique dans le monde.
2. Servir de forum d'interaction, de partenariat et de collaboration entre les personnes impliquées dans l'enseignement théologique évangélique et le développement du leadership, pour l'assistance, la stimulation et l'enrichissement mutuels.
3. Fournir des services de mise en réseau et de soutien pour les associations régionales d'institutions théologiques évangéliques dans le monde.
4. Aider ces organismes à promouvoir leurs services auprès de l'enseignement théologique évangélique dans leurs régions.

Les associations de parrainage comprennent :

Afrique : Association for Christian Theological Education in Africa (ACTEA)

Amérique Latine : Association for Evangelical Theological Education in Latin America (AETAL)

Amérique du Nord : Association for Biblical Higher Education (ABHE)

Asie : Asia Theological Association (ATA)

Caraïbes : Caribbean Evangelical Theological Association (CETA)

Eurasie : Euro-Asian Accrediting Association (E-AAA)

Europe : European Evangelical Accrediting Association (EEAA)

Moyen-Orient et Afrique du Nord : Middle East Association for Theological Education (MEATE)

Pacifique Sud : South Pacific Association of Evangelical Colleges (SPAEC)

www.icete-edu.org

Langham Literature, et son travail éditorial, est un ministère de Langham Partnership.

Langham Partnership est un organisme chrétien international et interdénominationnel qui poursuit la vision reçue de Dieu par son fondateur, John Stott :

promouvoir la croissance de l'église vers la maturité en Christ en relevant la qualité de la prédication et de l'enseignement de la Parole de Dieu.

Notre vision est de voir des églises équipées pour la mission, croissant en maturité en Christ, par le ministère de pasteurs et de responsables qui croient, qui enseignent et qui vivent la Parole de Dieu.

Notre mission est de renforcer le ministère de la Parole de Dieu de trois manières:
- par la mise en place de mouvements nationaux de formation à la prédication biblique
- par la rédaction et la distribution de livres évangéliques
- par la formation d'enseignants théologiques évangéliques qualifiés qui formeront ensuite des pasteurs et responsables d'églises dans leurs pays respectifs

Notre ministère

Langham Preaching collabore avec des responsables nationaux en vue de la création de mouvements de prédication biblique dirigés par les nationaux eux-mêmes. Ces mouvements, qui naissent progressivement un peu partout dans le monde, rassemblent non seulement des pasteurs mais aussi des laïcs. Nos équipes de formateurs venus de beaucoup de pays différents proposent une formation pratique qui comporte plusieurs niveaux, suivie d'une formation de facilitateurs locaux. La continuité est assurée par des groupes de prédicateurs locaux et par des réseaux régionaux et nationaux. Ainsi nous espérons bâtir des mouvements solides et dynamiques, constitués de prédicateurs entièrement consacrés à la prédication biblique.

Langham Literature fournit des livres évangéliques et des ressources électroniques par la publication et la distribution, par des subventions et des réductions à des leaders et futurs leaders, à des étudiants et bibliothèques de séminaires dans le monde majoritaire. Nous encourageons aussi la rédaction de livres évangéliques originaux dans de nombreuses langues nationales par le biais de bourses pour des écrivains, en soutenant des maisons d'éditions évangéliques locales, et en investissant dans quelques projets majeurs comme *le Commentaire Biblique Contemporain* qui est un commentaire de la Bible en un seul volume rédigé par des auteurs africains pour l'Afrique.

Langham Scholars soutient financièrement des doctorants évangéliques du monde majoritaire dans le but de les voir retourner dans leurs pays d'origine pour former des pasteurs et d'autres chrétiens nationaux en leur proposant un enseignement biblique et théologique solide. Cette branche de Langham cherche donc à équiper ceux qui en équiperont d'autres. Langham Scholars travaille aussi en partenariat avec des séminaires dans le monde majoritaire afin de renforcer l'éducation théologique évangélique sur place. De ce fait, un nombre croissant de « Langham Scholars » (le nom « Scholars » signifie « boursiers ») peut aujourd'hui suivre des programmes doctoraux de haut niveau au cœur même du monde majoritaire. Une fois leurs études terminées, ces « Langham Scholars » vont non seulement former à leur tour une nouvelle génération de pasteurs mais exercer une grande influence par leurs écrits et par leur leadership.

Pour plus d'informations, consultez notre site: langham.org

www.ingramcontent.com/pod-product-compliance
Lightning Source LLC
Chambersburg PA
CBHW080634230426
43663CB00016B/2870